미국과 글로벌 파워의 위기
전략적 비전

Strategic vision: America and the crisis of global power
Copyright © 2012 by Zbigniew Brzezinski

Korean translation copyright © 2016 by The Asan Institute for Policy Studies
First published in United States by Basic Books,
A Member of the Perseus Books Group
This translation published by arrangement with the Perseus Books Group, Boston,
through Duran Kim Agency, Seoul.

이 책의 한국어판 저작권은 듀란킴 저작권 에이전시를 통해 저작권자와 독점 계약한
아산정책연구원에 있습니다. 저작권법에 의해 한국 내에서 보호를 받는 저작물이므로
무단 전재와 무단 복제를 금합니다.

미국과 글로벌 파워의 위기

전략적 비전

즈비그뉴 브레진스키 지음 | 황성돈 옮김

Strategic
Vision

아산정책연구원

차례

서론 / 07

1부 | 서방의 쇠퇴
1. 신흥 글로벌 강대국의 등장 / 17
2. 아시아의 성장과 글로벌 강대국의 분포 변화 / 26
3. 대중들의 정치 각성 확산 / 38

2부 | 매력을 잃어 가는 아메리칸 드림
1. 아메리칸 드림의 어제와 오늘 / 52
2. 미국의 현실 바로보기 / 62
3. 미국의 강점 / 72
4. 미국의 오랜 제국주의 전쟁 / 82

3부 | **포스트 아메리카: 2025년, 중국의 패권이 아닌 혼돈의 세계**

    1. 포스트 아메리카(post-America) 시대의 각축전 / 98

    2. 지정학상 위기에 처한 국가들 / 113

    3. 선린우호 관계의 종말 / 130

    4. 글로벌 공유재 문제 / 138

4부 | **2025년 이후의 세계: 지정학상의 새로운 균형**

    1. 불안정한 유라시아 상황 / 154

    2. 보다 넓어지고 활력 넘치는 서방 / 164

    3. 안정되고 협력하는 새로운 아시아 / 188

결론: 미국의 두 가지 역할 / 219

감사의 말 / 231

주석 / 234

찾아보기 / 238

서론

 오늘날 세계는 모든 국가가 서로 영향을 주고받으며 의존한다. 또한 인류의 생존 문제가 국가들 간의 전통적인 갈등보다 더 중요해졌고, 이는 과거에 유례가 없던 일이다. 환경, 기후, 사회경제, 영양, 인구 등 다양한 분야에서 인류의 안녕을 위협하는 새롭고 중대한 도전 과제가 갈수록 증가하고 있지만, 안타깝게도 주요 강대국들은 아직 범지구 차원의 협력을 통해 적절히 대응하지 못하고 있다. 근본적인 지정학상의 안정이 없으면 범지구 차원의 협력은 이뤄질 수 없을 것이다.
 과거 서방에만 집중됐던 글로벌 강대국이 다른 지역에서도 새롭게 등장하고(앞으로는 이것을 글로벌 강대국의 분포 변화라고 칭한다), 일반 대중들의 정치적 각성 등 새로운 현상이 나타나면서, 국제관계는 더욱 불안정해졌다. 중국의 영향력이 증가하고 러시아, 인도, 브라질 등의 신흥 강대국이 자원, 안보, 경제 분야에서 우위를 차지하려고 서로 경쟁하면서 잘못된 판단으로 인한 무력충돌 가능성도 커지고 있다. 따라서 미국은 갈수록 커지는 지구촌 주민들의 정치 열망을 수용하는 한편, 국제사회에서 바람직한 협력 관계가 가능하도록 보다 광범위한 지정학상의 안정을 위해 노력해야 한다.

이런 상황을 염두에 두고 이 책은 다음 네 가지 중요한 질문에 답하고자 한다.

1. 서에서 동으로 강대국의 분포가 달라지는 것이 어떤 의미가 있으며, 대중들의 정치적 각성이라는 새로운 현상이 그 변화에 어떤 영향을 미치는가?

2. 국제사회에서 미국의 매력이 줄어드는 이유는 무엇인가? 미국이 국내외적으로 쇠퇴하고 있다는 신호에는 어떤 것이 있는가? 냉전이 평화롭게 끝나면서 생긴 다시없는 기회를 미국은 어떻게 날려 버렸는가? 이와는 반대로, 매력을 회복할 수 있는 미국의 장점은 무엇인가? 국제 무대에서 미국의 역할에 활력을 불어넣으려면 지정학상으로 어떤 전략을 재 설정해야 하는가?

3. 만약 미국이 세계를 주도하는 지금의 위치에서 추락할 경우 그것이 지정학상으로 어떤 결과를 초래할까? 또 미국의 추락 때문에 곧바로 피해를 받을 국가는 어디일까? 미국의 추락이 21세기에 발생하는 범지구 차원의 문제에 어떤 영향을 끼칠까? 국제문제에서 미국이 맡았던 중심 역할을 2025년이 되면 중국이 대신할 수 있을까?

4. 2025년 이후 미국이 침체에서 벗어나 활력을 회복하려면 지정학

상으로 어떤 장기 목표를 세워야 할까? 경계가 더 넓어지고 활기찬 서방을 건설하기 위해 미국은 유럽의 오랜 동맹국들과 함께 어떤 식으로 터키와 러시아를 서방으로 끌어들일 수 있을까? 이와 동시에, 미국은 중국과의 긴밀한 협력이 필요하다. 하지만 아시아가 중국 중심이 돼서도 안 되고, 아시아에서 벌어지는 위험한 분쟁에 휘말려서도 안 되는 상황에서 미국은 어떻게 균형을 잡아야 할까?

나는 이 책을 통해 위의 질문들에 답하면서 앞으로도 국제사회에서 미국의 역할이 반드시 필요하다고 주장할 것이다. 글로벌 강대국의 분포 변화가 진행 중이고 국제사회에서 분쟁이 점점 많아지는 현실을 고려할 때, 미국은 무지한 병영국가(garrison state)의 사고방식으로 뒷걸음치거나 미국의 문화만이 최고라는 독선에 빠져서는 절대 안 된다. 그런 미국은 무게 중심이 서에서 동으로 이동하는 현 세계의 지정학적 전망을 더욱 어둡게 할 것이다. 세계는 새로워진 아시아를 대하는 미국이 활력이 넘치는 경제, 매력적인 사회를 기반으로 책임 있게 영향력을 행사하길 원한다. 또한 신중하게 전략을 세우고, 국제사회의 존중을 받으며, 역사의 교훈을 잘 아는 미국을 원한다.

이처럼 글로벌 목적의식이 투철한 미국이 등장할 가능성은 얼마나 될까? 현재 미국의 분위기는 상당히 불안하다. 미국이 앞으로 쇠퇴할 수밖에 없다는 생각이 지식층에 만연하다. 그러나 이런 비관론은 새롭지도 않을뿐더러 그럴 가능성도 희박하다. 예를 들어 제2차 세계대전 직후 20세기가 '미국의 시대'가 될 것이라는 예측이 널리 퍼졌었다. 그러나 그런 상황에서도 미국의 미래를 불안하게 내다보는 비관론은 여전히 있었다.

아이젠하워 행정부 시절 소련이 세계 최초의 인공위성 스푸트니크(Sputnik)를 발사하자 미국인들은 평화적인 경쟁뿐만 아니라 실제 전쟁에서도 미국의 앞날이 어둡다고 걱정했다. 또 미국이 닉슨 행정부 시절 베트남전에서 패배하자 소련 지도부는 자신만만하게 미국의 종말을 예측했고, 비관론에 빠진 미국의 정책 입안자들은 동서로 분단된 유럽에서 현상을 유지하기 위해 데탕트(détente, 긴장 완화)를 추진했다. 그러나 결국 미국의 회복력은 예상보다 강했고, 소련 체제는 결국 내부부터 붕괴했다.

1991년 소련 블록에 이어 소련마저 해체되면서 미국은 세계 유일의 글로벌 초강대국(superpower)이 됐다. 20세기만이 아니라 21세기도 미국의 시대가 될 것처럼 보였다. 빌 클린턴(Bill Clinton)과 조지 W. 부시(George W. Bush) 대통령 모두 자신 있게 그런 주장을 펼쳤다. 학계도 대담한 예측으로 두 대통령의 주장에 화답했다. 학자들은 냉전이 종식되면서 서방의 사회 시스템이 소련의 사회 시스템보다 우월하다는 것이 드러났다고 주장했다. 자유민주주의(liberal democracy)가 승리한 것이 분명하고, 그것이 영원할 것이라는 주장까지 나왔다. 서양에서 처음 꽃피운 자유민주주의가 승리했다는 주장은 곧 서방의 시스템이 보편타당한 기준이 됐다는 믿음을 널리 퍼뜨렸다.

그러나 이처럼 지나친 낙관론은 오래가지 않았다. 빌 클린턴 시대에 시작됐고, 조지 W. 부시 시절까지 계속된 자기만족과 규제완화의 문화는 먼저 20세기 말에 주식시장의 거품이 급작스럽게 꺼지는 결과를 낳았고, 그로부터 10년도 못 가서 전면적인 금융위기로 이어졌다. 특히 조지 W. 부시 행정부의 일방주의(unilateralism) 외교는 중동에서 10년간 전쟁을 치르는 결과를 낳았고, 미국의 외교정책 전반이 탈선하는 큰 대가를 치렀다. 그리고 2008년의 금융위기로 말미암은 대재앙은 공황을 초래했다. 그 충격으로 미국을 비롯한 서방의 대다수 국가는 자국의 시스템이 고삐 풀린 탐욕에 매우 취약하다는 사실을 뒤늦게 깨달았다. 게다가 중국을 비롯한 아시아 국가들에서는 경제 자유주의(economic liberalism)와 국가 자본주의(state capitalism)가 결합한 기이한 형태를 통해 경제성장과 기술혁신에서 놀라운 효과를 발휘했다. 그에 따라 국제사회를 주도하는 미국의 지위가 흔들릴지 모른다는 불안이 새롭게 제기됐다.

사실 소련이 붕괴 직전 몇 년간 처했던 상황과 미국이 21세기 초에 직면한 상황에는 몇 가지 놀라운 유사점이 있다. 소련의 정부 시스템은 중요한 정책을 수정하는 것이 불가능할 정도로 교착상태에 빠져 있었으며, 그런 상태에서 수십 년에 걸친 미국과의 군비경쟁에 감당하기 힘들 정도로 많은 돈을 쏟아부으면서 사실상 파산에 이르렀다. 게다가 아프가니스탄을 정복하기 위해 10년간 전쟁에 들인 추가 비용으로 문제는 더욱 악화됐다. 당연히 소련은 미국과 경쟁을 지속할 여력을 소진하면서 첨단 기술 분야에서 더욱 뒤처졌다. 경제가 휘청거렸고 삶의 질도 서방에 비해 크게 떨어졌다. 공산당 지배층은 벌어지는 사회 격차는 외면하면서 자신들이 누리는 특권을 위선적으로 숨겼다. 끝내는 한때 유라시아에서 맹방이었던 중국과도 지정학상으로 대립각을 세우면서 소련은 국제문제에서도 고립을 자초했다.

물론 이처럼 과거의 소련과 현재 미국을 나란히 두고 비교하는 것은 지나친 감이 있다. 그러나 이러한 비교로 미국이 반드시 새롭게 거듭나야 하며, 급변하는 역사의 흐름 때문에 발생하는 도전들에 제대로 대처할 수 있는 광범위하고 장기적인 비전을 추구해야 한다는 주장에 힘을 실을 수는 있다. 미국은 역동적이고 전략적인 사고로 무장해야만 통합되는 유럽과 함께 보다 넓고 활기찬 서방을 구축할 수 있다. 그래야 점점 독선적 행태가 두드러지는 아시아를 상대로 책임 있는 동반자 역할을 수행할 수 있다. 그렇지 않으면 서방은 지정학상으로 분열되고 이기적으로 변할지 모른다. 그렇게 되면 서방은 굴욕을 당했던 19세기의 중국처럼 무력하게 될 가능성이 크고, 아시아는 20세기 유럽 국가들처럼 패권 다툼을 벌여 자멸할지도 모른다.

  한마디로 글로벌 강대국들의 위기는 세계의 무게 중심이 서에서 동으로 역동성 있게 이동하면서 생긴 산물이다. 아울러 세계 각지 대중들의 정치 각성 현상이 가속화되고, 1990년에 미국이 세계 유일의 초강대국으로 등장한 이래 국내외적으로 기대에 미치지 못한 성과를 낸 결과의 총체다. 이런 상황은 소멸 위기에 처한 일부 국가의 생존, 글로벌 공유재(global commons)의 관리와 보호, 그리고 세계 전반의 안정에 장기적으로 심각한 위협이다. 이 책은 2025년 이후를 내다보는 데 필요한 전략적 비전을 모색하고자 한다.

2011년 3월
즈비그뉴 브레진스키

1부

서방의 쇠퇴

> 결국, 지구정치(global politics, 국가가 아닌 세계를 정치 구성의 단위로 보는 견해_옮긴이)는 단일국가에 패권이 집중되는 현실에서 점차 벗어나게 될 것이다. 따라서 미국은 진정한 글로벌 초강대국으로서 처음이자 마지막이며, 유일한 국가가 될 가능성이 크다. ······
>
> 경제력도 더욱 분산될 것이다. 앞으로 어떤 단일국가도 전 세계 국내총생산(GDP)의 30%를 차지하는 수준에 도달할 가능성은 희박하다. 미국은 20세기 내내 그 수준을 유지했고, 1945년에는 50% 수준에 이르기도 했다.
>
> – 브레진스키, 《거대한 체스판 The Grand Chessboard》의 결론 중, 1997년, 210쪽

서방은 오랫동안 세계 정치를 지배했지만 지난 수십 년간 서서히 힘을 잃어가고 있다. 그러나 20세기 초중반에 두 차례 세계대전으로 유럽 전체가 자멸할 위기를 겪었음에도, 서방은 1990년대에 잠시나마 화려하게 부활할 것 같았다. 또한 미국은 소련의 해체로 냉전이 평화롭게 끝나면서 세계 제일의 진정한 초강대국으로 급부상하기 직전인 듯 보였다. 국제 무대에서 정치적 입김 강화에 목이 마르고 활발한 경제체제를 갖춘 유럽연합(European Union, EU)과 세계를 이끌고 있는 미국을 보면, 서방이 다시 한 번 국제사회에서 두드러진 존재가 되어 중요한 역할을 할 수 있을 것 같았다.

그러나 20년이 지난 지금 EU가 국제사회에서 정치적으로 비중 있는 역할을 할 수 있을 것이라 기대하는 사람은 거의 없고, 미국의 위상도 흔들리는 듯 보인다. 현재 서방은 대체로 결속력이 약해졌기 때문에 이들의 정치 유산이 지속될지도 의문시되고 있다. 과거에는 잠깐이긴 했

지만 전 세계에 확산되는 민주주의, 세계 평화, 그리고 잘 이뤄지는 사회 합의가 서방의 인류유산으로서 오래 지속될 듯했다. 그러나 글로벌 강대국의 분포가 변하고, 정치 각성이 강대국들의 행동에 영향을 미치는 새로운 현상이 나타나고 있다. 또한 최근 들어 미국의 대외정책 및 미국의 시스템에 대한 의구심이 커지면서 그에 따른 바람직하지 못한 결과도 보인다. 이 모든 요인이 어우러져 앞서 언급한 서방의 유산들이 과연 바람직한지 의심되고 있다.

1. 신흥 글로벌 강대국의 등장

세계 패권국(dominant power)이라는 개념은 비교적 근래에 생겨났다. 수천 년간 인류는 고립된 공동체에 살면서, 먼 곳에 다른 공동체가 있다는 것조차 인식하지 못했다. 다른 지역으로 이주하거나 외부와 산발적인 충돌이 있긴 했지만, 이는 세계 전체를 전혀 모르는 상황에서 벌어졌다. 인류는 지금으로부터 약 800년 전에 이르러서야 처음으로 멀리 떨어진 곳에 '다른 사람'이 산다는 것을 어렴풋하게나마 인식했다. 처음에는 미지의 땅을 원정하여 지도로 만들었고, 그 후에는 식민지 경영과 대규모 이주를 통해서 그런 인식을 구축했다. 이런 과정이 결국 제국주의 경쟁으로 이어지면서 세계 패권을 둘러싸고 큰 파괴를 낳은 세계대전이 두 차례 일어났고, 그 다음에는 냉전이라는 체제 간 대립으로 이어졌다. 근래에 와서는 우주 탐사를 통해 우주와 비교해 상대적으로 지구가 '자그마'하다는 것이 새롭게 인식됐다. 우주에서 지구의 야경을 찍은 사진을 보면 도시화된 지역(특히 서방으로 일컬어지는 곳)이 밝게

〈그림 1-1〉 우주에서 내려다본 지구의 야경

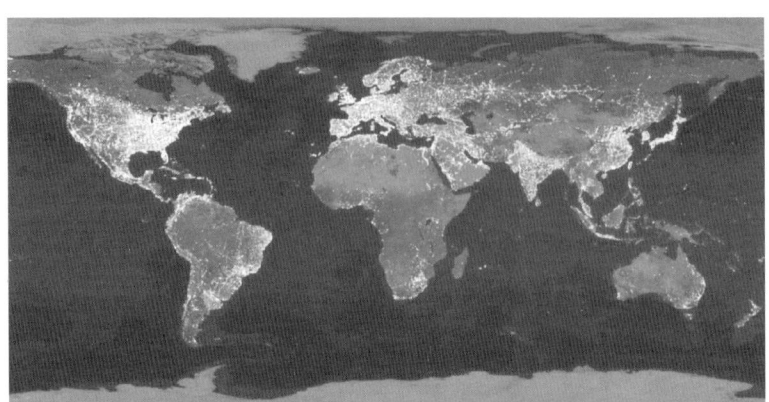

보이고, 기술이 덜 발전했지만 갈수록 더 인구밀도가 높아가는 지역은 어둡다는 것이 생생하게 비교돼 나타난다.

　서유럽 국가 가운데 북대서양 연안에 위치한 나라들이 가장 먼저 세계 진출에 적극 나섰다. 항해 기술의 발전, 이교도를 개종시키려는 열정, 왕실과 개인의 영예에 대한 갈망, 물질에 대한 탐욕이 이들의 행동을 부추겼다. 이런 유리한 조건 덕분에 이 나라들은 거의 500년간 자신들의 근거지에서 멀리 떨어진 광활한 영역을 정복하고 거기에 정착할 수 있었다. 그에 따라 지리상으로 서방의 범위가 유럽의 대서양 연안에서 서반구까지 확대됐다. 포르투갈과 스페인은 남아메리카를 정복해 식민지로 삼았고, 영국과 프랑스는 북아메리카를 식민지로 삼았다. 나중에 남북아메리카가 정치상으로 유럽으로부터 독립한 뒤에는 유럽인들이 대거 서반구로 이주했다. 한편, 대서양에 접한 서유럽의 해양국가들은 인도양과 태평양으로 진출했다. 이들은 지금의 인도와 인도네시아를 지배했고, 중국의 여러 지역에 진주했다. 또한 아프리카와 중동의 거의 전부를 분할해 통치했고, 태평양과 인도양, 그리고 카리브 해의 수많은 섬들도 정복했다.

16세기부터 20세기 중반까지 북대서양 유럽 국가들은 이렇게 정치, 문화상으로 확장함으로써 전 세계에 걸치는 여러 지역들을 지배했다. 이런 점에서 이들의 지배는 로마, 페르시아, 무굴제국, 몽골, 중국, 잉카 등 아주 오래전에 자국과 근접한 지역들을 지배했던 고립된 제국들과는 근본적으로 차이가 있었다. 과거의 고립된 제국들은 자신들이 세계의 중심이라 생각했지만 그 너머의 세계에 대한 지리상의 지식은 거의 없었다. 차르(러시아의 황제)가 지배한 러시아제국 역시 17세기부터 19세기까지 내륙에 기반을 두고 영토를 크게 확장했지만, 짧은 기간 동안 알래스카를 통치한 것을 제외하고는 인접한 영토들만을 흡수했다. 이는 중동과 유럽 남동부를 지배한 오스만제국도 마찬가지였다.

그에 비해 대서양 연안의 유럽 해양강국들은 그 지배 범위가 세계를 아울렀다. 그러나 이 국가들 사이에 분쟁이 발생하고 오래 지속되면서 이들의 위상은 유럽 대륙과 북아메리카에서 새로 출현한 국가들보다 약해졌다. 16~17세기에 스페인과 포르투갈은 유럽 북해 연안의 저지대 국가(Low Countries, 벨기에, 네덜란드, 룩셈부르크_옮긴이) 및 독일에서 오랜 전쟁을 치렀고, 이 때문에 이베리아 반도에 기반을 둔 두 국가(스페인과 포르투갈)는 쇠락의 길을 걸었다. 17세기 말부터 네덜란드도 해상에서는 새롭게 떠오른 영국 때문에, 그리고 대륙에서는 인접국 프랑스로 인해 세력이 기울기 시작했다. 18세기 중반 전쟁의 포화가 가라앉자 영국과 프랑스만이 제국 패권의 각축전에서 유일하게 살아남은 경쟁국으로 우뚝 섰다.

영국과 프랑스의 식민지 확보 경쟁은 19세기에 유럽 자체를 둘러싼

제국들의 전성기 영토 확장 범위

1. 대영 제국(1920년)	3,400만km²
2. 몽골 제국(1309년)	2,400만km²
3. 러시아 제국(1905년)	2,300만km²
4. 제2 프랑스 식민제국(1920년)	1,500만km²
5. 중국 청나라(1800년)	1,500만km²
6. 스페인 제국(1800년)	1,400만km²
7. 우마이야 왕조(720년)	1,100만km²
8. 중국 원나라(1320년)	1,100만km²
9. 압바스 왕조(750년)	1,100만km²
10. 포르투갈 제국(1815년)	1,040만km²
11. 페르시아 아키메네스 제국(B.C. 480년)	800만km²
12. 로마 제국(117년)	650만km²

패권 다툼으로 확대됐다. 그러다가 20세기 초에 독일이 유럽 대륙에서 새로운 강대국으로 출현하며 식민지 확보 경쟁에 뛰어들었고, 이에 맞서 영국과 프랑스는 연합 전선을 구축했다. 이어진 두 차례 세계대전으로 유럽은 황폐해지고 분열됐으며, 사기가 크게 꺾였다. 1945년 전쟁이 끝난 뒤에는 거대한 유라시아 대륙 세력인 소련이 전승국으로서 당당하게 유럽의 중심이 됐다. 소련은 그로부터 약 700년 전의 몽골 제국처럼 계속해서 서쪽으로 세력을 확장할 기세였다.

한편, 북대서양 건너 미국은 바다를 두고 유럽 대륙과 떨어진 덕택에 유럽을 파멸로 몰아넣은 제국주의 각축전의 영향을 받지 않았고, 19세기 내내 산업과 군사력을 강화할 수 있었다. 20세기 초중반에 미국은 두 차례 세계대전에 개입했고, 미국 본토가 전쟁의 피해를 전혀 입지 않으면서도 유럽에서 독일의 득세를 막는 데 결정적인 기여를 했다. 더구나 미국은 제2차 세계대전 이후 모두가 부러워할 만큼 경제와 지정학 면에서 큰 입지를 구축하면서 세계 일등국가라는 새로운 지위를 얻었다. 그리고 이어진 미소 냉전으로 서방이라는 용어가 새로이 정립됐는데, 여기서 서방이란 미국에 의존하는 세계, 즉 미국이 주도하고 이끄는 세계를 말한다.

미국과 서유럽 국가들은 소련의 팽창을 억제한다는 공동의 목표, 유사한 정치 및 경제 체제, 그에 따른 유사한 이념을 지향하면서 서로 유대관계를 형성했다. 미국과 서유럽 국가들은 새롭게 설정된 대서양 세계에서 지정학상으로 핵심이 됐고, 유라시아를 가로지르는 중국-소련 블록에 맞서 자신들의 생존을 지키는 데 몰두했다. 서유럽은 전후 복구를 가속화하기 위해 유럽경제공동체(European Economic Community, EEC)를 창설함으로써 경제 분야에서 통합을 이뤘고, 안보 분야에서는 미국과의 결속을 통해 북대서양조약기구(North Atlantic Treaty Organization, NATO)를 탄생시켰다. EEC는 후에 EU로 발전했다. 그러나 여전히 소련의 위세에 취약한 서유럽은 거의 공식적으로 미국의 피보호국이 됐고, 비공식적으로는 미국의 경제 및 금융에 종속됐다.

그러나 소련의 위세 앞에서 방어에 치중했던 미국과 서유럽은 약 40년 만에 갑자기 세계를 지배하는 서방으로 부상했다. 1989년 동유럽에서 공산권이 몰락했고, 1991년에는 소련이 붕괴했다. 소련의 붕괴는 사회 피로감(social fatigue), 정치 부조리, 이념과 경제에서 마르크스주의(Marxism)의 실패, 무력 봉쇄와 평화적인 이념 침투라는 서방의 외교 정책이 성공한 결과였다. 소련의 붕괴와 함께 반세기에 걸쳐 유럽을 동서로 갈랐던 분단도 막을 내렸다. EU는 세계무대에서 금융 및 경제(그

〈그림 1-2〉 NATO 회원국 (2010년 기준)

리고 잠재적으로는 군사 및 정치) 분야에서 실세로 떠올랐다. 동서 분단이 사라져 통합되던 유럽은 (당시 세계 유일의 군사 초강대국인 동시에 세계에서 가장 혁신적이고 부유한 국가였던) 미국과 여전히 지정학상으로는 결합된 상태였기 때문에 21세기 전야의 대서양 양안은 서방이 세계를 지배한다는 새로운 시대를 열 것처럼 보였다.

금융 및 경제 분야에서 서방이 세계를 지배하는 구조는 이미 그전부터 존재했다. 냉전 시기에도 서방은 자본주의 시스템과 미국 경제의 놀라운 역동성 덕분에 적대 세력인 소련에 비해 금융과 경제에서 확실한 우위에 있었다. 따라서 소련의 심각한 군사 위협에 직면해서도 서방은 세계은행(World Bank), 국제통화기금(International Monetary Fund, IMF), 국제연합(United Nations, UN) 등 협력을 도모하는 다양한 국제기구를 통해 국제문제에서 우세한 위치를 차지할 수 있었다. 그리고 그 결과로 세계를 계속해서 주도할 수 있는 틀이 만들어졌다.

이 시기에 서방의 이념 또한 매우 매력적이었고, 각국에 점점 영향을 끼쳤다. 서방은 유럽 중부와 동부에서 인권과 정치 자유를 확산시켜 이념에서 소련을 압도했다. 또한 냉전이 끝나면서 미국과 서방이 인간의 존엄성, 자유, 번영의 원칙을 지킨다는 인식이 전 세계에 널리 퍼졌다.

그러나 서방의 매력이 어느 때보다 커졌음에도 지리상으로 본 영향권은 제2차 세계대전의 여파로 사실상 줄어들었다. 서방의 제국주의 국가들은 두 차례 세계대전으로 크게 약화된 반면, 새롭게 떠오른 미국은 유럽 동맹국들의 제국주의 유산을 단호히 거부했다. 미국의 프랭클린 루스벨트(Franklin Roosevelt) 대통령은 제2차 세계대전 당시 유럽을 해방시키겠다고 약속했지만, 미국이 영국, 프랑스, 네덜란드, 벨기에, 포르투갈의 식민지를 되찾아주지는 않을 것이라 못 박았다.

그러나 루스벨트는 식민주의에는 반대하면서도 중동 산유국들로부터 이익을 얻기 위한 정책을 추진했다. 그는 1943년에 주미 영국대사인 핼리팩스 경(Lord Halifax)을 불러 중동 지도를 가리키며 노골적으로 이렇게 말했다. "페르시아(이란)의 석유는 영국이 차지하시오. 이라크와 쿠웨이트 석유는 나눠 가집시다. 사우디아라비아의 석유는 우리 거요."[1] 훗날 미국에 고통을 안겨준 중동 지역에 대한 미국의 정치 개입은 여기서 시작됐다.

유럽의 제국주의가 무너진 가장 큰 요인은 식민지인들의 반발이 계속 커졌기 때문이다. 식민 지배에 시달리던 사람들은 해방과 독립을 요구하며 투쟁했고, 소련이 그들을 이념과 군사 측면에서 지원했다. 따라서 식민지인들의 반란을 진압하는 데는 큰 비용이 들었고, 이 때문에 유럽을 중심으로 한 서방의 옛 식민제국은 해체가 불가피했다. 영국은 사태가 악화되기 전에 자진해서 인도와 중동에서 철수했다(그러나 영국의 식민지 여파로 인도에서는 종교 간, 민족 간 갈등으로 폭력사태가 발생하여 엄청난 비극을 낳았고, 중동에서는 지금도 서방을 괴롭히는 고질적인 이스라엘-팔레스타인 간의 분쟁을 발생시켰다). 영국은 그 후 미국의 압력 때문에 자의 반 타의 반으로 아프리카의 식민지에서도 철수했다. 네덜란드는 동인도(인도네시아)에서 버티며 싸웠지만 결국 패했다. 프랑스도 처음에는 베트남에서, 그 다음은 알제리에서 전쟁을 벌였지만 모두 패했다. 포르투갈은 모잠비크와 앙골라에서 거센 압력을 견디지 못하고 철수했다. 그에 따라 전 세계에서 서방의 지리상 영향권은 크게 줄어들었다. 그러나 미국이 문화, 경제, 정치 측면에서 영향력을 전 세계로 확대하면서 서방의 지정학, 경제 측면의 위상은 더 높아졌다.

이와 동시에 (냉전에 가려 일반인들은 잘 인식하지 못했지만) 세계 경제 및 정치에 영향을 미치는 강대국의 분포가 바뀌기 시작했다. 그리고 그 결과로 강대국 서열에 변화가 생겼고, 이는 2007년 말 금융위기를 통해 분명히 드러났다. 당시 금융위기는 서방의 능력만으로는 세계 경제 문제를 다루는 것이 어렵다는 것을 여실히 보여줬고, 세계 경제의 의사결정에 참여할 수 없다고 여겨지던 국가들의 참여와 노력도 필요하다는 사실이 드러났다.

이런 새로운 현실은 2008년에 G8에 아시아, 아프리카, 라틴아메리카 국가들이 가입하여 G20으로 변화하면서 공식 인정됐다. G8은 당시까지 서방이 주도한 금융 분야 의사결정 기구였지만, 세계 각국이 참여하는 G20으로 변화했다. 2009년 미국에서 열린 첫 G20 정상회의에서 미국과 중국의 지도자가 가장 중요한 주도적 역할을 맡은 일만 봐도 이런 변화를 분명히 알 수 있었다.

이런 사건들이 잇따르면서 새로운 지정학상의 현실이 분명히 드러났다. 즉, 글로벌 강대국의 분포와 경제의 역동성이 대서양에서 태평양으로, 서에서 동으로 이동했다는 점이다. 물론 경제사학자들은 아시아가 과거 약 1,800년간 세계 GNP의 상당 부분을 차지했다고 지적할지도 모른다. 실제로 서기 1800년까지만 해도 유럽이 세계 GNP의 30%를 차지한 것에 비해, 아시아는 약 60%를 차지했다. 인도의 자스완트 싱(Jaswant Singh) 전 재무장관에 따르면 1750년 당시 인도 한 나라가 세계 GNP의 25%를 차지했는데, 이는 오늘날 미국이 차지하는 비율과 흡사하다. 그러나 19~20세기에 산업혁신과 세련된 금융기법을 가진 유럽 제국들이 아시아를 침범했고, 이에 따라 세계 GNP에서 아시아가 차지하는 비중은 급격히 축소됐다. 예를 들어 1900년이 되자 영국 제국주의의 오랜 지배를 받던 인도의 GNP는 세계 GNP의 1.6%에 불과할 정도로 크게 줄어들었다.

인도와 마찬가지로 중국에도 영국 무역상의 뒤를 이어 영국 제국주의가 진출했다. 영국 무역상들은 중국산 차, 도자기, 비단 등을 구매하며 막대한 무역적자를 냈고, 이에 중국에 아편을 팔아 적자를 메우려 했다. 중국은 뒤늦게 아편 수입을 금지해 외국 상인들이 중국에 들어오지 못하도록 했고, 이 때문에 두 차례의 전쟁이 일어났다. 처음에는 영국 단독으로, 두 번째는 영국과 프랑스 연합군이 중국과 전쟁을 벌였다. 두 차례 모두 중국이 패했고, 그 결과 중국이 세계 경제에서 차지하는 비중은 급격히 축소됐다.

과거에 중국과 인도의 경제가 번영했다는 사실 때문에, 일각에서는 오늘날 아시아의 경제가 발전하는 것이 예전의 상태로 돌아가는 지극히 정상적인 현상이라 주장한다. 그러나 과거 아시아의 GNP가 높았던 것은 아시아라는 지역이 고립된 상태에서 경제 교류가 매우 제한된 상황이었음을 주목해야 한다. 과거 유럽과 아시아의 경제 연결고리는 주로 물물교환을 바탕으로 한 무역이었다. 이런 경제교류는 대부분 인도 캘커타(Calcutta) 등 몇몇 특정 항구에서 일어나거나, 주기적으로 실크로드를 가로지르는 대상(caravan)들이 담당했다. 끊임없이 상호작용하고 서로 영향을 주고받는 글로벌 경제는 당시에 존재하지 않았다.

따라서 과거 아시아의 경제력은 통계로만 봤을 때는 매우 인상적이지만 고립된 상태에 머물렀으며, 아시아 외부로 경제 영향력을 확산하지 않았다. 15세기 초반 중국은 철저한 쇄국정책을 폈다. 사실 그 이전부터 중국은 상선단의 뛰어난 기술과 대양해군을 가졌으면서도 정치 영향력을 확장하는 데 나서지 않았다. 인도의 무굴 제국은 어마어마한 부를 가졌지만 정치 결속력이나 대외 야망이 부족했다. 아시아가 정치 영향력을 서쪽으로 확장한 유일한 사례는 몽골의 칭기즈칸이었고, 그의 기마 전사들은 거대한 유라시아 제국을 건설했다. 그러나 처음에 몽골 자체는 GNP가 매우 낮은 수준이었다는 점을 보면, 당시에는 낮은 경제력이 군사력에 장애가 되지 않았음을 알 수 있다.

2. 아시아의 성장과 글로벌 강대국의 분포 변화

아시아 3대 강국인 중국, 일본, 인도가 성장하면서 글로벌 강대국의 순위가 크게 달라졌고 지정학상의 영향력도 대서양 일변도에서 다른 지역으로 분산됐다. 이들이 세계 정치 및 경제 분야에서 주요 국가로 눈에 띄기 시작한 것은 제2차 세계대전 이후였다. 이들은 20세기 후반

이전까지는 자국 인구가 가진 장점을 활용하지 못했다. 물론 1905년에 일본이 러일전쟁에서 승리한 후 잠시나마 군사대국으로 성장했을 때부터 아시아의 국제 무대 등장이 이미 예견됐다고 말할 수도 있다. 그러나 러일전쟁에서 예상 밖의 승리를 거둔 직후 일본은 군사 제국주의(militaristic imperialism)를 채택했고, 아시아를 서방의 지배로부터 해방시킨다는 명분으로 전쟁을 일으켰다. 일본의 제국주의는 1945년 미국에 항복함으로써 막을 내렸고, 제2차 세계대전으로 폐허가 된 일본은 복구에 나서 눈부신 발전을 이뤘다. 일본의 발전은 경제발전을 통해 국제사회에서 아시아의 위상이 올라갈 것이라는 예고편과 같았다.

일본은 평화를 지향하는 안정된 민주주의, 미국의 안보 보장, 폐허가 된 경제를 재건하겠다는 국민들의 의지가 한데 어우러져 급격한 경제성장을 이뤘다. 높은 저축률, 적절한 임금, 첨단기술 분야에 대한 집중, 그리고 수출 장려를 통해 유입된 외국 자본을 바탕으로 일본의 GDP는 1975년 5,000억 달러에서 1995년에는 5조 2,000억 달러로 크게 늘었다.[2] 중국, 한국, 대만, 동남아시아 국가연합(ASEAN), 인도네시아는 권위주의 정치체제긴 했지만, 경제만큼은 일본을 모방했다. 이들 나라들보다 민주주의가 더 발달했던 인도 역시 그 대열에 동참했다.

자기만족에 빠진 미국인들은 20세기 중반까지만 해도 일본이 세계 경제에서 맡은 새로운 역할에 거의 관심을 두지 않았다. 그러나 1980년대에서 1990년대 초에 미국은 갑자기 불안감 속에서 일본을 주의 깊게 바라보기 시작했다. 일본이 지정학상으로 독선을 부렸기 때문이 아니었다. 전후 일본은 평화헌법을 채택했고, 미국의 변함없는 동맹국이었다. 미국 대중의 불안감을 자극한 것은 그보다는 일본의 전자제품과 자동차가 미국 국내시장을 빠르게 잠식하는 현상이었다. 아울러 일본이 미국의 주요 산업 자산과 뉴욕 시의 록펠러 센터(Rockefeller Center) 같은 상징성 있는 자산을 사들인다는 언론의 보도는 미국인들의 불안감을 더욱 증폭시켰다.

그 결과 일본은 경제강국이며 무역대국으로 비쳐졌고, 심지어 산업과 금융 부문에서 미국을 위협하는 나라로 간주되기도 했다. 미국의 과장된 언론 보도와 선동적인 의회는 일본을 새로운 '초국가(superstate)'로 칭하며 미국 대중의 불안을 부추겼다. '떠오르는 태양'의 도전으로 미국이 쇠퇴할 수밖에 없다는 학계의 이론까지 등장하면서 불안감을 부채질했다. 그러나 1990년대에 들어 일본 경제가 무기력한 성장으로 '잃어버린 10년'을 맞으면서 그런 불안감은 사그라졌다.

일본이 세계 경제를 지배할 것이라는 두려움은 현실성 없는 기우로 판명 났지만, 일본의 눈부신 전후 복구는 세계 경제나 정치에서 중요한 역할을 할 수 있는 아시아의 잠재력을 서방에 일깨워 줬다. 또한 일본에 뒤이은 아시아 국가들의 경제 성과도 그런 관점을 더욱 부각시켰다. 그중에서도 특히 1960년대부터 일본과 유사한 수출주도형 경제체제를 확립한 한국을 주목할 만했다. 2010년이 되자 한때 빈곤했던 한국의 대통령은 세계 경제의 의사결정 과정에서 한국도 중요한 역할을 할 수 있다고 자신 있게 주장했다. 이를 상징하듯, 2010년 서울에서 G20 정상회의가 개최됐다. 동시에 대만과 싱가포르의 경제와 사회도 크게 발전했다. 이 두 나라의 20세기 하반기 경제성장률은 전후 복구기의 서유럽보다 훨씬 높았다.

그러나 아시아 각국의 이런 사례는 세계 경제와 지정학 위계질서에서 일어난 놀라운 변화의 서곡에 불과했다. 중국이 국제 무대에 혜성처럼 등장한 것이다. 중국은 21세기에 들어서면서 글로벌 강대국들 중에서도 두드러진 존재로 부상했다. 중국이 그렇게 될 수 있었던 것은 수십 년 전으로 거슬러 올라간다. 시작은 100년 전 민족주의를 내세운 젊은 중국 지식인들이었고, 몇 십 년 뒤 중국 공산당의 승리로 절정을 이룬 국가개조 운동이 그 뿌리였다. 그 후 마오쩌둥(毛澤東)이 시행한 대약진운동과 문화혁명 때문에 중국은 경제와 사회가 피폐해지면서 한동안 침체를 겪었다. 그러나 1978년 덩샤오핑(鄧小平)이 시장자유화 정책을 대담하게 채택함에 따라 중국은 전례가 없는 사회 및 경제 현대화를 이룩하기 시작했다. 그 정책으로 중국은 외부 세계에 '개방'됐고, 전례가 없는 성장 궤도에 진입했다. 중국의 성장은 국제사회에서 서방의 일방적인 우위가 종식되고, 세계의 무게 중심이 서에서 동으로 이동할 것임을 예고하는 것이었다.

중국이 개방과 현대화로 방향을 전환한 것은 중국이 소련과 멀어지는 지정학상의 변화와 동시에 일어났다. 중국과 소련은 점차 사이가 벌어지다가 1960년대에 이르러 상호 적대감을 겉으로 드러냈다. 미국으로서는 절호의 기회였다. 1972년 리처드 닉슨(Richard Nixon) 대통령이 처음으로 그 기회를 활용하기 시작했고, 결국 1978년 지미 카터(Jimmy Carter) 대통령이 소련에 맞서는 연합 전선으로 중국을 끌어들이는 데 성공했다. 그러면서 중국은 소련의 잠재 위협에 신경 쓰지 않고 국내를 발전시키는 데 자원을 집중할 수 있었다. 그리고 그로부터 단 30년 만에 중국은 기반시설의 현대화를 이뤄냈고, 이는 20세기에 서방이 100년에 걸쳐 이룬 성과에 견줄 만한 것이었다. 티베트와 신장(新疆) 자치구 등 계속되는 소수민족 문제, 1989년의 중대한 정치 혼란[톈안먼(天安門) 사태], 사회에 고통을 안기는 도시와 농촌 간 발전 격차 등에 직면하면서도 중국이 이 정도의 성과를 이룬 것은 정말 대단한 일이었다. 그러나 중국의 성장은 미국의 대중들에게 불안감을 주었고, 이는 1980년대 말 일본이 미국의 산업과 부동산 자산을 매입하던 때의 현상과 비슷했다. 중국이 미국을 '소유한다'는 표현도 등장했다. 2010년이 되자 과거 일본의 경우를 연상케 하는 과잉반응 속에서, 많은 이들은 중국이 곧 세계 최고의 초강대국이 되어 미국의 자리를 뺏을지도 모른다고 걱정했다.

현재 글로벌 강대국의 분포가 서에서 동으로 이동하는 변화는 식민지에서 벗어난 인도가 최근 국제 무대에 등장함으로써 가속화되고 있다. 인도는 세계에서 두 번째로 인구가 많은 나라이며, 국제 무대를 향한 야망도 있다. 현대 인도는 민주 자치(self-governance) 체제, 심각한 사회 불평등, 활발한 경제, 부패가 만연한 정치권이 복잡하게 혼재하고 있다. 따라서 국제 무대에서 인도의 정치 영향력은 중국에 뒤질 수밖에 없다. 인도는 이른바 '비동맹국들'의 지도자 역할을 하며 두각을 드러냈다. 비동맹국이란 쿠바와 유고슬라비아 등 중립을 표방하면서도 정치가 안정되지 않은 국가들로, 미소 냉전에 반대한 나라들이다. 인도는 영토 분쟁으로 1962년 중국과 전쟁을 치렀지만 크게 패했다. 그러나 1965년과 1971년 파키스탄과 두 차례의 전쟁에서 승리하면서 그 패배를 조금은 만회했다. 비교적 최근까지만 해도 인도는 국제문제에 관해 매우 윤리적인 태도를 유지하면서도 그에 상응하는 영향력은 없는 나라로 인식되고 있다.

그러나 두 가지 중요한 변화 때문에 인도를 보는 시각이 달라지기 시작했다. 1974년의 핵 폭발 장치 실험과 1998년의 핵무기 실험, 그리고 1990년대에 시작된 인상 깊은 경제 성장이 그것이었다. 국제 무역과 투자의 규제 완화, 그리고 민영화를 포함한 자유화 개혁을 통해 인도는 허약하고 덩치만 큰 준(準)사회주의 경제를 서비스와 첨단기술을 바탕으로 한 보다 활력 있는 경제로 전환하면서 일본, 중국의 뒤를 이어 수출주도형 성장 궤도에 들어섰다. 물론 인도는 다양한 종교, 언어, 민족 문제에서부터 높은 문맹률, 심각한 사회 불평등, 지방의 소요 사태, 낙후된 기반시설 등 내부적으로 많은 문제를 안고 있다. 그럼에도 2010년에 인도의 인구가 중국을 추월하면서 인도는 아시아에서 정치 영향력이 강한 중국의 잠재 경쟁자로 비치기 시작했다.

인도의 정치 엘리트들은 세계에서 보다 큰 영향력을 발휘하려 하고, 지역에서 강자가 되려는 야망을 품고 있다. 21세기 첫 10년 동안 미국과 인도의 관계가 점차 개선되면서 국제 무대에서 인도의 위상이 높아졌고, 인도의 야망도 어느 정도 충족됐다. 그러나 인도는 아프가니스탄에서 더 큰 영향력을 확보하기 위해 파키스탄과 경쟁하는 등 양국 관계는 폭발 직전이고, 이 때문에 인도의 보다 큰 야망은 발목이 잡혀 있다. 따라서 인도가 중국의 경쟁자이며 이미 세계 초강대국이라는 인도 대외정책 담당자들의 견해는 냉철하게 생각할 때 현실성이 떨어진다.

그럼에도 중국이 미국의 경제 분야 경쟁국으로, 인도가 지역 강대국으로, 부유한 일본이 미국의 태평양지역 동맹으로 국제 무대에 등장한 것은 글로벌 강대국 순위를 크게 바꿨고, 글로벌 강대국의 분포 또한 변화를 일으켰다. 그런데 이 때문에 몇 가지 심각한 위험이 제기된다. 아시아의 강대국들은 냉전 당시 대서양 동맹(미국-서유럽)과 달리 지역에서 연합하지 않은 상태이며, 이제까지 연합해 본 적도 없다. 이들은 서로 경쟁하는 관계이며, 따라서 아시아 강대국들의 이런 상태는 어떤 면에서 식민지 시대의 유럽 대서양 강대국들, 그리고 그 후 유럽 본토의 패권을 두고 경쟁한 유럽 대륙국가들의 모습과 비슷하다. 유럽 국가들의 경쟁은 결국 제1, 2차 세계대전이라는 파멸의 길로 이어졌다. 따라서 아시아 내부의 새로운 경쟁구도는 어느 시점에 이르면 지역의 안정을 위협할 수 있으며, 이는 아시아 강대국들의 엄청난 인구와 일부 국가의 핵무기 보유를 감안하면 매우 파괴적일 수 있다.

물론 과거 유럽 제국들의 각축전과 현재 아시아 강대국들의 힘겨루기에는 근본적인 차이가 있다. 우선 지금의 아시아 주요 강대국들은 해외 식민지를 두고 경쟁하지 않는 반면, 유럽 제국들의 경우 그런 경쟁이 해외에서의 무력 충돌과 거대한 전쟁으로 격화됐다. 그에 비해 아시아 강대국들 사이의 분쟁은 아시아–태평양 지역 내에서 일어날 가능성이 크다. 그러나 섬 또는 해양 자원의 영유권이나 항로를 둘러싼 분쟁 등 지역에 국한된 충돌이라고 해도 그것이 세계 경제에 충격을 줄 수 있다.

현재 글로벌 강대국의 분포가 변화하고 있는 현상이 초래할 수 있는 보다 직접적인 위험은 국제사회의 위계질서가 불안정해질 수 있다는 점이다. 미국은 여전히 세계 최강의 지위를 지키고 있지만, 미국의 국제사회 영향력은 정당성, 효율성, 지속성 면에서 갈수록 의구심을 낳고 있다. 이는 미국이 국내외적으로 여러 문제를 안고 있기 때문이다. 그러나 군사, 기술, 경제, 금융 등 과거부터 강대국을 평가하는 데 이용되는 기준에서 볼 때 미국은 여전히 독보적이다. 미국은 단일국가로서 경제 규모가 가장 크며, 금융 분야의 영향력도 세계 최고다. 또한 기술력도 가장 앞서 있으며, 국방예산은 다른 모든 강대국을 합한 액수보다 많다. 게다가 세계 어디든 군대를 신속히 파병할 수 있고, 또 실제로 파병하고 있는 상태다. 이런 상황이 오래가지 않을 수도 있지만, 현재로서는 엄연한 국제사회의 현실이다.

EU는 세계 2위의 강대국이 되기 위해 경쟁할 수도 있지만, 그러기 위해선 EU 회원국 공동의 대외정책과 방위능력을 갖춘 보다 강한 정치 연합체가 돼야 한다. 그러나 탈냉전 시대에 들어 EEC가 보다 규모가 큰 EU로 확대되긴 했지만, 현재의 EU는 진정한 '연합(union)'이 아니다. 사실 유럽연합이라는 명칭은 바뀌는 것이 옳을지도 모른다. 이전 서유럽의 더 작은 공동체(EEC)는 유럽의 거의 모든 국가를 아우르는 지금의 '연합'보다 정치 결속력이 강했다. EU는 부분적으로만 통용되는 공동 통화(유로)를 통해 연합을 이뤘지만, 실제로 결정권을 가진 중앙의 정치 실체도 없고 공동의 재정정책도 없다. 경제만을 보면 EU는 세계에서 독보적이다. 전체 인구와 대외무역 규모가 미국보다 크기 때문이다. 그러나 EU는 문화, 이념, 경제가 미국과 연결돼 있고, NATO를 통해 보다 밀접하게 미국과 연결돼 있다. 따라서 EU는 완전하지 못한 연합 상태(semiunified) 속에서 지정학상으로 미국의 동생 역할에 머무를 수밖에 없다. EU는 글로벌 강대국이 되는 데 필요한 체제를 갖출 수도 있었다. 그러나 제국주의가 몰락한 이래로 유럽 강대국들은 세계 안보 유지라는 돈이 많이 필요한 임무를 미국에 맡겼다. 이는 요람에서 조기 은퇴까지 안정된 사회와 생활방식을 만드는 데 자원을 집중하기 위해서였다. 이를 위해 공공 부채가 증가했지만, 경제 성장과는 관련이 없는 부채였다.

그 결과 EU는 엄밀히 말해서 현재 국제 무대에서 독립적인 주요 강대국이 되지 못했다. 영국, 프랑스, 독일이 과거의 영광 덕분에 국제 무대에서 아직까지 존재감이 있을 뿐이다. 영국과 프랑스는 미국, 소련, 중국과 함께 1945년부터 UN 안전보장이사회에서 거부권을 가졌으며, 이들 국가들처럼 핵무기를 보유하고 있다. 그러나 영국은 유럽이 단일

체제가 되는 것을 경계하며, 프랑스는 국제사회에서 지금보다 많은 역할을 하는 데에는 별 관심이 없다. 독일은 유럽의 경제 엔진이며 수출 역량에서 중국에 맞먹지만, 유럽 밖에서는 군사적 책임을 맡으려 하지 않는다. 따라서 영국, 독일, 프랑스는 EU가 약점이 있음에도, 국제 무대에서 EU의 일부분으로서만 진정한 영향력을 행사할 수 있다.

EU와 대조적으로 중국은 놀라운 경제 추진력, 자국의 이익을 위해 냉철하면서도 자기중심적으로 결단을 내릴 수 있는 역량을 갖췄다. 또한 외부세계에 대한 의무 때문에 국력이 쇠약해질 위험에서도 비교적 자유롭다. 게다가 군사력도 꾸준히 증강하고 있으며, 이런 이유로 세계는 중국이 곧 국제 무대에서 미국의 지위에 도전할 것이라 생각하기도 한다. 이런 점들을 감안하면 현재의 국제 위계질서에서 미국 바로 다음에 중국을 놓아도 무방할 것이다. 도시 및 농촌 간 격차, 무소불위의 정치 권위주의에 민중이 반기를 들 가능성 등 해결해야 할 내부 문제가 많긴 하지만, 세계가 중국을 미국의 경쟁자로 인식한다는 내용을 중국의 관영 언론들이 자주 언급하는 것에서 중국의 커져 가는 자신감을 읽을 수 있다.

미국과 중국 다음의 주요 강대국 순위를 정확히 매기기는 어려우며, 부정확할 수밖에 없다. 그러나 어떻게 순위를 정하든 거기에는 러시아, 일본, 인도, 그리고 EU의 비공식 지도국인 영국, 독일, 프랑스가 포함될 것이다. 러시아가 지정학 측면에서 순위가 높은 것은 석유와 천연가스 매장량이 풍부하고 미국에 버금가는 핵무기 강대국이라는 점이 크게 작용한다. 그러나 러시아의 자국 내 경제, 정치, 인구 구성 측면의 약점 때문에 러시아의 군사 부문의 장점은 빛을 잃을 수밖에 없으며, 러시아의 동과 서 양쪽에 경제력이 훨씬 강한 이웃들이 있다는 점에서도 그렇다. 러시아에 핵무기가 없거나 일부 유럽 국가가 러시아의 석유와 천연가스에 의존하지 않는다면 러시아의 순위는 그리 높지 않을 것이다. 경제 측면에서 러시아는 일본에 크게 뒤지며, 일본이 국제사회에서 보다 적극적인 역할을 추구할 경우 일본의 순위는 러시아보다 높아질 것이다. 인도는 아시아에서 자신감에 차 있으며 국제사회에서의 역할에 대한 야망도 있어 글로벌 강대국 상위권에 포함될 수 있다. 그러나 국경을 맞댄 중국, 파키스탄과의 적대 관계, 인구 구성 및 다양한 사회 부문 단점들에 발목이 잡혀 있다. 브라질과 인도네시아는 이미 G20 내에서 세계 경제와 관련된 의사결정에 참여할 자격이 있다고 주장한 바 있으며, 각각 남아메리카와 동남아시아 지역에서 주도국이 되고 싶어 한다.

이상의 글로벌 강대국 순위를 보면, 이미 언급했듯이 글로벌 강대국의 분포가 서에서 동으로 변하고 있으며, 그런 나라들의 영향력이 세계 4대 지역에 분산되고 있다는 사실을 알 수 있다. 유럽 강대국들이 자국의 이익을 위해 세계의 주요 지역들을 지배하던 시대는 끝났으며, 글로벌 영향력이 분산됨으로써 다양한 지역이 대표성을 띠게 되었다는 점은 매우 바람직하다. 빈(Wien) 회의, 베르사유(Versailles) 회의, 브레턴우즈(Bretton Woods) 회의 등 영국, 프랑스, 또는 미국이 지배하는 서방이 글로벌 영향력을 독점하기 위해 모이던 시대는 결코 다시 오지 않을 것이다. 그러나 현재 지리상으로 다양해지고 널리 분산된 세계 10대 강국들은 역사적으로 뿌리 깊은 적대감과 경쟁의식을 갖고 있다. 이런 점을 고려해 볼 때, 세계가 의사결정에서 합의를 이루기는 더욱 어려워졌다. 현재 인류는 갈수록 중대한 도전에 직면해 있으며, 그중에는 인류의 생존을 위협할 수 있는 도전도 있다는 점에서 이는 큰 문제가 될 수 있다.

이 10대 강대국들이 지금의 위치를 얼마나 오래 지킬 수 있을지는 확실치 않다. 대략 1910년에서 2010년까지 단 1세기 만에 글로벌 강대국의 순위는 다섯 차례나 크게 바뀌었다. 그중 네 번째를 제외하고는 전부 서방의 세계 지배를 크게 약화시켰다. 첫째, 제1차 세계대전 직전 영국과 프랑스 제국은 세계를 지배했고, 떠오르는 일본에 패해 허약해진 러시아와 동맹을 맺었다. 이들은 유럽 내부에서 야심만만한 독일의 도전을 받았다. 당시 독일은 허약한 오스트리아-헝가리 제국과 쇠퇴하는 오스만 제국의 지원을 받았다. 각종 산업이 활발하게 성장한 미국은 처음에는 중립을 유지하다가 나중에 전쟁에 개입해 영국-프랑스 연합이 승리하는 데 결정적인 기여를 했다. 둘째, 제1차 세계대전과 제2차 세계대전 사이에 미국이 급성장하긴 했지만, 당시 세계 1위 강대국은 영국이었다. 그러나 1930년대 초 신속히 재무장하고 갈수록 수정주의로 치닫던 나치 독일과 소련은 이미 당시 상황을 바꾸려는 음모를 꾸미고 있었다. 셋째, 유럽은 제2차 세계대전으로 산산조각이 났고, 그 영향으로 미국과 소련이라는 양대 초강대국 사이에 40년에 걸친 냉전이 시작됐다. 넷째, 냉전에서 소련이 '패배'하면서 미국이 유일한 글로벌 초강대국으로서 국제사회를 지배하는 단극 체제가 잠시 등장했다. 다섯째, 2010년이 되면서 미국이 여전히 최강대국인 상태에서 아시아 국가들을 포함한 다양한 강대국이 등장했다.

〈그림 1-3〉을 보면 오른쪽으로 갈수록 위아래로 많은 강대국들이 배치된 것을 볼 수 있는데, 이것은 시간이 갈수록 글로벌 강대국의 분포 변화가 빨라진다는 뜻이다. 20세기 이전에는 단일국가가 일반적으로 약 1세기 동안 세계를 지배했다. 그러나 의식적인 정치활동(political

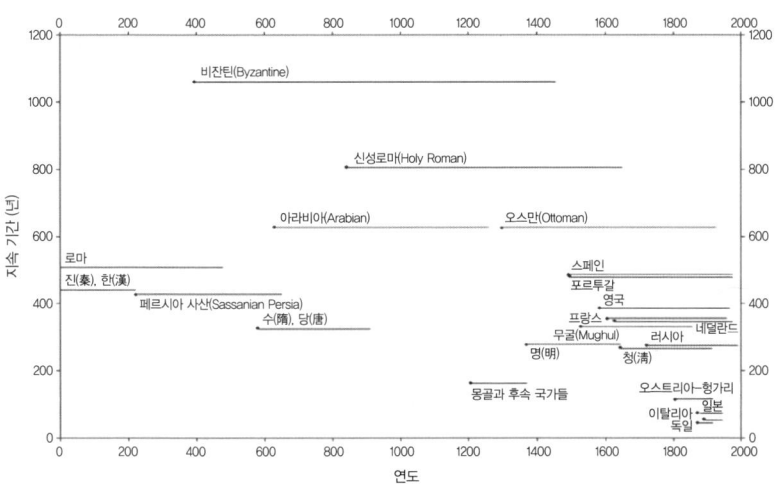

〈그림 1-3〉 시간이 갈수록 줄어드는 제국의 지속 기간

activism)이 점차 광범위한 사회 현상이 되면서 정치 상황이 보다 빈번하게 변화했고, 세계를 지배하는 기간도 짧아졌다. 서방이 20세기에 1세기 동안 세계를 지배한 것도 사실이지만, 그 시기에 일어났던 서방 내부의 갈등 때문에 한때 세계를 지배했던 위치가 약화된 것 역시 엄연한 사실이다.

사실 오늘날에도 미국의 세계 1위 자리가 얼마나 지속될지는 불확실하다. EU는 국제문제를 해결하는 데 정치 영향력이 약하고, 유럽은 국제사회에서 더 이상 중심 역할을 못하고 있다. 러시아는 국제사회에서 중심 역할을 다시 원하지만 그럴 만한 역량이 부족하다. 중국은 머지않아 세계 1위 강대국으로 등극할 가능성이 없지 않다. 인도는 글로벌 강대국으로 비쳐지기를 간절히 원하지만 국내외의 여러 문제들로 약점이 많다. 일본의 경제는 국제 무대에서 큰 위치를 차지하지만, 그에 걸맞은 정치 혁신은 꾀하려 하지 않는다. 이 모든 상황때문에 글로벌 강대국의 분포는 지리상으로는 과거보다 넓어졌지만 응집력은 약해졌다.

3. 대중들의 정치 각성 확산

글로벌 강대국의 분포 변화는 기존에 없던 한 가지 현상 때문에 가속화되고 있다. 그것은 바로 얼마 전까지만 해도 정치에 수동적이었거나 억압받던 이들이 정치에 각성하는 현상이며, 이는 전 세계로 확산되고 있다. 처음에는 중부와 동부 유럽에서, 최근에는 아랍 세계에서 이런 현상이 일어나고 있다. 실시간 동영상 및 화상 통신기술로 전 세계가 연결되어 지구촌 사람들이 서로 영향을 주고받을 수 있게 됐으며, 또한 발전이 더딘 국가들에서 젊은 층 인구가 급속히 증가한 것이 합쳐져 정치 각성이 나타났다. 이 젊은이들은 정치에 민감한 대학생과 궁핍한 실업자들이 주를 이루며, 자신보다 부유한 이들과 지도자들의 부패에 분노한다. 권위주의와 특권을 향한 그들의 분노는 대중들의 열망으로 이어지면서, 대규모 혼란을 낳을 가능성이 전례 없이 커졌다.

대중들의 정치 각성이라는 새로운 사회 현상이 세계 곳곳으로 퍼지고 큰 반향을 일으키는 것은 역사상 유례가 없던 현상이다. 대부분의 역사에서 인류는 한정된 지역에서 고립된 상태로 살았고, 정치에 무감각한 상태로 지냈다. 대다수는 정치 의식도 없었고 정치 문제에 행동으로 나서지도 않았다. 신체의 자유와 물질이 박탈된 상태에서 그들의 일상은 개인의 생존에만 초점이 맞춰졌다. 종교가 어느 정도의 위안을 주었고, 사회의 전통도 가혹한 운명에 시달리는 이들에게 가끔씩 휴식과 안정을 제공했다. 정치를 할 수 있는 권한은 대중들과는 전혀 관련 없었고, 어떤 경우엔 신의 뜻을 실천하는 일로 간주되기도 했다. 또한 세습을 통해서만 정치를 할 수 있는 경우가 많았다. 지도자가 되기 위한 권력 투쟁은 대부분 소수 집단에 소속된 이들에게만 한정됐다. 인접한 공동체와의 집단 분쟁은 주로 영토나 자원을 차지하는 데 집중됐으며, 비이성적인 종족 간 분쟁과 종교 갈등 때문에 일어나기도 했다. 정치를 위한 대화, 정치에 대한 신념과 열망은 통치자의 측근인 특권층만의 전유물이었다.

사회가 점점 복잡해지면서 정치 토론과 정치권력 투쟁에 참여하는 독특한 계층이 등장했고, 이들은 조직화된 사회에서 맨 윗자리를 차지했다. 로마 제국과 중국의 조정에서는 대신(人臣)과 고위 관리들이 정치 활동을 했지만, 이들은 정책보다는 궁중 음모에 몰두했다. 사회가 보다 발전하고 글을 읽을 줄 아는 사람들이 늘어나면서 정치 토론에 참여하는 사람들도 늘어났다. 지방의 토호, 팽창하는 도시의 부유한 상인과 장인(匠人), 소수의 엘리트 지식인들이 그들이었다. 그러나 대부분의 대중들은 여전히 정치와 단절됐다. 물론 간헐적으로 폭동이 일어나긴 했지만, 대부분은 농민들의 봉기가 그랬듯이 정치권력을 위한 것이 아니라 체제에 대한 분노가 표출된 것이었다.

한정된 지역이긴 했지만 여러 계층의 사회 구성원들이 정치에 각성한 최초의 사례는 프랑스 혁명이었다. 프랑스 혁명은 사회 하위 계층인 대중들의 반란과 상위 계층인 지식인들이 이를 확산하는 새로운 현상이 결합되면서 발생했다. 당시는 정치 지식은 많지만 내부적으로 분열된 귀족, 그리고 물질적으로 풍요를 누린 가톨릭교회가 군주제를 떠받치던 사회였다. 그런 권력 구조가 정치 지식은 많지만 사회에서 불안정한 상태였던 부르주아의 도전을 받았다. 이들은 주요 도시에서 소요를 일으켰고, 상대적 박탈감을 갖고 있던 농민들도 이에 합세했다. 새로 등장한 인쇄기 덕분에 정치 전단이 유례없이 대량으로 인쇄되면서 사회에 대한 분노가 혁명을 바라는 정치 열망으로 이어졌고, 그런 열망은 '자유, 평등, 박애'라는 대중들의 마음을 사로 잡은 슬로건으로 요약됐다.

프랑스 혁명이 가져온 격렬한 정치 격변으로 대중들의 민족 정체성이 크게 강화됐다. 1789년의 혁명 이후 나폴레옹 군대가 여러 전쟁에서 승리를 거둔 일은 그의 군인으로서의 재능 덕분이기도 하지만, 정치에 각성한 프랑스인들이 민족 정체성을 열망한 것도 큰 몫을 했다. 민족 정체성에 대한 열정은 유럽 전체로 빠르게 확산됐다. 프러시아, 오스트리아, 러시아에서 민족주의 열풍이 불어 닥치면서, 처음에 승리했던 나폴레옹도 나중에는 이들 나라에 패배하게 된다. 1848년 '국가들의 봄(Spring of Nations)'으로 불리는 혁명이 일어나면서 이탈리아, 폴란드, 헝가리 등 유럽의 많은 국가들이 열렬한 민족주의와 정치 각성에 휩쓸렸고, 특히 독일은 그런 현상이 두드러졌다. 그때쯤 유럽인 가운데 정치 의식이 좀 더 깨어 있던 사람들은 유럽에서 멀리 떨어진 미국의 민주주의 이상에 매료됐다. 미국은 사회적으로는 유럽보다 변혁이 적었지만, 정치적으로는 유럽보다 인본주의(人本主義) 요소가 더 많았다.

그러나 그로부터 1세기도 채 안 되어 유럽은 각국의 민족주의 열정이 서로 충돌하면서 전쟁으로 치달았다. 두 차례의 세계대전과 러시아 볼셰비키 혁명이 표방한 반제국주의 덕분에 일반 대중들의 정치 각성은 전 세계로 퍼져나갔다. 영국과 프랑스 식민지에서 징집됐던 군인들은 자신의 정치, 인종, 종교에 대한 정체성과 궁핍한 경제 상황을 새롭게 자각하고 자신의 나라로 돌아갔다. 또한 식민지의 상류층들은 서구의 고등교육을 받을 기회가 많아졌고, 그에 따라 식민지에 서구 사상이 널리 퍼지면서 식민지인들은 민족주의와 사회주의에 매력을 느꼈다.

인도의 네루(Nehru), 파키스탄의 진나(Jinnah), 인도네시아의 수카르노(Sukarno), 가나의 은쿠루마(Nkrumah), 세네갈의 상고르(Senghor)는 모두 개인의 정치 각성에서 출발해 카리스마 있는 지도력으로 대중들의 정치 성향을 바꿈으로써 독립을 성취했다. 19세기 유럽 열강에 예속되는 굴욕을 겪었던 중국에서도 정치 각성이 일어났는데, 이는 20세기 초 세계 정치에 갑작스럽게 뛰어든 일본에 자극을 받아서였다. 쑨원(孫文)은 20세기 초 일본이 스스로의 힘으로 서구식 현대화에 성공한 것을 직접 목격한 뒤 중국을 개조하기 위한 혁명에 착수했다. 당시 젊은 학생이었던 덩샤오핑은 멀리 파리에서 마르크스주의에 심취했다.

두 세기에 걸쳐 매스컴의 혁명이 일어나고 인구가 밀집된 도시에서 글을 읽을 줄 아는 사람들이 점차 증가하면서 개인의 정치 각성은 집단 현상으로 바뀌었다. 19세기에는 전단지와 정기적으로 발간되는 신문이 등장하여 정치 변화에 대한 대중의 욕구를 부채질했다. 중류층과 상류층이 신문을 읽는 습관을 들이면서 이들의 정치 의식이 성장했고, 국가 운영에 관한 정치 대화가 흔한 사회 현상이 됐다. 20세기 초에는 라디오가 등장하여 정치인의 연설이 곳곳으로 전파됐고(히틀러가 연설하는 모습이 그런 예다), 먼 나라의 소식도 바로 알 수 있게 됐다. 그러면서 그때까지 정치에 수동적이었고 정치에서 거의 단절되다시피 했던 사람들이 다양한 정치 의견을 접하게 됐다.

그 후 TV와 인터넷이 등장하면서 이전에 고립 상태에 있던 지역이 전 세계와 연결됐고, 정치 운동가들이 자신의 정치 주장을 전파하고 수

> 1978년 나는 베이징에서 미중 관계 정상화를 위한 물밑 작업을 시작하면서 소련의 팽창주의에 맞서기 위한 '사실상의 정략 연합(de facto coalition of convenience)'을 구축하던 중이었다. 그때가 나의 공직 생활에서 가장 기억에 남는 순간이다. 아주 민감한 사안이었기 때문에 간신히 덩샤오핑과 협상을 할 수 있었다. 협상 후 뜻밖에도 그가 나를 비공식 만찬에 초대했다. 우리는 자금성 안의 작은 호수가 내려다보이는 정자에 자리했다. 나는 그에게 정치관을 형성한 과정을 물었다. 덩샤오핑은 젊은 시절을 회상하며, 1920년대에 있었던 첫 해외여행을 언급했다. 당시 젊은 학생이었던 그는 멀리 파리로 유학을 갔다. 그는 나룻배를 타고 해안까지 간 후 증기선을 탔다고 했다. 그에게 파리 유학은 말 그대로 '미지의 먼 곳'으로 떠나는 여행이었다. 그는 파리에서 중국이 프랑스에 비해 얼마나 뒤떨어졌는지를 뼈저리게 느꼈고, 중국을 발전시킬 수 있는 지름길을 찾았다. 그리고 사회주의 혁명에 관한 마르크스의 가르침에 빠져들었다. 그때가 중국의 국가체제에 느꼈던 그의 분노, 정치 의식, 이념이 하나가 된 때였다. 그 뒤 그는 두 차례의 혁명에 참여했다. 처음은 마오쩌둥 아래서 과거 중국과의 단절을 위한 혁명이었고, 그 다음은 자신이 지도자가 된 뒤 중국의 미래를 구축하기 위한 혁명이었다. 인상 깊었던 그와의 만찬 후 1년도 채 안 되어 덩샤오핑은 미국을 국빈 방문했고, 그때 특별히 시간을 내어 부부가 함께 워싱턴 근교의 우리 집을 방문하여 함께 저녁을 나눴다.

많은 사람들의 지지를 끌어낼 수 있는 능력이 크게 향상됐다. 20세기 말이 되면서 전 세계가 하나로 연결되자 어떤 곳에 정치적 소요 사태가 발생하면 다른 곳에서는 시위 방법을 배우게 됐다. 이질적이고 멀리 떨어진 정치 집단들이 서로의 시위 방법을 도입할 수 있게 됐기 때문이다. 예를 들어 네팔에 등장한 시위 슬로건이 얼마 안 있어 볼리비아에 등장했다. 상징적 색깔의 스카프가 이란에서 태국으로, 고통 받는 사람들의 동영상이 사라예보에서 가자 지구로, 도시 시위 전술이 튀니스(튀니지의 수도)에서 카이로로 곧바로 전파됐다. 이 모든 모습이 전 세계 TV와 컴퓨터 모니터에 즉각적으로 등장했다. 새로운 통신수단 덕분에 이제 대규모 정치 시위는 지리상의 한계를 뛰어넘어 전 세계가 그 경험을 공유할 수 있게 됐다.

한편, 현재 일부 국가에서는 자국의 문화, 경제에 융합되는 데 어려움을 겪는 젊은 층이 다른 연령층에 비해 훨씬 많아졌다. 이런 '젊은 층 인구의 급증'이 통신기술 혁명과 맞물리면 더욱 강한 파급력이 생긴다. 교육을 받았지만 일자리를 찾지 못해 좌절감에 시달리는 그들은 과격한 무장단체의 훌륭한 포섭 대상이다. 국제인구행동연구소(Population Action International, PAI)의 2007년 보고서에 따르면, 1970년에서 1999년 사이 내전의 80%는 30세 이하가 인구의 60% 이상인 나라에서 발생했다. 또한 중동을 포함한 이슬람권에서 젊은 층의 비율이 전 세계 평균치보다 높다는 사실도 주목해야 한다. 이라크, 아프가니스탄, 팔레스타인, 사우디아라비아, 파키스탄 모두 인구에서 젊은 층의 비율이 높다. 이들 국가의 경제력이 젊은 층을 모두 흡수하지 못하기 때문에, 이들은 정부에 등을 돌리고 무장투쟁에 몰입하기 쉽다. 가속화되는 정치 각성이 폭력적인 대격변을 야기할 가능성이 가장 높은 지역은 이집트 동쪽에서 중국 서쪽에 이르는 지역이다. 이곳은 인구 구성 측면에서 사실상 '화약고'와 같다. 이와 비슷하게 콩고와 나이지리아 등의 아프리카 국가들, 그리고 일부 라틴아메리카 국가들도 인구 구성이 위험한 양상을 띠고 있다.

오늘날의 젊은 세대는 특히나 정치 각성에 즉각 반응할 수 있다. 인터넷과 휴대전화가 이들을 답답한 자국의 정치 현실에서 해방시켜 주기 때문에 이들 역시 무장 투쟁에 가장 이끌리기 쉬운 정치 집단이다. 따라서 현재 많은 지역의 수많은 대학생들은 과거 마르크스가 말한 '프롤레타리아(proletariat)'에 해당한다. 마르크스가 말한 프롤레타리아는 산업시대 초기 무산 근로자로서, 불만과 분노에 가득 찬 이념 투쟁과 혁명에 동원되기 쉬운 집단이었다. 매스미디어를 통한 정치 선동은 손쉽게 그들의 미숙한 감정을 단순하고 목표의식이 뚜렷한 행동으로 바꿔 놓을 수 있다. 그런 행동이 특정 대상에 대한 분노와 감정에 바탕을 둘수록, 이들은 정치 문제에 더욱 민감하게 반응한다. 당연히 민주주의와 법치, 종교적 관용에는 그다지 공감하지 않는다. 어떤 경우에는 흑백 논리가 이들을 자극하기도 한다. 이들은 자신의 인종, 민족, 종교가 모욕을 받았다고 느끼면 거기에 반응하고, 이런 주관적인 느낌이 이들이 가진 흑백 논리의 뿌리다. 1979년 이란에서 일어난 혁명이 그랬다. 흑백 논리는 젊은이들의 감정에 잘 맞을 뿐만 아니라 보복 행위도 정당화시킨다.

특히 2011년 초기 몇 달간 북아프리카와 중동에서 일어난 민중 봉기는 정치 각성이 가속화될 경우 발생할 결과를 여실히 보여줬다. 이 사건들 역시 불만에 찬 젊은 층이 인터넷과 휴대폰을 이용하는 사례가 증가하면서 일어난 것이 특징이었으며, 부패하고 국민에게 무관심한 지도층에 대한 분노가 원인이었다. 거기에다 일자리를 찾지 못하는 데 따르는 좌절감, 정치 박탈감, '비상사태'의 장기화도 봉기에 한몫을 했다. 수십 년간 철권통치를 하던 지도자들은 제국주의 시대가 끝난 후 중동에서 잉태된 민중의 정치 각성에 갑작스레 직면했다. 정치 권리는 박탈당했지만 정치에 각성한 중동의 젊은 층과 혁명적으로 발전한 통신기술이 상호작용하는 상황은 금세기 지정학에서 중요한 현실이다.

정치 각성은 초기 단계에서 가장 폭력성을 띤다. 과거 역사에서 봤을 때 자신의 정당성이 부당하게 침해를 당했다고 느끼면 정치 각성에 대한 열정이 탄력을 받는다. 아울러 초기의 정치 각성은 주로 자신의 국가, 민족, 종교의 정체성에 집중되는 것이 특징인데, 이때 사람들은 정체성을 추상적인 정치 개념으로 정의내리기보다는 혐오하는 외부 세력에 대해 반발하는 틀 속에서 정의를 내릴 때가 많다. 따라서 유럽에서 포퓰리즘 성향의 민족주의가 처음 불붙기 시작한 이유는 나폴레옹에 대한 반발 때문이었다. 19세기 일본의 도쿠가와 막부(德川幕府) 말기에 발생한 정치 소요는 처음에는 반외세의 형태를 띠었고, 20세기 전반에 가서는 팽창주의와 군국주의로 발전했다. 중국에서는 20세기 초 제국주의 지배에 대한 반발이 폭력적인 의화단(義和團) 운동으로 나타났고, 그 후 서서히 민족주의 혁명과 내전으로 이어졌다.

오늘날 탈식민주의 시대에서 새로이 정치에 각성한 사람들은 자신들의 상대적 박탈감과 자기 비하, 외부 세력의 장기 지배 및 현재의 불리한 환경이 모두 서방의 과거 식민지배가 남긴 잔재라고 생각한다. 이들은 모두 서방을 강하게 비난한다. 영국, 프랑스, 포르투갈, 스페인, 벨기에, 네덜란드, 이탈리아, 독일의 식민주의에 대한 기억이 아직도 생생하기 때문이다. 중동의 이슬람 국가 젊은이들은 미국의 대중문화에 심취하면서도, 미국이 중동에 군사 개입을 하고 이스라엘을 지원하는 것에 크게 분노한다. 이들이 분노하는 이유는 미국의 행동이 서방 제국주의의 연장이며, 따라서 자신들의 박탈감 역시 서방이 원인이라고 생각하기 때문이다.[3]

이런 현상에 대해 선견지명이 있는 한 분석가는 냉전 종식 직후 "서방에 대한 극도의 분노는 요즘 비서방주의 문화들에서 공통적으로 발견되는 기본 요소다."라고 결론 내렸다.[4] 그러면서 세네갈 출신 시인 다비드 디오프(David Diop)의 〈독수리Vultures〉라는 시를 상징적인 예로 인용했다.

그 당시
문명이 우리의 얼굴을 걷어찼을 때
우리의 움츠린 이마에 성수(聖水)가 퍼부어졌을 때
그들의 발톱 그림자 속에 독수리가 새겨졌고
후견의 기념탑이 피로 얼룩졌다 ……

이 시는 과거 식민지였던 지역의 지식인 상당수가 반(反)제국주의 성향임을 단적으로 보여준다. 신흥국가에서 정치에 관여하는 사람들 중 많은 이들이 서방에 대해 이런 적대감이 있다면, 21세기 들어 서방이 전파하려 애쓴, 보다 온건한 민주주의의 가치는 역사에서 큰 의미를 갖지 못하게 될 것이다.

전 세계 대중들의 정치 각성 현상에 따른 간접 영향은 크게 두 가지다. 첫째, 기술에서 월등한 서방 원정군이 정치에 수동적이고 무기가 빈약한, 그리고 결속력이 떨어지는 현지 주민을 대상으로 저렴하고 일방적인 군사행동을 더 이상 할 수 없게 됐다. 19세기 중앙아프리카에서 영국을 상대로, 캅카스(Caucasus, 코카서스)에서 러시아를 상대로, 미국에서 이주민을 상대로 싸운 원주민들은 큰 피해를 입었다. 원주민들은 잘 조직되고 월등한 무기를 가진 적들과 상대했기에 사상자의 상대 비율이 100대 1에 이르렀다. 그러나 이들은 정치에 각성하면서 서로 단합해야 한다는 공감대가 폭넓게 형성됐고, 그에 따라 외부 세력이 이들을 지배하는 데 드는 비용이 크게 늘었다. 베트남, 알제리, 체첸, 아프가니스탄에서 외세의 지배에 반발한 '인민전쟁(people's war)'으로 알려진 민중의 저항이 그런 사례다. 이들은 의욕이 강했고, 매우 집요했으며, 기존과 다른 전술을 사용했다. 의지와 인내의 싸움에서 무기 기술이 우세한 세력이 반드시 승자가 되지는 않았던 것이다.

둘째, 대중들이 정치에 각성하는 현상이 확산되면서 어떤 사회 시스템이 더 우월한지 경쟁하는 일이 중요해졌다. 이 역시 과거에는 없던 현상이다. 산업시대 이전에는 풍부한 자금을 바탕으로 군사력(무기, 조직, 동기, 훈련, 전략을 갖춘 리더십)이 국제 무대에서 우월한 지위를 얻는 데 가장 중요한 요소였고, 단 한 차례의 중요한 전투에서 승리함으로써 우위를 점하는 경우도 많았다.

그러나 현대에 와서는 상호 비교되는 사회 성과(societal performance)가 국가 영향력의 중요한 요소로 등장했고, 이는 흔한 경우가 됐다. 1800년 이전에는 사회 통계에 누구도 관심을 갖지 않았고, 그런 통계를 쉽게 얻을 수도 없었다. 프랑스 대 영국, 또는 오스트리아-헝가리 대 오스만 제국, 또는 중국 대 일본 사이의 경쟁에서 그런 통계는 당연히 무시됐다. 그러나 그로부터 채 1세기도 안 되어 전 세계가 인정하는 국제사회 지위를 얻기 위해서는 사회 통계의 비교가 점차 중요한 요소가 되기 시작했다. 특히 냉전 당시 미국과 소련, 아니면 지금의 미국과 중국 같은 가장 강력한 경쟁국들 사이에서는 그런 비교가 매우 중요해졌고, 지금은 다양한 사회 환경을 비교하는 것이 흔해졌다. 우리는 지구촌 뉴스와 정보를 신속하고 폭넓게 접할 수 있고, 수많은 사회 및 경제 지수를 쉽게 얻을 수 있다. 또한 멀리 떨어진 국가의 경제 및 증권거래소와 쌍방향으로 보다 많이 소통할 수 있게 됐고, TV와 인터넷이 널리 이용된다. 그 결과 세세한 사회 성과와 모든 주요 사회 시스템의 미래 전망이 계속해서 비교 평가된다. 주요 경쟁국인 미국과 중국은 끊임없이 서로의 사회 시스템을 면밀히 조사하며, 전 세계는 미래에 둘 중 누가 세계 1위가 될지는 어느 쪽의 경제 및 사회 시스템이 더 큰 성과를 냈는지에 달려 있다고 생각한다. 이렇게 비교되는 사회 및 경제 성과는 철저하게 평가되며, 수십 년 뒤까지도 예측할 수 있다.

그에 따라 대중들의 정서, 집단 인식, 특정한 한 지역이 행사하는 문화 및 정치 영향력에 더 이상 순종하지 않는 사람들의 다양한 의견에 따라 지금의 세계는 변하고 있다. 그리고 그 변화의 양상은 사상 유례가 없을 정도다. 그 결과 현재 서방의 영향력이 완전히 사라진 것은 아니지만, 서방만이 세계를 지배하던 시대는 끝났다. 따라서 앞으로 서방의 역할은 미국, 미국 내의 사회 성과, 그리고 미국의 대외정책이 얼마나 타당한지에 크게 달려 있다. 다시 말해서, 미국의 시스템이 미국 내에서 어떤 성과를 낼지, 그리고 미국이 해외에서 어떻게 처신할지, 이 두 가지 문제가 변화된 세계정세 속에서 서방의 역할과 위치를 결정할 것이다. 이제 세계가 그 두 가지 문제를 주시하고 있으며, 이를 훌륭하게 해결하는 일이 미국이 짊어진 미국만의 역사상 책임이다.

따라서 미국이 국제 무대에서 건설적인 역할을 계속하려면 미국의 시스템이 꾸준히 전 세계를 매료시켜야 한다. 미국의 건국이념, 경제 모델의 역동성, 국민과 정부의 호의(好意)가 그런 매력의 핵심이다. 미국의 사회 시스템이 월등한 성과를 내야만 과거의 영향력을 회복할 수 있다. 특히 제3세계가 점점 중국에 매력을 느끼는 현 시점에서는 더욱 그렇다. 예를 들어 제2차 세계대전이 끝났을 때 미국은 식민주의를 결사적으로 반대했고, 이 때문에 자유기업 체제를 통해 현대화를 추구하려던 국가들은 영국보다 미국을 선호했다. 역사에서 최고의 자리에 있다고 인정 받는 나라는 자국의 이익을 챙기는 것이 그리 어렵지 않다. 그리고 21세기에 미국의 시스템을 대체할 수 있는 확실한 대안은 아직 없다. 그러나 미국의 시스템이 시대에 뒤진 모델로 널리 인식된다면,

계속해서 성장하는 중국의 시스템이 그 대안이 될지도 모른다.

그럴 경우 서방 전체가 위험에 처할 수 있다. 미국이 쇠퇴하면 유럽이 가진 정치에 대한 자부심과 국제사회에서의 영향력이 손상될 수 있다. 그러면 유럽은 보다 혼란한 세상에서 홀로서기를 해야 할 것이다. EU는 인구 고령화, 성장 둔화, 미국보다 훨씬 많은 공공 부채에 시달리고 있으며, 주요 강대국이 되려는 '유럽' 각국의 공통된 열망도 없다. 이런 상태로는 미국의 매력을 EU가 대신 발산할 수 없으며, 국제 무대에서 미국의 역할을 대신할 수도 없을 것이다.

따라서 EU는 다른 지역의 모델이 되기 어렵다. EU는 매우 부유하기 때문에 이민자들이 몰리겠지만 모방할만한 대상은 될 수 없다. 또한 국제사회 안보에 지나치게 소극적인 EU는 미국이 세계, 특히 이슬람 세계와 사이가 멀어지는 정책을 추진해도 그것을 억제할 만한 영향력이 없다. 아울러 EU는 지나치게 자기만족에 빠져, 유럽을 은퇴한 후 살기에 가장 좋은 곳으로 만드는 것이 자신들의 중요한 정치 목표인 것처럼 행동한다. 또한 너무도 자기 방식에만 굳어져 다문화의 다양성을 두려워한다. 현재 글로벌 강대국들은 서로 긴밀하지도 않고 같은 미래를 공유하지도 않는다. 이런 상황에서 지정학상 서방의 절반인 유럽은 세계 안정에 적극 참여하지 않고 있다. 이런 태도는 의도치 않게 세계를 혼란에 빠뜨리고, 정치 극단주의가 성장하는 빌미를 제공할 수 있다.

그러나 역설적으로 바로 이런 상황 때문에 미국 스스로 활력을 회복하는 일이 어느 때보다 시급하다.

2부

매력을 잃어 가는 아메리칸 드림

좋든 나쁘든, 미국은 세계의 관심 한가운데에 있다. 정치 의식이 있는 지구촌 사람들에게 미국의 다민족 민주주의는 예나 지금이나 다른 어떤 나라보다 매력과 부러움의 대상이며, 때로는 적대감의 대상이기도 하다. 그런데 여기서 몇 가지 중요한 의문이 생긴다. 미국의 시스템이 여전히 전 세계가 모방할 가치가 있는 본보기일까? 정치에 각성한 지구촌 대중들이 미국을 자신들이 원하는 미래의 모습으로 여기고 있을까? 또 이들은 미국이 국제문제에 긍정적인 영향을 끼친다고 생각할까?

미국이 국제문제에 긍정적인 영향을 미칠 수 있는지의 여부는 세계인들이 미국의 사회 시스템과 국제 무대에서의 역할을 어떻게 생각하는가에 달려 있다. 따라서 미국 내 상황이 악화되거나 국제사회의 지탄을 받는 대외정책 때문에 미국의 역할이 정당성을 잃는다면, 국제사회에서 미국의 지위는 추락할 수밖에 없다. 따라서 미국이 다시 세계의 존중을 받고 미국의 시스템이 신뢰를 회복하기 위해서는 타고난, 그리고 역사적으로 유일무이한 미국만의 강점을 활용하여 국내 도전 과제를 해결하고 표류하는 대외정책을 다시 설정해야 한다.

1. 아메리칸 드림의 어제와 오늘

지난 수십 년간 '아메리칸 드림'은 수많은 사람을 매혹했고 미국으로 끌어들였다. 외국의 고학력자나 고등교육을 원하는 사람들, 빈곤한 처지를 벗어나려는 사람들 등 강한 동기를 가진 이들이 계속 미국으로 몰려든다. 외국의 과학자, 의사, 기업가 다수는 지금도 자국보다 미국에서 더 큰 기회를 찾을 수 있다고 생각한다. 외국의 학생들은 미국의 대학원에서 공부를 하고 싶어 한다. 미국에서 취득한 학위가 자국과 해외에서 경력에 큰 이점이 되기 때문이다. 매년 미국에서 공부하는 외국 학생은 약 100만 명이며, 그중 다수가 학업을 마친 후에도 더 많은 기회가 있다고 판단하여 미국에 머무른다. 마찬가지로 중앙아메리카의 가난한 사람들은 일부의 경우 목숨까지 걸고 미국으로 건너가 별다른 기술이 필요 없는 직종에서 일하려 한다. 이처럼 강한 동기를 가진 이들에게 미국은 여전히 세계에서 가장 나은 삶을 찾을 수 있는 가장 매력 있는 지름길로 인식된다. 그리고 실제로 미국은 그들의 열망에 최상의 보답을 해주고 있다.

이처럼 미국이 오랫동안 세계인들을 매혹하는 이유는 미국이 이상주의(idealism)와 물질주의(materialism)가 어우러진 곳이기 때문이다. 물질과 이상은 인간의 동기를 유발하는 강력한 원천이다. 이상주의는 인간의 본능이 가진 여러 요소들 중에서 최선(最善)을 상징한다. 이상주의가 자신보다 남을 배려하는 태도를 중시하고, 모든 인간에게 내재된 신성함을 사회, 정치 양면에서 존중하기 때문이다. 미국 헌법을 만든 이들은 인간의 '양도할 수 없는 권리(inalienable rights)'를 보호하는 정치 시스템을 구축함으로써 이상주의를 구현하려 했다(그러나 헌법을 만든 이들은 부끄럽게도 노예제도를 불법화하지는 않았다). 그 결과 정치 이상주의가 제도화됐다. 그와 동시에 땅이 광활하고 봉건주의 역사 없이 새롭게 떠오른 미국에는 물질 측면에서 여러 기회가 생겨났다. 그 끝없는 개척지는 개인의 해방뿐만 아니라 풍요로움을 추구하는 사람들에게도 매력적이었다. 개인의 자유를 보장하는 시민권과 기업가 정신(entrepreneurship)이라는 양 측면에서 미국은 유럽이나 다른 나라에서는 찾아볼 수 없는 최상의 기회를 제공했다.

　미국은 초기부터 이상주의와 물질주의라는 두 가지 매력으로 정의됐다. 미국 혁명이 담고 있는 약속을 자신의 나라에서 구현하고 싶은 유럽인들도 미국으로 향했다. 미국 독립전쟁 당시 프랑스의 라파예트(Lafayette)와 폴란드의 코시치우슈코(Kosciuszko), 또는 19세기 중엽 헝가리의 코슈트(Kossuth)가 그랬다. 그들은 미국에서 헌신하며 얻은 개인의 경험을 바탕으로 미국이 모방할 가치가 있는 새로운 형태의 사회라는 이미지를 유럽에 널리 전파했다. 그 뒤 미국 민주주의가 작용하는 방식을 날카롭게 분석한 토크빌(Tocqueville)과, 미국 개척지에서의 자유로운 삶을 포착한 소설가 마크 트웨인(Mark Twain)의 작품은 미국에 대한 유럽인들의 동경을 더욱 부채질했다.

　그러나 초기에 그토록 많은 이민자들이 몰려들었던 이유는 무엇보다도 신생국 미국에 물질의 풍요를 얻을 수 있는 기회가 많았기 때문이다. 공짜로 얻을 수 있는 토지와 봉건영주가 없다는 점이 이민자들을 유혹했다. 미국은 이민자들의 저임금 노동으로 경제가 팽창하면서, 전례 없이 물질의 풍요를 얻을 수 있는 기회가 생겨났다. 과장된 점이 종종 있긴 했지만, 이민자들이 고향 친척에게 보낸 편지는 아메리칸 드림을 실현하여 성공할 수 있다는 유혹을 담고 있었다. 미국의 도로가 '금으로 포장됐다'는 말을 믿고는 미국에 와서 실망하는 사람도 있었다.

　유럽과 달리 눈에 띄는 외부의 위협이 없고 안전하다는 느낌, 신분의 자유와 종교의 자유에 대한 새로운 인식, 넓은 개척지가 제공하는 풍요로운 기회가 합쳐지면서 이런 새로운 삶의 이상적인 모습이 마치 현실인 것처럼 미화됐다. 북아메리카 원주민의 단계적 축출과 소멸[1830년 미국 의회가 통과시킨 인디언 강제이주법(Indian Removal Act)은 사상 최초의 공식적인 인종청소였다], 노예제 및 장기간 계속된 흑인에 대한 억압과 차별 같은 끔찍한 일들도 미국을 미화시킨 이상적인 모습에 가려지거나 심지어 정당화되기도 했다. 그러나 미국인들이 홍보한 현실과 달리 미화된 모습은 미국인들이 원하는 자국의 바람직한 이미지였을 뿐만 아니라 많은 외국인, 특히 유럽인들이 생각하는 미국의 이미지이기도 했다.

그 결과 미화되지 않은 미국의 모습은 20세기 전반까지 대부분 무시됐다. 그러나 미국의 남쪽에 인접한 국가들은 미국을 미화된 모습으로 바라보지 않았다. 특히 멕시코는 신생국 미국을 유럽인들과는 전혀 다른 이미지로 파악했다. 멕시코는 미국을 팽창주의를 추구하며 영토를 탐하는 나라, 무자비하게 이익을 추구하는 나라, 전 세계를 상대로 제국주의 야망을 가진 나라, 민주주의의 탈을 쓴 위선으로 가득한 나라로 생각했다. 물론 멕시코 자체의 역사도 비난을 피할 수 없지만, 그들이 가진 미국에 대한 불만은 대부분 역사적 사실에 바탕을 둔 것이었다. 멕시코는 미국의 팽창으로 많은 피해를 입었다. 그들의 눈에는 미국이 멋진 이미지의 나라가 아니라 제국주의 정책과 영토에 대한 탐욕으로 가득한 나라였다. 미국은 그런 영토 확장 정책을 통해 곧 하와이 왕국에 미국 국기를 꽂았고, 몇 십 년 뒤에는 태평양을 가로질러 필리핀까지 점령했다(미국은 제2차 세계대전이 끝난 뒤에야 필리핀에서 철수했다). 쿠바와 중앙아메리카 국가들도 멕시코처럼 미국의 힘에 맞서야 했다.

그 외 세계의 다른 곳에서는 19세기와 20세기 초 미국을 향한 태도가 복합적이었다. 남아메리카의 일부 국가들은 처음에는 유럽의 지배에 맞선 미국에 큰 매력을 느꼈고, 미국의 혁신적인 헌법을 모방하기도 했다. 그러나 서반구에 대한 유럽의 개입을 금지한 먼로 독트린

(Monroe Doctrine)은 서로 상반되는 평가를 받았다. 남아메리카의 일부 사람들은 먼로 독트린의 진짜 목적이 미국의 이익을 위한 것이라 생각했다. 그러면서 정치, 문화 면에서 적대감이 서서히 드러났고, 특히 정치 의식을 갖춘 중산층 지식인들 사이에서 그런 적대감이 컸다. 남아메리카 지역에서 야망을 가진 두 국가, 즉 페론(Peron)이 통치한 아르헨티나와 바르가스(Vargas)가 다스린 브라질이 20세기 들어 미국의 지배에 노골적으로 도전했다. 아시아 국가들은 지리상으로 멀리 떨어져 있고 정치 자각도 늦은 탓에 미국의 눈부신 물질 부문 발전에 막연하게 매력을 느꼈다. 하지만 아시아인들은 유럽인들과 달리 지적 호기심과 이념상의 친밀감을 느끼진 못했다.

20세기 들어 국제 무대에서 미국의 지위는 두 차례 급상승했다. 첫 번째는 제1차 세계대전 직후였고, 두 번째는 냉전이 끝났을 때였다. 제1차 세계대전 직후 국제사회에서 미국의 새로운 지위를 가장 잘 나타내는 것은 윌슨(Wilson) 대통령의 14개조 평화원칙(Fourteen Points)이었다. 이는 윌슨의 이상이 담긴 것으로, 유럽의 제국주의와 식민주의가 남긴 유산과는 극명한 대조를 이루는 원칙이었다. 미국은 제1차 세계대전에 참전하여 중요한 역할을 했고, 유럽 내부의 서열 재편성을 위해 새로운 민족자결주의 원칙을 제시했다. 그러자 그동안 국제 무대에서 영향력을 발휘했던 나라들은 물질과 이념의 두 가지 매력을 가진 막강한 미국이 이제 국제 무대에 공식적으로 진입했다고 생각했다. 그 후 미국이 외국 이민자들을 처음으로 차단했지만, 미국의 매력은 줄어들지 않았다. 더 중요한 것은 미국이 국제문제에 개입하면서 국제문제의 기본 양상이 변화하기 시작했다는 점이었다.

그러나 10년 뒤인 1930년대에 발생한 대공황 때문에 세계인들은 미국의 시스템이 내부적으로 취약하며, 이 때문에 미국의 매력이 타격을 받았다고 생각했다. 대규모 실업과 시민들의 고통을 동반한 갑작스러운 경제 위기는 미국 자본주의 시스템이 근본적으로 약점을 갖고 있으며 좋지 않다는 인식을 세계인들에게 심어 주었고, 경제 위기를 대비한 효과적인 사회 안전망의 부재를 드러냈다(당시 유럽은 사회 안전망에 대한 실험을 막 시작한 상태였다). 그럼에도 '기회의 땅'이라는 미국의 신화는 수그러들지 않았다. 가장 큰 이유는 나치 독일이 유럽과 미국이 공통으로 소중하게 여기는 가치에 정면으로 도전했기 때문이다. 더구나 곧 제2차 세계대전이 발발하면서 미국은 유럽의 마지막 희망으로 떠올랐다. 1941년 루스벨트와 처칠(Churchill)이 발표한 공동선언문인 '대서양 헌장(Atlantic Charter)'은 나치로부터 위협받는 유럽과 미국의 공동 가치를 규정한 동시에 유럽의 생존이 결국 미국의 힘에 달려 있다는 사실을 인정한 공식 문서였다. 미국은 또한 나치, 전쟁, 그리고 공산주의를 피해 도망친 유럽인들의 피난처가 됐다. 그 이전의 미국 이민자들과 달리 그들 중에는 고등교육을 받은 사람이 매우 많았고, 이들은 미국 사회의 발전과 국제 무대에서 미국의 지위 향상에 중요한 기여를 했다.

제2차 세계대전이 끝난 직후 미국은 새로운 도전에 직면했다. 바로 소련과의 체제(시스템) 경쟁이었다. 새로운 라이벌로 떠오른 소련은 국제 무대에서 미국의 심각한 경쟁자였고, 인류의 미래를 위해서는 자신들의 시스템이 더 낫다고 주장했다. 거기에다 서방의 대공황과 제2차 세계대전의 주요 승전국으로서 소련의 부상이 합쳐지면서 소비에트 공산주의의 매력은 더욱 커졌다(1940년대 말 소련은 중국을 포함해 유라시아 대부분을 영향권에 넣었다). 그에 따라 이상주의와 물질주의를 이념에 치우쳐 엉성하게 혼합한 소련의 시스템과 아메리칸 드림으로 상징되는 미국의 시스템이 국제 무대에서 경쟁하게 됐다.

소련은 초기의 혁명 때부터 자신들이 세계 최초로 완벽하게 공평한 사회를 만드는 과정에 있다고 주장했다. 마르크스주의의 독특한 역사관을 굳게 믿은 소련은 철저히 계획된 사회 혁신이라는 새로운 시대를 예고했다. 소련은 자신들의 사회 혁신이 새롭게 각성한 지도층에 의해 강제로 제도화된 평등주의 원칙에 바탕을 두었다고 주장했다. 또 국민들에게 이상을 강요하여 합리적 물질주의를 구현하는 것이 유토피아를 건설하는 기본 방식이라고 주장했다.

집단 테러, 강제 노동, 대규모 강제 이주, 국가가 사주한 살인이 횡행했지만, 정치에 각성한 사람들은 피비린내 나는 잇따른 전쟁으로 충격 받은 뒤였기 때문에 소련의 시스템에 매료됐다. 심지어 서방의 가난한 계층 대중들도 대공황으로 산업 발전에 대한 확신이 약해지면서 소련의 시스템에 매력을 느꼈다. 식민주의에 반대하는 아시아와 아프리카 사람들, 그리고 격변의 세기에 확신할 수 있는 신념을 찾던 급진 지식인들도 마찬가지였다. 볼셰비키 혁명 직후 사회 박탈감과 내전이 기승을 부리는 와중에, 소련의 시스템은 그 실험이 제대로 시작되기도 전부터 소련을 방문하는 외국 지식인들로부터 찬사를 받았다. 이런 모습은 신생국 미국이 동경의 대상이었던 모습을 연상케 했다. 미국의 좌익 언론인 링컨 스테펀스(Lincoln Steffens)는 1919년 러시아를 잠시 방문한 뒤 황홀경에 젖어 "미래에 갔다 왔다. 그것(소련의 시스템)은 잘 돌아간다."라고 말했다.

그 후 몇 십 년간 외부인들의 이런 확신은 소련의 실험을 널리 미화하는 데 사용됐고, 또한 전례 없는 대규모 살인을 묵인하거나 심지어 정당화하는 데도 이용됐다. 프랑스의 지성 장 폴 사르트르(Jean-Paul

Sartre), 영국 첩보원 킴 필비(Kim Philby), 영국 성공회나 퀘이커교 성직자, 아시아와 아프리카의 반식민주의 정치운동가, 심지어 소련이 사회재활센터라고 주장하는 강제수용소를 방문했던 전 미국 부통령까지도 소련의 철저히 계획된 '합리적인' 미래 건설이 미국의 강제하지 않은 발전보다 우수하다고 생각했다. 사회 공학(social engineering)이 처음으로 타당해 보이던 시대였기 때문에 그런 생각은 널리 퍼졌다.

　소련은 사회 평등, 완전 고용, 의료 서비스의 보편화가 실제로 구현되고 있다고 주장하며 속임수 투성이인 소련 시스템의 실체를 숨겼다. 게다가 1960년대 중반이 되자 소련은 미국과의 초기 우주 경쟁에서 앞섰고, 핵무기도 대폭 증강했다. 이에 따라 미국과의 시스템 경쟁에서 소련이 반드시 승리할 것처럼 보였다. 게다가 소련 지도자들도 공개 석상에서 자신들이 승리할 것이라는 예측을 내놨고, 1980년대가 되면 소련 경제가 미국을 앞지를 것이라고 공언했다.

　하지만 미국과 소련의 체제 경쟁은 그 후 사반세기도 못 가 갑자기 막을 내렸다. 이 시점은 소련이 자신들의 시스템이 세계를 지배할 것이라 예상했던 시점과 비슷했다. 소련은 여러 가지 이유(대외정책에서의 과실, 소련 내 경직된 이념, 관료주의의 타락, 정체된 사회경제 체제, 동유럽에서 점증하는 정치 소요, 중국의 적대적 태도 등) 때문에 내부로부터 붕괴했다. 소련의 붕괴로 진실이 드러났다. 즉, 소련은 자신들의 시스템이 미국에 비해 월등하다고 주장했고 외국의 숭배자들도 그 주장을 되풀이했지만, 사회의 거의 모든 영역에서 이 주장은 거짓이었음이 밝혀졌다. 지배층은 국민들을 전체주의로 통제하면서 자신들이 누리는 특권을 교묘히 감추고 있었다. 또한 자신들의 사회 관리 방식이 이론상 매력 있게 들리도록 '과학적'이라 과시하며 시스템의 실패를 은폐하고 있었다.

그러나 일단 통제에 금이 가자 소련의 정치 시스템 자체가 해체되면서, 서방에 비해 뒤처지고 박탈감이 가득한 사회가 모습을 드러냈다. 실상 소련은 군사력이라는 단 한 가지 영역에서만 미국과 경쟁할 만한 상태였다는 것도 밝혀졌다. 그래서 미국은 필적할 상대가 없는 지위를 20세기 들어 두 번째로 얻게 됐다.

1991년 소련의 붕괴 후 한동안은 미국의 승리가 오래 지속될 것처럼 보였다. 눈에 띄는 경쟁 상대가 없었고, 전 세계가 미국의 시스템을 모방하면서 시스템을 둘러싼 경쟁이 완전히 끝난 듯 보였다. 그러자 미국의 지도자들은 아이러니하게도 붕괴된 소련을 모방하듯, 21세기에도 여전히 미국이 세계 1위 강대국 지위를 유지할 것이라고 자만심을 드러내기 시작했다. 클린턴 대통령은 재선에 성공한 뒤인 1997년 1월 20일 취임사에서 이렇게 말했다. "20세기의 마지막 대통령 취임식인 이 자리에서 우리는 눈을 들어 다음 세기에 우리가 직면할 도전을 직시해야 합니다. …… 21세기의 시초에 미국은 세계에서 가장 중요한 나라로 홀로 설 것입니다." 그의 후임인 부시 대통령은 같은 주장을 더욱 웅장하게 풀어냈다. "미국은 세계의 본보기가 되도록 신의 선택을 받았으며 역사의 부름을 받았습니다." (2000년 8월 28일)

그러나 곧 중국이 세계 정상급 강대국 대열로 급부상했다. 그러면서 1980년대 일본의 눈부신 경제 성장 이래 잠자고 있던 미국의 불안감이 되살아났다. 게다가 2000년대 들어 미국의 부채가 눈덩이처럼 불어났다. 이런 상황 때문에 미국의 경제가 얼마나 활력을 유지할 수 있을지 매우 불확실해졌다. 게다가 9·11 사태 후 개념이 모호한 '테러와의 전쟁'과 그 연장선인 2003년 이라크 침공으로 미국의 대외정책은 우방국 사이에서도 정당성을 잃게 됐다. 그 뒤 2008~2009년 금융위기가 발생하면서 미국의 경제 리더십에 대해 전 세계인이 불신하기 시작했다. 동시에 미국 시스템에 사회 정의(social justice)와 기업 윤리(business ethics)가 과연 존재하는지에 대한 의문이 제기됐다.

미국의 금융위기와 이에 동반된 2007~2009년의 경기침체가 있었지만, 정치상의 이상주의와 경제상의 물질주의를 성공적으로 결합한 미국의 이미지가 완전히 사라지지는 않았다[당시 사회에 대한 책임 및 생산적인 자본주의(productive capitalism)라는 기본 개념과 완전히 동떨어진 월스트리트의 무모하고 탐욕스러운 투기 행태가 세상에 알려졌다]. 놀랍게도 그 위기 후 얼마 안 된 시점인 2009년 11월 3일에 독일의 메르켈(Angela Merkel) 총리는 미국 의회 연설에서 '아메리칸 드림'에 대한 자신의 '얼럴한' 믿음을 선언했다. 메르켈은 아메리칸 드림을 '누구든 노력을 통해 삶에서 성공할 수 있는 기회'라고 정의했다. 그러면서 확신에 찬 표정으로 "미국 시스템에 내재된 자유의 힘보다 나에게 더 큰 영감을 주는 것이 없고, 나를 더 자극하는 것도 없으며, 나에게 더 큰 긍정의 느낌을 갖게 하는 것도 없다."라고 덧붙였다.

그러나 메르켈의 메시지는 경고의 의미를 내포하고 있다. 그녀가 언급한 미국의 시스템이 가진 특별한 이미지가 퇴색할 경우, 그것이 서방에 미치는 영향은 끔찍하리라는 경고였다. 사실 그 이미지는 2008년 금융위기 이전부터 퇴색하기 시작했다. 미국의 이미지는 먼 과거에 가장 좋았다. 20세기 하반기까지 그랬고, 두 차례의 세계대전에서 서방의 민주주의 수호자로 비쳐졌을 때가 그랬다. 또한 소련의 전체주의를 억제하는 균형자의 역할을 할 때도 그랬고, 냉전의 확실한 승자로 등장했을 때는 특히나 미국의 이미지가 가장 빛났다.

그러나 미국이 단독으로 세계 위에 군림하는 역사상 새로운 환경이 만들어지면서, 미국의 내부 단점들이 더 이상 철저한 검증을 피할 수 없게 됐다. 미국을 이상적인 모습으로 미화하는 대신 철저한 평가가 이뤄졌다. 물론 '아메리칸 드림'이라는 야망을 가진 많은 사람들은 여전히 미국을 자신들의 희망으로 여기지만, 세계인들은 미국이 중대한 문제에 시달리고 있음을 잘 알게 됐다. 어마어마한 국가 부채, 점점 심해지는 사회 불평등, 물질숭배 문화, 탐욕스러운 투기가 지배하는 금융 시스템, 양극화(polarization)된 정치 시스템이 미국을 괴롭히는 문제들이다.

2. 미국의 현실 바로보기

미국이 국내 문제를 해결할 능력이 있는가의 여부가 국제 무대에서 미국의 영향력을 결정하며, 그런 추세는 갈수록 심화될 것이다. 국제 무대에서 미국의 앞날이 어떨지를 평가하려면, 먼저 국가 차원에서 신중하게 판단하여 필요할 경우 국내 시스템을 개선하는 일이 반드시 선행돼야 한다. 그러기 위해서는 국제 무대에서 현재 미국이 가진 장점뿐만 아니라 약점도 냉철하게 알고 있어야 한다. 미국 내 시스템의 중요한 가치를 보호하는 동시에 글로벌 리더십의 지위를 유지하는 데 필요한 개혁의 시발점이 바로 그런 냉철한 평가다.

갈수록 위협이 커지는 미국의 주요 문제는 6가지로 요약된다.

첫째는 미국의 국가 부채다. 계속 불어나는 부채를 그냥 두면 결국 감당할 수 없을 지경에 이를 것이다. 미국 의회예산국(Congressional Budget Office, CBO)의 2010년 8월 보고서 〈예산과 경제 전망〉에 따르면, 미국의 공공 부채는 GDP 대비 약 60%다. 높은 비율이긴 하지만 세계 최악의 대열에는 들지 않는다(예를 들어 OECD 순수부채 수치에 따르면 일본의 국가 부채는 GDP 대비 약 115%이며, 그리스와 이탈리아는 각각 약 100%다). 그러나 미국의 경우 베이비붐 세대의 은퇴가 임박해오면서 발생할 구조적인 예산 적자는 장기간에 걸쳐 중대한 문제가 될 전망이다. 다양한 시나리오에서 미국의 국가 부채를 추정해 본 브루킹스(Brookings) 연구소의 2010년 4월 보고서에 따르면, 오바마(Obama) 행정부의 현재 예산을 적용할 때 미국의 국가 부채는 2025년이 되면 제2차 세계대전 후 최고치였던 GDP 대비 108.6%를 넘어설 것이다. 이런 지출 추세를 감당하려면 상당한 세금 인상이 불가피하지만, 현재로서는 세금을 올릴 의지가 없는 듯하다. 따라서 늘어나는 국가 부채 때문에 중국 같은 주요 채권국의 책략에 미국이 더 취약해진다는 점은 피할 수 없는 현실이다. 또한 세계 기축통화로서의 미국 달러화의 지위가 위협받고, 세계의 걸출한 경제 모델로서 미국의 역할이 손상되면서 G20, 세계은행, IMF 같은 기구에서 미국의 리더십이 흔들리게 될 것이다. 아울러 국내 상황을 개선하는 미국의 능력이 제한을 받고, 어쩌면 반드시 필요한 전쟁을 치르는 데 필요한 비용을 충당할 능력도 크게 약화될지 모른다.

공공정책 전문가 R. C. 알트먼(Altman)과 R. N. 하스(Haass)는 2010년 외교 전문지 〈포린 어페어스 Foreign Affairs〉에 기고한 '미국의 방탕과 미국의 파워 American Profligacy and American Power'라는 글에서 미국의 암울한 전망을 이렇게 요약했다. "2020년 이후의 재정 전망은 완전히 절망적이다. …… 미국은 역사상 분기점으로 급속히 다가가고 있다. 재정을 현명하게 재정비하면 세계 최고의 지위를 유지하는 데 필요한 여건을 회복할 수 있다. 그러나 실패하면 국내뿐만 아니라 국외에서도 비참한 결과를 맞게 될 것이다." 만약 미국이 지출을 줄이는 동시에 세입을 늘릴 수 있는 중요한 개혁을 계속 미룬다면 고대 로마제국이나 20세기의 대영제국처럼 재정이 파탄 난 강대국들과 비슷한 운명을 맞을 수 있다.

둘째는 결함 많은 미국의 금융 시스템이 큰 골칫거리다. 여기에는 두 가지 문제가 있다. 우선 미국의 금융 시스템은 위험하고 규모를 부풀리는 행위 때문에 미국만이 아니라 세계 경제 전체를 위협하는 시한폭탄이라는 점이다. 다른 하나는 미국의 금융 시스템이 도덕적 해이를 불러 국내에서 분노를 불러일으킬 뿐 아니라 해외에서 미국의 매력을 손상시킨다는 점이다. 규제 완화 및 폐지와 관련한 의회의 무책임한 행동, 주택담보의 부실 대출, 탐욕스러운 월스트리트의 투기꾼들이 주도한 미국 투자은행과 거래소의 도를 넘는 무모함은 2008년의 금융위기와 그에 이은 경기 침체를 촉발해 수많은 사람들에게 경제적 어려움을 안겼다.[1]

설상가상으로 은행과 헤지펀드 전문 투기꾼들은 경제 혁신이나 일자리 창출에는 신경 쓰지 않고 어마어마한 이익을 챙겼다. 2008년의 금융위기는 미국 내 금융 시스템의 최상위 집단들이 개도국은 말할 것도 없고 미국 내 일반인들과도 완전히 단절되어 있다는 사실을 보여줬다. 전미경제연구소(National Bureau of Economic Research, NBER)의 2009년 실무 보고서에 따르면, 2008년 직전까지 금융 부문 종사자들의 임금과 나머지 민간 부문 종사자들의 임금 비율은 1.7:1이었고, 이는 제2차 세계대전 이전에는 없었던 현상이다. 미국 경제가 경쟁력을 유지하려면 단순하면서도 효과적인 규제를 통해 금융 시스템을 개혁하는 일이 반드시 필요하며, 경제 전반의 성장을 촉진하는 동시에 투명성과 책임

소재를 규명할 수 있는 규제가 있어야 한다.

셋째, 소득격차 심화와 신분상승 가능성의 축소는 장기간에 걸쳐 사회 합의와 민주주의의 안정을 위협한다. 사회 합의와 민주주의는 미국의 효과적인 대외정책에 반드시 필요하기에 이는 커다란 문제가 아닐 수 없다. 미국 통계국(US Census Bureau)에 따르면 1980년 이래 미국의 소득 불평등은 갈수록 심해졌다. 1980년 기준으로 미국 전체 가계의 상위 5%와 하위 40%가 국가 소득에서 차지하는 비율이 각각 16.5%와 14.4%였다. 2008년에 이르자 그 비율은 각각 21.5%와 12%로 격차가 더 벌어졌다. 가계의 연간 소득이 아닌 소유한 부를 따졌을 때는 더 큰 차이를 보였다. 미국 연방준비제도이사회(Federal Reserve Board, FRB)에 따르면 2007년 기준으로 미국 전체의 국가 부에서 차지하는 비율은 미국 가정의 상위 1%가 33.8%, 하위 50%가 고작 2.5%였다.

미국은 소득과 부의 불평등 모두에서 최고 기록을 세웠다. 이는 세계의 주요 선진국 중 가장 불평등한 사회라는 뜻이다(〈표 2-1〉, 〈표 2-2〉 참조). 그런 소득 불평등도 아메리칸 드림의 기본 개념인 신분상승의 기회가 많아졌다면 그나마 낫겠지만, 지난 몇 십 년간 미국은 신분상승의 기회가 거의 사라지다시피 했다. 소득분배의 불평등을 나타내는 지니계수(Gini Coefficient, 숫자가 높을수록 소득 불평등이 심함)의 최근 데이터(〈표 2-1〉)를 보면, 경제대국 중 미국이 중국, 러시아와 비슷한 수준으로 최하위를 기록했다. 주요 개도국 중에서는 브라질만이 미국보다 높은 소득격차를 보였다.

게다가 유럽과 미국의 세대간 소득 이동성(intergenerational earnings mobility)을 비교한 최근의 조사에 따르면, '기회의 땅'이라는 미국의 전반적인 경제적 계층 이동(economic mobility)이 여타 선진국에 비해 낮

〈표 2-1〉 소득 불평등

국가	연도	지니 계수
브라질	2005	56.7
미국	2007	45.0
러시아	2009	42.2
중국	2007	41.5
일본	2008	37.6
인도네시아	2009	37.0
인도	2004	36.8
영국	2005	34.0
프랑스	2008	32.7
이탈리아	2006	32.0
EU	2009	30.4
독일	2006	27.0

출처: CIA 월드 팩트북(World Factbook).

〈표 2-2〉 국가 부에서 차지하는 비율

국가	연도, 기준 단위	상위 10%	하위 50%
미국	2001, 가족	69.8%	2.8%
영국	2000, 성인	56.0%	5.0%
일본	1999, 세대	39.3%	13.9%
이탈리아	2000, 세대	48.5%	7.0% (하위 40%)
인도네시아	1997, 세대	65.4%	5.1%
인도	2002~03, 세대	52.9%	8.1%
독일	1998, 세대	44.4%	3.9%
프랑스	1994, 개인	61.0%	자료 없음
중국	2002, 개인	41.4%	14.4%
캐나다	1999, 가정	53.0%	6.0%
호주	2002, 세대	45.0%	9.0%

출처: 유엔대학(UN niversity), 2/2008 보고서.

앉다. 더욱 심각한 것은 현재 상위로의 소득 이동성(income mobility) 비율이 일부 유럽 국가들보다 뒤진다는 점이다. 이렇게 된 주요 원인은 미국의 문제 많은 공교육 제도다. OECD에 따르면 미국은 초중등 교육에서 학생 1명당 가장 많은 투자를 하는 나라인데도, 선진국 중 학업 성취도가 가장 뒤처진다. 이 때문에 미국 경제 앞날이 어두울 수밖에 없다. 미국 시스템의 매력을 떨어뜨리고 인적 자본(human capital)을 활용할 기회가 줄어들기 때문이다.

미국의 네 번째 골칫거리는 국가 기반시설의 노후 현상이다. 중국은 새 공항과 고속도로를 건설하느라 바쁘다. 유럽과 일본, 중국은 첨단 고속철도를 자랑한다. 반면 미국의 공항, 고속도로, 철도는 20세기 그대로다. 중국의 고속철도만 해도 총연장 구간이 거의 5,000km에 이르지만 미국은 전무한 실정이다. 베이징과 상하이의 공항은 워싱턴과 뉴욕의 공항보다 효율성이나 미적 감각에서 수십 년이 앞선다. 미국의 공항들은 부끄럽게도 갈수록 제3세계의 분위기를 띤다. 이처럼 21세기에 적합한 기반시설 혁신에서 (지금도 지방에는 전근대적 사회 양식이 적지 않은) 중국이 미국보다 앞섰다는 사실은 시사하는 바가 매우 크다.

미국 토목학회(ASCE)는 2009년 미국의 전반적인 기반시설 성적을 최저점인 D로 매겼다. 세부적으로는 항공 부문 D, 철도 부문 C-, 도로 부문 D-, 에너지 부문 D+로 평가했다. 미국의 도시 재개발도 무척 더디다. 수도 워싱턴 D.C.를 포함해 수많은 도시에서 빈민가와 낙후된 공공주택이 너무도 많다. 이는 정부가 사회에 무관심하다는 현실을 분명하게 보여주는 사례다. 뉴욕 시에서 워싱턴 D.C.까지 느리고 진동이 심한 '고속열차' 아셀라(Acela)를 타보면 차창 밖으로 미국의 낙후한 기반시설이 한눈에 들어온다. 20세기에 미국의 특징이었던 사회 혁신과는 완전히 딴판이다.

 탄탄한 국가 기반시설은 경제 효율성과 경제 성장에 반드시 필요하며, 동시에 국가 전반의 역동성을 상징한다. 역사에서 보면 앞서가는 국가의 시스템이 성공적인지의 여부는 국가 기반시설의 상태와 수준으로 평가되기도 했다. 고대 로마의 도로와 수로(水路), 영국의 철도망이 대표적인 예다. 앞서 지적했듯이, 미국의 기반시설 상태는 세계에서 가장 혁신적인 경제를 갖춘 국가라기보다 쇠퇴하는 국가의 모습이다. 미국의 기반시설이 계속 녹슬면 경제 생산에도 영향을 미칠 수밖에 없다. 신흥 강대국들의 도전이 더욱 거세지는 현 시점에서는 더욱 그렇다. 미국과 중국의 시스템 경쟁이 더욱 가열될 수 있는 상황에서, 낙후된 기반시설은 미국의 침체된 상황을 단적으로 보여주는 상징이다.

 미국의 다섯 번째 문제는 세계가 돌아가는 상황에 매우 무지한 대중들이다. 미국인들은 기본적인 세계 지리와 시사 문제는 물론, 심지어 세계사에서 발생했던 중요한 사건에도 놀라울 정도로 무지하다. 이런 달갑지 않은 현실은 부분적으로는 문제가 많은 공교육 시스템 때문이다. 2002년 내셔널 지오그래픽(National Geographic)의 조사에 따르면, 캐나다, 프랑스, 일본, 멕시코, 스웨덴의 18~24세 사람들 중 세계지도에서 미국을 찾을 수 있는 비율이 미국인들보다 높았다. 미국의 젊은 성인을 상대로 한 2006년 조사에서 63%는 중동 지도에서 이라크를 찾지 못했다. 이란을 못 찾은 비율은 75%, 아프가니스탄을 못 찾은 비율은 88%나 됐다. 미국이 막대한 대가를 치르며 전쟁을 하고 있는 곳이 어디인지를 전혀 몰랐던 것이다. 최근 역사 지식을 조사한 바에 따르면, 미국의 대학 4학년생 중 절반 이상이 소련의 팽창을 막기 위해 NATO가 창설됐다는 사실조차 몰랐고, 성인의 30% 이상이 제2차 세계대전에서 미국이 싸운 두 나라의 이름을 대지 못했다. 미국인들의 지식 수준은 다른 선진국 사람들보다 뒤쳐져 있다. 2002년 내셔널 지오그래픽은 스웨덴, 독일, 이탈리아, 프랑스, 일본, 영국, 캐나다, 미국, 멕시코의 젊은 성인을 대상으로 시사와 지리에 대한 지식 수준을 비교했다. 미국은 개도국인 이웃나라 멕시코를 겨우 누르고 꼴찌에서 두 번째를 차지했다.

이렇게 미국인들이 무지한 현실은 미국 언론들이 국제문제를 잘 보도하지 않아서 대중들이 세계가 돌아가는 상황을 쉽게 접할 수 없어 더 악화된다. 5대 주요 신문은 예외가 될 수 있겠지만, 미국의 언론과 TV는 세상을 놀라게 할 만한 사건이나 대재난을 제외하고는 국제 뉴스를 거의 보도하지 않는다. 뉴스라고 하면 사소한 소식이나 흥미로운 이야깃거리로 간주되는 경향이 짙다. 많은 대중들이 무지한 상황이 누적되면 대중은 선동가들이 부추기는 두려움에 쉽게 넘어갈 수 있다. 특히 테러가 발생할 경우 더욱 그렇다. 그런 두려움은 자멸적인 대외정책을 만들어 낼 가능성을 높인다. 대중이 무지한 데다 이익단체의 로비까지 겹치면, 탈냉전 시대의 복잡한 국제 현실을 무시하고 극단주의자들의 단순한 주장을 쉽게 받아들이는 정치 환경이 될 것이다.

미국이 안고 있는 여섯 번째 문제는 다섯 번째와 관련이 있는데, 정치 시스템이 갈수록 정체되고 당쟁도 심해지는 현상이다. 정치권의 타협이 과거보다 더욱 어려워지고 있는데, 이는 미디어(특히 TV, 라디오 토크쇼, 정치 의견을 담은 블로그)가 갈수록 당파성을 띠고 독설이 난무하는 것에 어느 정도 원인이 있다. 비교적 지식이 적은 대중은 흑백 논리의 선동에 쉽게 현혹된다. 그 결과 정치가 마비되면서 재정적자 감축 같은 중요한 문제의 해결책을 도출할 수 없다. 그래서 세계인들에게 미국은 긴요한 사회 문제를 해결하는 데 무력하다는 인상을 심어준다. 더구나 선거자금 기부에 크게 기대는 미국의 정치 시스템은 돈은 많지만 편협한 국내외 로비단체에 쉽게 흔들린다. 이런 단체들은 미국의 국익보다는 자신들의 이익을 도모하기 위해 현재의 정치 구조를 최대한 활용할 수 있다. 무엇보다 큰 문제는 극단적인 정치 양극화다. 랜드 연구소(RAND Corporation)의 보고서는 이렇게 지적했다. "크고 깊은 뿌리를 가진 정치 양극화는 쉽게 없어지지 않는다. …… 미국은 좌익과 우익 사이의 장기적인 정쟁(政爭)으로 치달을 가능성이 크다."[1]

이상의 여섯 가지 상황은 미국의 쇠퇴가 필연적이라고 확신하는 이들에게 유리한 근거가 된다. 아울러 비교적 풍요로운 유럽의 '요람에서 무덤까지'라는 온정주의가 미국 시스템보다 우월하다는 결론으로 이어진다. 유럽 모델은 EU의 통합된 금융 및 무역에 대한 영향력 덕분에 국제 무대에서 좋은 평가를 받는다. 따라서 근래 들어 유럽 시스템이 미국 시스템보다 사회 측면에서 더 공정하다고 생각하는 사람이 많다. 그러나 좀 더 자세히 뜯어보면 유럽 시스템에도 앞서 설명한 미국의 문제점들 중 일부가 있음을 알 수 있고, 이는 유럽의 장기적인 사회 활력에 심각한 장애가 될 수 있다. 특히 2010년부터 발생한 그리스와 아일랜드의 국가부채 위기와 그로 인한 부정적 영향은 유럽 경제 시스템의 온정주의와 관대함이 계속되지 못할 가능성이 크며, 결국에는 유럽의 재정 건전성을 위협할 수 있다는 점을 일깨워 줬다. 얼마 전 영국의 보수당 정권은 그런 점을 깨닫고 사회복지 프로그램을 대폭 축소하는 긴축 정책을 채택했다.

동시에 미국은 '기회의 나라'라는 기존의 평판에도 불구하고 앞서 지적한 대로 평등과 유동성(mobility) 면에서 유럽에 확실히 뒤진다. 유럽의 기반시설은 미국의 노후한 공항, 기차역, 도로, 교량보다 우월하다. 특히 고속철도를 포함해 환경을 고려한 대중 교통수단에서 차이가 크다. 유럽인들은 지리에 대한 지식도 미국인들보다 많고, 국제문제에 대한 정보도 많이 갖고 있다. 따라서 유럽인들은 두려움을 조장하는 선동에 덜 취약하며(일부 극우 민족주의와 인종주의를 추구하는 정당이 있기는 하다), 외세의 책략에도 더 잘 대처할 수 있다.

다른 한편으로 세계의 미래를 주도할 나라는 중국이라는 이야기가 자주 들린다. 그러나 중국의 더딘 사회 발전과 권위주의 정치체제를 보면, 중국보다 풍요롭고 현대화된 민주체제 국가인 미국의 모델과 경쟁할 수 없다. 그러나 만약 중국이 현재의 발전 속도를 유지하고 중대한 경제 및 사회 혼란을 피할 수 있다면, 국제 무대에서 정치 영향력과 경제력, 군사력 면에서 미국의 주요 경쟁 상대가 될 수 있다. 중국 현대화의 역동성은 비평등주의와 물질주의에 바탕을 두고 있다. 그럼에도 저개발, 인구 구성상의 문제, 민족 간 갈등, 식민주의 잔재 등이 어우러져 사회 퇴보와 빈곤이 끝없이 지속되는 나라들에는 중국이 매력적인 모델이 되고 있다. 그런 지역에는 민주주의냐 독재 권위주의냐는 부차적인 문제일 뿐이다. 어떻게 보면 개발도상에 있는 민주주의 국가인 인도가 중국의 경쟁자로 더 타당할지 모른다. 그러나 문맹, 영양 부족, 빈곤, 기반시설 낙후 같은 중요한 사회 문제를 극복해야 하는 면에서 인도는 아직 중국의 상대가 되지 못한다.

3. 미국의 강점

　미국의 약점과 강점을 요약한 아래의 대차대조표는 미국 시스템의 세계적 역량과 관련해 중요한 명제를 시사한다. 즉, 예측 가능한 미래(향후 20년)에도 여전히 미국이 세계를 주도하리라는 점이다. 미국은 앞에서 언급한 문제점들을 고칠 수 있는 능력이 있다. 물론 미국의 다음 여섯 가지 저력을 충분히 이용할 때 가능하다. 전반적인 경제력, 혁신할 수 있는 잠재력, 역동성 있는 인구 구성, 위기에 반응하는 결집력, 지리상의 이점, 미국 민주주의가 가진 매력이 바로 미국의 여섯 가지 강점이다. 반드시 알아야 할 것은, 미국의 쇠퇴가 미리 정해진 운명이 결코 아니라는 점이다. 현재 유행하는 미국 시스템의 붕괴 논리가 간과하는 점이 바로 이것이다.

　미국의 중요한 강점 중 첫째는 전반적인 경제력이다. 미국은 여전히 단일국가 경제로 세계 최대 규모이며, 2위와도 큰 차이를 보인다. 단일국가가 아니면서 경제가 통합된 EU만이 미국을 약간 능가할 뿐이다.

미국의 대차대조표

약점	강점
국가 부채	전반적인 경제력
결함 있는 금융 시스템	혁신 잠재력
심화되는 사회 불평등	역동성 있는 인구 구성
기반시설의 노후	위기에 반응하는 결집력
대중의 무지	지리상의 이점
정체된 정치	민주주의의 매력

그러나 서유럽 모델은 구조상으로 실업률이 더 높고 성장률은 더 낮다. 미래를 추정하는 데 중요한 요소는 GDP이며, 아시아의 급속한 경제성장에도 불구하고 미국은 수십 년간 세계 GDP에서 많은 부분을 차지해 왔다(〈표 2-3〉참조). 미국의 2010년 GDP는 14조 달러를 넘었으며, 세계 전체 GDP의 약 25%였다. 미국을 가장 바짝 추격한 중국은 GDP가 약 6조 달러로 세계 전체 GDP의 9%를 약간 넘는 수준이었다. 카네기 국제평화기금(Carnegie Endowment for International Peace)의 추정에 따르면, 미국의 GDP는 2010년 EU보다 1조 4,800억 달러 적었지만 2050년이 되면 EU보다 12조 300억 달러 더 많아질 전망이다. 또한 1인당 GDP는 2010년 미국이 EU보다 1만 2,723달러 많았는데, 2050년이 되면 그 차이는 3만 2,266달러로 벌어질 것으로 추정됐다.

현재의 예측에 따르면 중국은 21세기 안에 전체 경제 규모에서 미국을 능가할 것이다. 이 예측의 주된 근거는 거대한 인구다. 카네기 국제

〈표 2-3〉 세계 GDP에서 차지하는 비율

(단위: %)

국가	1970년	1980년	1990년	2000년	2010년
미국	27.26	26.18	26.76	28.31	26.30
유럽	35.92*	33.77	31.70	31.92	28.30
중국	0.78*	1.00	1.80	3.72	7.43
인도	0.87	0.82	1.07	1.40	2.26
러시아	4.27*	4.09	3.84	1.50	1.86
일본	9.84	10.68	11.88	10.25	8.74

출처: 미국 농무부 산하 경제연구소(Economic Research Service, ERS), 미국 농무부, 국제 거시경제 데이터 세트(International Macroeconomic Data Set, 2010년 12월 22일 업데이트).
* 2000년과 2010년 유럽의 수치는 EU 27개 회원국 전체를 포함한 것이며, 그 외에는 EU 15개 회원국을 합친 것이다. 러시아는 1970년, 1980년, 1990년의 경우 옛 소련, 2000년과 2010년은 러시아 연방을 기준으로 했다. 중국의 GDP 비중은 현재 일본보다 더 크지만, ERS는 2010년 말/2011년 초 중국 경제가 일본을 앞선 이래 자료를 갱신하지 않고 있다.

평화기금은 그 시기를 약 2030년경으로 추정한다. 인구가 많은 인도도 향후 40년간 세계 GDP 순위가 크게 오를 전망이다. 물론 그 속도는 중국보다 늦을 것이다. 그러나 중국도, 인도도 1인당 GDP에서는 미국의 수준에는 근접도 하지 못할 것이다(〈표 2-4〉 참조). 따라서 중국이든 인도든, 유럽이든 전반적인 경제 규모와 1인당 GDP를 합친 경제력에서는 미국의 상대가 되지 않는다. (미국이 다른 다섯 가지 강점도 충분히 이용한다고 가정할 경우) 이런 경제적 우위를 바탕으로 미국은 글로벌 경제에서 경쟁력과 미국 시스템의 매력을 유지할 수 있으며, 세계 인재를 흡

〈표 2-4〉 GDP와 1인당 GDP 예상

(2005년 달러화 기준)

GDP [구매력평가(PPP) 기준 아님]	미국	EU	중국	일본	러시아	인도
2010년 GDP(조 달러)	13.15	14.63	3.64	4.54	0.88	1.13
2025년 GDP(조 달러)	19.48	19.10	16.12	5.56	2.01	3.80
2030년 GDP(조 달러)	22.26	20.34	21.48	5.79	2.49	5.33
2050년 GDP(조 달러)	38.65	26.62	46.27	6.22	4.30	15.38
2010년 1인당 GDP	42,372	29,649	2,699	35,815	6,328	966
2025년 1인당 GDP	54,503	38,320	11,096	47,163	15,714	2,722
2030년 1인당 GDP	59,592	40,901	14,696	50,965	20,039	3,648
2050년 1인당 GDP	88,029	55,763	32,486	66,361	39,350	9,287

출처: 카네기 국제평화기금의 〈2050년 세계 질서 The World Order in 2050〉, 2010년 2월.

수하는 효과도 계속 누릴 수 있을 것이다.

　미국의 두 번째 강점은 미국 경제가 성공하는 데 일조하는 요소로서, 기업가 정신의 문화와 고등교육기관의 우수함에서 비롯된 기술력과 혁신성이다. 세계경제포럼(World Economic Forum, WEF)의 평가에 따르면 미국은 경제 부문 경쟁력에서 스위스, 스웨덴, 싱가포르에 이어 세계 4위다. 보스턴 컨설팅 그룹(Boston Consulting Group, BCG)의 경제 분야 혁신성 순위에서는 한국에 이어 2위를 차지했다.

　게다가 사회 활력이라는 '소프트파워'와 관련된 측면을 비교 평가해 보면, 미국은 사회 시스템의 성과를 평가하는 일부 주요 질적 항목에서 다른 주요 국가들보다 높은 수준이다(⟨표 2-5⟩ 참조). 미국이 1위가 아니라는 점은 물론 우려할 만하다. 그러나 가까운 미래에 세계 일류 대열에 들고자 하는 다른 주요 국가들이 대부분의 항목에서 미국보다 훨씬 못하다는 점이 무엇보다 중요하다. 이런 사실은 가까운 미래에 소프트파워와 하드파워 영역 모두에서 미국보다 큰 영향력을 행사할 수 있는 나라가 없다는 점을 시사한다.

　특히 이런 측면에서 매우 중요한 점은 미국의 고등교육이 세계 최고 수준이라는 것이다. 상하이 자오퉁(交通) 대학의 세계 대학 순위에 따르면 미국 대학은 세계 상위 10개 대학 중 8개, 상위 20개 대학 중에서는 17개를 차지한다. 이런 우수한 대학들은 미국이 미래의 상품과 산업을 개척하는 면에서 경제 및 군사 분야의 우위를 유지할 수 있게 해준다. 아울러 세계 전역에서 우수한 연구자, 기술자, 기업가들이 학문과 경제적 목적을 위해 미국 대학으로 몰려들기 때문에 미국 내의 인적 자본 축적에도 기여한다. 따라서 미국인들은 고등교육을 세계 최고 수준으로 유지하는 일이 미국의 사회 활력, 국제 위상, 국제 무대에서의 영

〈표 2-5〉 미국과 신흥 강대국의 질적인 평가*

경제 지표 전반의 평균 순위	
기업가 정신, 경제 분야 경쟁력, 무역 물류 지수(Trade Logistics Indexes)를 바탕으로 한 평균 세계 순위	
국가	평균 세계 순위
미국	7위
중국	31위
인도	50위
브라질	51위
러시아	71위
사회 및 정치 지표 전반의 평균 순위	
부패, 인간개발, 교육, 언론의 자유 지수들을 바탕으로 한 평균 세계 순위	
국가	평균 세계 순위
미국	20위
브라질	75위
러시아	110위
인도	111위
중국	112위

* 이 표는 전 세계 경제, 사회, 정치의 발전을 측정하는 여러 국제 지수를 종합한 미국, 중국, 러시아, 인도, 브라질의 평균 순위다. 미국은 경제, 사회 및 정치 지표 모두에서 신흥 강대국들보다 크게 앞선다. 물론 모든 나라와 비교할 경우 미국은 어떤 지표에서도 1위를 하지는 못한다. 국제 무대에서의 영향력을 추구하는 경쟁이 치열해지고 있지만, 이 표를 보면 미국을 세계 1위 국가로 만들어 준 소프트파워와 하드파워가 잘 어우러진 모습이 신흥 강대국에는 없음을 알 수 있다.

향력에 얼마나 중요한지 깨달아야 한다.

미국의 세 번째 강점은 인구 구성상의 측면이며, 특히 유럽, 일본, 러시아와 비교했을 때 상대적으로 안정된 인구 구성을 갖추고 있다. 미국의 3억 1,800만 인구는 미국이 국제사회에서 영향력을 행사하는 원천이다. 더구나 미국은 여타 나라들과 달리 인구 고령화나 인구 감소율도 그

<표 2-6> 인구수와 고령화 예상

(단위: 100만 명)

전체 인구	미국	EU	중국	일본	러시아	인도
2010년 인구	317.64	497.53	1,354.15	127.00	140.37	1,166.08
2025년 인구	358.74	506.22	1,453.14	120.79	132.35	1,431.27
2030년 인구	369.98	505.62	1,462.47	117.42	128.86	1,484.60
2050년 인구	403.93	493.86	1,417.05	101.66	116.10	1,613.80

출처: UN 추정치, 평균 출산율 적용 (EU는 27개 회원국 전체 포함)

고령화(65세 이상 인구)	미국	EU	중국	일본	러시아	인도
2010년 전체 인구 중 비율(%)	13.0	17.5	8.2	22.6	12.9	4.9
2025년 전체 인구 중 비율(%)	18.1	22.0	13.4	29.7	17.7	7.3
2030년 전체 인구 중 비율(%)	19.8	23.8	15.9	30.8	19.4	8.4
2050년 전체 인구 중 비율(%)	21.6	28.7	23.3	37.8	23.4	13.7
출생 시점의 기대 수명(현재 기준, 년)	78.11	78.67	73.47	82.12	66.03	66.09

출처: 전체 인구 중 비율: UN 추정치, 평균 출산율 적용, EU는 27개 회원국 전체 포함; 기대 수명: CIA 월드 팩트북.

리 심하지 않다. UN에 따르면 2050년에 미국의 인구는 4억 300만 명에 이르며, 그중 21.6%가 65세 이상일 것으로 전망된다. EU의 인구는 현재 4억 9,700만 명에서 2050년 4억 9,300만 명으로 줄어들고, 그중 65세 이상이 28.7%에 이를 전망이다. 일본의 경우는 더 충격적이다. 일본의 인구는 2010년 1억 2,700만 명에서 2050년 1억 100만 명으로 감소하며, 그중 65세 이상이 37.8%에 이를 전망이다(〈표 2-6〉 참조).

이민자들을 끌어들이고 동화시키는 미국의 능력이 이런 차이를 만든다(물론 이민 문제는 최근 미국 내에서 심각한 쟁점이 되고 있다). 현재 미국의 이민자 비율은 인구 1,000명당 4.25명이다. 그에 비해 독일은 2.19, 영국은 2.15, 프랑스는 1.47, 러시아는 0.28, 중국은 −0.34명이다. 외국인들을 끌어들이고 동화시킬 수 있는 능력은 미국의 인구 구성 기반을 튼튼하게 해준다. 아울러 경제 전망도 밝게 해주고 국제사회에서의 매력도 강화시킨다. 만약 미국이 반이민 정서와 외국인 혐오 정서에 굴복한다면 미국의 역동성과 번영, 미래 전망에 큰 이득이 되는 '등대 효과(beacon effect)'를 위태롭게 만들 수 있다.

미국의 네 번째 강점은 위기에 반응하는 결집력이다. 미국의 민주적 정치구조는 평상시엔 느리게 반응한다. 그러나 국민들이 단합해야 하는 국가 위기가 발생하면 사회가 결집된다. 전쟁에서 그런 결집 능력이 잘 드러났다. 제2차 세계대전에서 '진주만을 기억하라'가 하나의 슬로건이 되면서, 범국가 차원의 결집을 통해 미국은 하나의 거대한 전쟁 병기고로 변신할 수 있었다. 달 착륙 경쟁은 일단 그것이 미국 대중들의 상상력을 사로잡게 되자 사회 결집을 이루었고, 엄청난 기술 혁신을 이룰 수 있었다. 현재 미국이 처한 딜레마에도 그런 노력이 필요하며, 미국이 가진 문제들 중 일부는 바람직한 목표를 향한 사회 결집을 통해 극복할 수 있다. 미국의 노후한 기반시설이 그런 노력의 대상이 될 수 있고, 지구 온난화에 대처하는 '녹색 미국'이라는 목표도 마찬가지다. 대통령이 대중의 지지를 효과적으로 결집시킬 수 있다면 물적 자산과 기업가적 재능을 적절히 이용해 미국을 활력 있는 사회로 만들 수 있을 것이다.

다섯 번째 강점은, 미국이 다른 주요 강대국과 달리 안전하고 천연

자원이 풍부하며, 전략적으로 유리한 지리상의 이점을 가졌다는 점이다. 또한 면적도 아주 넓다. 이런 지리상의 기반에서 미국인들은 민족 간에 심각한 분리주의 갈등도 없다. 또 미국은 이웃 나라의 영토 위협도 받지 않는다. 북쪽의 이웃인 캐나다는 아주 가까운 우방이며, 솔직히 말해 두 나라가 공유하는 삶의 방식을 봤을 때 캐나다는 미국보다 더 성공적인 나라다. 캐나다 역시 영토가 매우 넓기 때문에 미국의 안보에 큰 도움이 된다. 미국의 광대한 영토는 광물 자원에서 농업용 자원, 그리고 에너지 자원에 이르기까지 천연자원이 풍부하다. 에너지 자원 중 많은 양이 아직 개발도 되지 않았으며, 특히 알래스카가 그렇다. 미국이 접한 대서양과 태평양은 세계에서 가장 중요한 대양으로 안보 측면에서 유리한 장벽 역할을 하며, 동시에 미국의 항구들은 해상 교역의 발판이 된다. 또한 필요할 때는 대양으로 군사 영향력을 행사할 수 있는 교두보도 된다. 이처럼 미국에 유리한 지리 조건은 앞으로도 계속 변하지 않을 것이며, 주요 강대국들 중 이런 이점이 있는 나라는 미국 외에는 없다.

미국의 여섯 번째 강점은 인권, 개인의 자유, 민주주의 정치, 경제 기회라는 다양한 가치들이다. 미국인 대부분이 지지하는 이런 가치들은 국제 무대에서 미국의 위상을 높이는 데 크게 기여했다. 이러한 가치 덕분에 미국은 이념에서 큰 우위를 차지했고, 그 우위를 활용해 냉전을 승리로 종식시켰다. 그러나 그 후 이런 가치들 중 일부가 매력을 잃었는데, 가장 큰 이유는 국제사회에서 널리 비난받은 2003년의 일방적인 이라크 침공과 그와 관련된 과잉 행동이었다. 그럼에도 불구하고 여전히 많은 세계인들은 변함없이 미국을 근본적으로 민주적인 국가로 여긴다. 예를 들어 2010년 퓨 리서치의 글로벌 인식 조사(Global Attitudes

Survey)에 따르면, 2007년 미국에 대한 호감도는 지난 10년 중 가장 낮았다. 인도네시아에서 미국에 대한 호감도는 29%였고, 독일 같은 동맹국에서도 30%에 불과했다. 그러나 2010년이 되자 미국에 대한 호감도는 크게 반등해서, 인도네시아는 59%, 독일은 63%로 나타났다.

따라서 미국이 민주주의 전통을 가진 국가라는 인식을 국제사회에 더 널리 전파하는 일은 충분히 가능하며 바람직하다. 미국이 가진 가치들은 지금까지 미국의 강점이 되어 왔고, 앞으로도 그럴 것이다. 특히 중국과 러시아의 권위주의 체제에 비하면 확실한 강점이다. 과거 소련은 미국과 체제 경쟁을 벌이면서 자신들의 정치 이념을 전 세계로부터 인정받기 위해 헛되이 노력했다. 지금도 러시아와 중국의 정치 이념이 대다수로부터 매력을 얻지 못한다는 사실은 미국에는 장기적 안목에서 이점이 된다. 현재 많은 나라가 미국의 일방적인 대외정책을 비난할지 모르지만, 미국이 급속히 쇠락하고 고립주의로 후퇴한다면 세계 경제 발전과 민주주의의 확산도 퇴보할 것이다.

이상의 여섯 가지 강점은 미국이 부흥하는 데 강력한 도약대가 된다. 그러나 이미 드러난 매우 심각한 미국의 약점을 시급히 바로잡는 일은 어렵기 짝이 없다. 미국이 가진 주요 위험 요인과 약점을 제거하는 데 필요한 해법은 이미 나와 있으며, 이미 미국에서 활발히 논의되고 있다. 미국의 밝은 미래를 위협하는 것은 도전을 극복하기 위한 국가 차원의 합의와 의지의 결핍이다.

미국이 국내 문제를 극복하여 활력을 회복하고 국제사회에서 바람직한 역할을 수행하려면 국내를 개혁하는 것이 매우 중요하며, 지금 미국인들은 이를 잘 알고 있다. 이런 개혁에는 금융 시스템의 전면 개조와 장기적인 재정 균형이 포함돼야 한다. 문제투성이인 중등교육 시스템을 효과적으로 다루는 것도 미국 경제가 장기적으로 활력을 유지하는 데 필요하다. 중등교육이 질적으로 개선돼야 사회 불평등, 신분상승 기회 결핍, 대중의 무지 같은 미국의 약점 중 다수를 고칠 수 있기 때문이다. 예산의 균형, 금융 시스템 개혁, 부당한 소득격차 해소 등을 위해서는 인센티브, 세금, 규제 등에 심한 고통이 따를 것이다. 국가의 부흥을 위해 희생을 감수해야 한다는 공감대가 사회 전반에 형성돼야만 사회 전체가 단합할 수 있다.

결국 미국이 부흥하여 이 상태가 지속되기 위해서는, 미국의 사회 문화에서 초점이 근본부터 바뀌어야 한다. 이는 미국인들이 개인 차원의 목표와 국가 차원의 목표를 어떻게 정의하는가 하는 문제다. 편리함과 안락함, 자기만족을 훨씬 넘어서 물질을 소유하려는 것이 과연 좋은 삶(good life)일까? 현명한 사회란 생산성 있고 활기 찬 혁신적인 경제가 문화, 지성, 정신 측면에서 만족스러운 사회를 구축하는 데 토대가 되는 사회다. 그런데 끈기 있고 지속성 있게 국내 개혁을 추진한다고 해서 미국이 과연 그런 현명한 사회가 될 수 있을까? 좋은 삶의 진정한 의미를 되돌아보는 것이 매우 중요하다. 하지만 안타깝게도 미국인들이 국내에서 풍요로움을 추구하다가 파산하는 길로 계속 나아간다면, 미국은 위험에 처한다는 고통스러운 사실을 알게 된 뒤에야 '좋은 삶'의 진정한 의미를 되돌아보게 될 것이다.

앞으로 몇 년 안에 미래를 가늠할 수 있는 일부 단서들이 보일 것이다. 교착 상태에 빠진 정치와 당쟁이 공공 정책을 계속 마비시킨다면, 국가 부흥 비용을 공정하게 분담하는 일이 정치 때문에 방해받는다면, 정치인들이 소득 불균형이 심화되는 위험한 조짐을 무시하고 국제 무대에서 미국의 지위가 위험해질 수 있다는 사실을 간과한다면, 미국이 쇠퇴하리라는 예측은 역사상으로 근거 없는 주장이 아니다. 그러나 미국의 쇠퇴가 불가피한 것은 결코 아니다. 현재 미국의 강점과 도전에 직면했을 때 미국인들이 보인 결집된 대응 능력을 감안하면 얼마든지 그 예측을 뒤집을 수 있다. 대공황 후, 제2차 세계대전 당시, 그리고 1960년대의 냉전 당시 미국은 바로 그런 저력을 보여줬고 앞으로도 충분히 그럴 수 있다.

4. 미국의 오랜 제국주의 전쟁

2007년의 금융위기는 미국의 시스템과 미국이 소중히 여기는 가치, 그리고 사회 정책을 재검토해야 할 필요성을 제기했다. 마찬가지로 9·11 사태는 냉전이 평화롭게 끝난 특별한 기회를 미국이 과연 현명하게 이용했는지 재고하는 계기가 됐다.

45년에 걸친 냉전이 얼마나 끔찍했는지 지금은 잊기 쉽다. 언제든 불시에 '열전(Hot War, 핵전쟁)'이 발생해 몇 분 안에 미국 지도부가 제거될 수 있었고, 몇 시간 안에 미국과 소련 대부분이 불바다가 될 수도 있었던 일촉즉발의 상황이 그토록 오랫동안 지속됐다. 그처럼 취약한 상호 억지력이 오류를 범하기 쉬운 몇몇 인간의 합리성에 의존했다는 면에서 '냉전'은 불안정한 대치 상황이었다.

1991년 소련이 해체된 뒤 미국은 세계 유일의 초강대국 지위를 얻었다. 미국의 정치와 관련된 가치와 사회경제 시스템은 세계의 추앙을 받았고 열렬한 모방의 대상이 됐다. 국제 무대에서 미국의 지위는 그 어떤 도전도 받지 않았다. 대서양 건너 유럽과의 관계는 더 이상 소련에 대한 두려움을 공유하는 관계가 아니라, 더 넓은 대서양 공동체를 건설할 수 있다는 공통의 믿음을 키우는 관계가 됐다. 그 공동체 속에서 유럽은 진정한 의미의 정치통합을 신속히 이룰 수 있을 것으로 기대됐다. 한편, 그 이전부터 극동 지역에서는 미국과 가장 가까운 아시아 동맹국 일본이 서서히 국제 무대에서 두각을 나타냈다. 일본이라는 '초국가'가 미국의 자산을 전부 매입하리라는 두려움은 서서히 사라졌다. 중국과 미국의 관계는 1978년의 외교 정상화 이래 계속해서 개선됐고, 중국은 1980년 아프가니스탄에서 미국과 함께 소련에 맞서는 동반자 역할을 하기도 했다. 따라서 미국은 중국을 낙관적인 시각으로만 바라봤고, 중국이 자국내의 후진성 때문에 오랫동안 미국의 경쟁상대가 되지 못하리라는 현실성 없는 생각에만 빠졌다.

그러면서 미국은 세계 경제의 엔진, 정치의 모범적 사례, 사회의 방향타, 도전을 불허하는 최고의 강대국으로 널리 비쳐졌다. 1991년 이라크가 쿠웨이트를 점령하자 미국은 국제사회에서의 지위를 최대한 이용해 신속히 전 세계 연합전선을 구축하고 쿠웨이트에서 이라크를 몰아내는 데 성공했다. 그 연합전선 구축에 기존의 미국 동맹국은 물론이고, 러시아, 중국, 시리아도 미국의 편에 섰다. 그러나 그 후 미국은 이스라엘-팔레스타인 분쟁 해결에는 실패했다. 중동 문제는 1967년 전쟁 이래 말하자면 미국이 '떠맡아야 하는' 문제가 되고 말았다. 미국은 그 지역에서 가장 영향력이 큰 나라였기 때문이다. 그러나 카터 대통령이 이스라엘-이집트 간 평화조약을 성사시킨 것을 제외하고는 중동 문제에서 미국은 대부분 수동적으로 행동했다. 세계를 지배하는 지위를 누렸던 1990년대에도 그랬다. 1995년에 현실을 잘 파악했던 이스라엘의 라빈(Yitzhak Rabin) 총리가 평화협상에 반대하는 자국인에게 암살된 후, 미국은 뒤늦게 이스라엘-팔레스타인 간 협상을 재개시키려고 애썼다. 그러나 당시는 클린턴의 8년 임기 중 6개월 만을 남긴 시점이었고, 그나마 적극 나서지 않으면서 실패로 끝났다.

그로부터 몇 년 후인 2001년 9월 11일에 알카에다(Al Qaeda)가 미국 본토를 겨냥한 대규모 테러를 감행했다. 1990년대 내내 미국인을 표적으로 한 알카에다의 공격이 점점 폭력성을 더해 가다 정점을 이룬 사건이었다. 미국의 반응은 크게 세 가지였다. 첫째, 조지 W. 부시 대통령은 아프가니스탄을 공격하겠다고 선언했다. 알카에다를 격파하고 그들에게 은신처를 제공한 탈레반(Taliban) 정권을 타도하는 동시에, 아프가니스탄에 현대식 민주주의를 정착시킬 목적이었다. 둘째, 2002년 초 부시는 요르단 강 서안의 팔레스타인해방기구(PLO)를 궤멸시키려는 샤론(Ariel Sharon) 이스라엘 총리(부시는 그를 '평화주의자'라고 불렀다)의 군사작전을 지지했다. 셋째, 2003년 이른 봄 부시는 이라크를 침공했다. 이라크와 알카에다의 결탁이라는 입증되지 않은 주장과 이라크의 '대량살상무기' 보유라는 역시 근거가 빈약한 주장을 명분으로 삼았다. 이런 행위가 겹쳐지면서 중동에서 반미 감정이 극에 달했고, 그 반작용으로 중동에서 이란의 지위가 강화됐다. 또한 미국은 끝이 보이지 않는 두 개의 전쟁(아프가니스탄전과 이라크전)에 수렁처럼 빠져들었다.

2010년이 되자 아프가니스탄전과 이라크전은 미국이 치른 전쟁 중 가장 오래 지속되는 전쟁들이 됐다. 아프가니스탄전은 알카에다가 미국 본토를 공격한 9·11 사태 후 몇 주 만에 개시됐다. 9·11 사태는 미국 본토에 대한 공격 중 민간인 희생이 가장 많았다. 미국 대중들은 9·11 사태에 책임이 있는 알카에다 조직을 파괴하고, 알카에다에 은신처를 제공한 탈레반 정권을 무너뜨리기 위한 군사 행동을 지지했다. 이

미국이 치른 주요 전쟁의 지속 기간
(2011년 3월 기준, 단위: 개월, *표시는 진행 중인 전쟁)

아프간전쟁*	112
베트남전쟁	102
미국독립전쟁	100
이라크전쟁*	96
남북전쟁	48
제2차 세계대전	45
한국전쟁	37
미국–영국전쟁(1812년)	32
미국–필리핀전쟁	30
미국–멕시코전쟁	21
제1차 세계대전	20
미국–스페인전쟁	3
1차 걸프전(1991년)	2

라크전은 2003년 초 미군의 이라크 공격으로 시작됐다. 이에 국제사회는 그다지 지지를 보내지 않았다. 미국의 정치 견해를 항상 따랐던 영국 총리와 이스라엘만이 지지했고, 대부분의 미국 동맹국들은 이라크 침공을 반대하거나 의심스런 시각으로 바라봤다. 부시 대통령은 이라크가 대량살상무기를 보유했다는 것을 명분으로 삼았지만 분명치 않은 혐의였다. 그리고 그 혐의는 몇 달도 가지 않아 사라졌다. 미국이 점령한 이라크에서 대량살상무기와 관련하여 아무런 증거도 발견되지 않았기 때문이다. 부시 대통령이 이라크전에 열정을 갖고 집중하는 동안 아프가니스탄 문제는 거의 7년간이나 방치되다시피 했다.

아프가니스탄전과 이라크전은 한 가지 공통점이 있다. 적대 지역에서 펼쳐진 원정 군사작전이라는 점이 그것이다. 두 전쟁 모두에서 부시 행정부는 복잡한 문화 환경, 갈등에 갈등을 낳는 뿌리 깊은 민족 간 분쟁, (특히 파키스탄과 이란 같은) 이웃국가들과의 매우 불안정한 관계, 미결 상태인 영토 분쟁을 거의 무시했다. 이 모든 상황이 아프가니스탄과 이라크에서 미국의 행동을 극도로 복잡하게 만들었으며, 반미 감정에 불을 지폈다. 미국의 개입은 19세기에 전근대적이고 대개 분열됐던 부족들을 상대로 한 제국주의 국가들의 가혹한 원정을 연상시켰다. 그러나 대중들이 정치에 자각을 하는 새로운 시대에 포퓰리즘이 강한 상대와의 전쟁은 과거보다 더욱 오래갈 뿐만 아니라 매우 부담이 된다. 미국은 아프가니스탄과 이라크에서 그것을 뼈저리게 깨달았다. 마지막으로 중요한 점은 세계가 투명해진 요즘 같은 시대에는 필요한 모든 수단을 동원하여 무자비하게 승리를 거두기가 불가능하다는 것이다. 심지어 소련도 아프가니스탄인 수십만 명을 서슴없이 학살하고 수백만 명을 강제 추방했지만, 완전한 승리를 위해 수단과 방법을 가리지 않는 행동은 감히 하지 못했다.

그러나 아프가니스탄전과 이라크전은 과거 서방의 원정 전쟁처럼 미국 본토에는 거의 영향을 미치지 않았다(물론 참전 군인과 그 가족들은 예외였다). 그 두 전쟁으로 미국은 수십억 달러의 비용을 지출했다. 금액은 제2차 세계대전을 제외한 이전의 모든 전쟁에 들인 비용보다 많지만 미국의 GDP에 비하면 그리 대단치는 않았다. 미국의 경제 규모가 과거보다 매우 커졌기 때문이다. 더구나 부시 행정부는 전쟁 비용을 뒷받침하기 위해 세금을 올리는 대신 해외 차관을 끌어들였다. 세금 인상보다는 정치상으로 부담이 적기 때문이다. 사회의 관점에서 보면 징집

병이 참전했던 이전의 베트남전, 한국전과 달리 아프가니스탄전과 이라크전은 지원병들이 치렀다는 점에서 개인의 고통이 사회 전체에 파급되는 영향을 줄여 주었다.

이 두 전쟁의 실제 수행 측면에서 우려스러웠던 것은 부시 행정부가 이라크전을 중시하면서 아프가니스탄전은 수년간 방치했다는 점이다. 또한 사담 후세인(Saddam Hussein)에 대한 군사 작전을 정당화하기 위해 테러리즘의 정의를 일부러 확대함으로써 상황을 악화시켰다. 그러면서 이라크와 알카에다가 서로 적대 관계에 있다는 사실은 애써 무시했다. 부시 행정부는 막무가내로 이라크와 알카에다를 한데 묶어 같이 취급했고, '테러와의 전쟁'을 무력 대응의 명분으로 삼았다. 이렇게 함으로써 9·11 사태에 대한 미국 대중들의 분노를 끌어내기가 쉬워졌고, 그 분노의 대상에는 실제 테러범들만이 아니라 다른 이슬람 국가나 단체도 포함됐다. 당시 콘돌리자 라이스(Condoleezza Rice) 국가안보 좌관은 이라크의 핵무기 습득 가능성을 시사하면서 '버섯구름'이 미국을 위협할지 모른다고 경고했다. 그러자 버섯구름은 새롭게 지정된 표적(이라크)을 공격하자는 여론을 조성하는 편리한 상징이 됐다. 버섯구름은 대중의 두려움을 고조시켰고, 백악관이 주장하는 내용에 대해 유보적인 태도를 보인 사람들은 불리한 처지에 놓였다.

공포를 부추기는 대중 선동은 효과적인 수단이 될 수 있다. 그러나 그것은 짧은 기간일 경우이며, 긴 안목에서 보면 국내외적으로 엄청난 대가가 따른다. 대중 선동으로 인한 부정적인 영향은 고위 장교를 포함한 이라크군 포로를 학대한 것과 같은 악명 높은 사건들에서 잘 드러났다. 적이 악의 화신으로 간주되면서 잔혹하게 학대해도 괜찮다는 분위기가 조성됐던 것이다. 할리우드 영화와 TV 드라마 등 미국의 대중매

체도 대중들의 그런 정서를 조성하는 데 일조했다. 아랍인 모습의 배우들이 극중에서 공포와 증오를 불러일으키는 인물로 그려졌기 때문이다. 그런 선동은 미국의 무슬림, 특히 아랍계 미국인들에 대한 차별 대우를 조장했다. 인종 프로파일링(racial profiling, 인종을 바탕으로 용의자를 추적하는 수사_옮긴이)부터 아랍계 미국인 자선단체에 대한 비난까지 그 형태는 다양하게 나타났다. 인종과 종교 측면이 '테러와의 전쟁'에 스며들면서 미국 민주주의의 평판이 점차 퇴색했다. 9·11 사태 후 1년 반 만에 개시된 이라크전쟁은 결국 그런 잘못된 방향 전환으로 큰 대가를 치렀다.

사실 그렇게 되지 않았어야 했다. 그 이유는 첫째, 이라크전은 불필요한 전쟁으로 반드시 피해야 했다. 전쟁이 개시되면서 곧 부시 대통령은 아프가니스탄의 알카에다가 감행한 9·11 테러에 대한 정당한 무력 대응보다는 이라크전에 더 비중을 두었다. 그 결과 아프가니스탄전은 더 시간을 끌었고, 사상자도 많이 발생했다. 또한 파키스탄까지 개입하면서 지정학상으로 더 복잡한 전쟁으로 발전했다. 둘째, 아프가니스탄에서 소련이 철수한 뒤 미국은 그곳을 방치하지 말았어야 했다. 소련과의 전쟁으로 아프가니스탄은 말 그대로 초토화됐고, 다소나마 안정을 되찾기 위해선 경제 원조가 절실했다. 그러나 조지 H. W. 부시(조지 W. 부시의 아버지) 행정부와 클린턴 행정부 모두 적극 나서지 않고 아프가니스탄에 무관심했다. 1990년대 들어 파키스탄의 후원을 받는 탈레반이 그 공백을 메웠다. 파키스탄은 인도에 대한 지정학적 전략(geostrategy)을 강화하기 위해 탈레반을 지원했다. 곧 탈레반은 알카에다를 환대했고, 그 뒤는 이미 알려진 바와 같다. 결국 9·11 사태가 터졌고, 그 후 미국은 무력으로 강력 대응할 수밖에 없었다.

그러나 그때도 미국은 극단주의 테러집단인 알카에다를 이슬람 주류로부터 고립시키는 광범위한 전략을 추진할 수 있었다. 당시 내가 〈월스트리트저널Wall Street Journal〉과 〈뉴욕타임스New York Times〉 기고문에서 주장했듯이, 그 전략이 효과를 발휘하려면 부시 행정부처럼 테러리스트 조직을 무너뜨리는 강력한 군사 작전만으로 부족했다. 이슬람권의 온건주의자들을 분리시켜 극단주의자들을 고립시킴으로써 테러 지원을 중단하는 보다 광범위하고 장기적인 정치상의 대응도 필요했다. 이는 그 10년 전 제1차 걸프전에서 사담 후세인을 공격하기 위해 구축된 정치 연합과 같은 방식이다. 그러나 그 전략을 추진하려면 중동 평화를 위한 미국의 진지한 노력이 필요했으나, 부시와 백악관 보좌진들은 이를 극도로 꺼렸다.

그 결과 국제 무대에서 미국의 지위는 1990년대에 비해 크게 낮아졌다. 미국 대통령과 국가 신뢰도가 계속 추락했고, 동맹국들이 자국의 안보를 미국의 안보와 동일시하려는 경향이 크게 줄었다. 미국 동맹국 대부분은 2003년 개시된 이라크전을 일방적이고 명분 없는 침공이라 여겼고, 9·11에 대한 과잉 반응이라 생각했다. 아프가니스탄의 경우 처음에는 동맹국들이 공동의 목표로 알카에다에 초점을 맞춰 미국을 적극 지지했지만, 그곳에서도 동맹국들의 지지가 서서히 줄어들었다. 아프가니스탄전에 참여한 NATO 동맹국들은 알카에다에 대한 군사 작전과 현대화되고 민주적인 아프가니스탄 건설을 동시에 목표로 세운 것은 논리적이지 않을 뿐 아니라, 알카에다를 소탕하려는 본래의 목적과도 모순된다는 점을 미국인들보다 일찍 깨달았다.

종교 신념에 바탕을 둔 오랜 전통과 충돌하는 개혁, 외부의 압력으로 진행되는 성급한 현대화 개혁은 강압적인 외국 세력이 장기간 존재하지 않으면 오래갈 수 없다. 그러나 그럴 경우 현지인들의 저항이 발생하기 쉽다. 게다가 파슈툰족(Pashtun)이 아프가니스탄에 약 1,400만 명(아프가니스탄 인구의 약 40%), 파키스탄에 약 2,800만 명(파키스탄 인구의 약 15%) 거주하기 때문에 아프가니스탄에서 갈등이 발생하면 파키스탄으로 확산될 가능성이 매우 크다. 그럴 경우 감당할 수 없을 정도의 영토 및 종족 분쟁을 초래할 수 있다.

그런데 이처럼 미국이 겪었던 불행한 사태는 가까운 미래에 다시 재현될 가능성이 있다. 여전히 진행 중인 아프가니스탄과 이라크 문제 외에도, 미국은 수에즈 운하 동쪽에서 중국의 신장 서쪽에 이르는 방대한 지역에서 그보다 큰 세 가지 지정학상의 딜레마에 봉착해 있다. 이 지역은 인구 밀도가 높고 상황이 불안정한 곳이다. 그 세 가지 중 첫째는 핵무장한 파키스탄에서 이슬람 원리주의의 부상, 둘째는 이란과의 직접 무력충돌 가능성이다. 그리고 셋째는 미국이 이스라엘-팔레스타인 간 평화협정을 제대로 촉진하지 못할 경우 정치에 점점 눈을 뜨는 중동에서 더 강렬한 반미 감정이 불붙을 가능성이다.

한편, 미국 우방들과 각 지역의 명목상 동반자들이 미사여구로 미국을 지지한다 말하고 그런 동작을 취하기는 하지만, 미국의 전략은 근본부터 고립되는 경향이 커지고 있다. 미국의 동맹국들은 아프가니스탄에서 조용히 발을 빼고 있으며, 아프가니스탄의 이웃국가이면서 그 지역에서 강대국인 러시아, 중국, 인도는 확산되는 이슬람 극단주의자들의 위협을 우려해 수동적이고 신중한 태도를 취하고 있다. 이들 국가들은 겉으로만 미국의 관심사에 공감하면서 협력한다. 러시아는 미국의 군사 작전에 일부 병참 지원을 제공하고, 중국은 이란 제재를 묵인하며, 인도는 아프가니스탄에 약간의 경제 지원을 제공할 뿐이다. 동시에 이들 나라의 전략가들은 미국이 아프가니스탄에서 계속 휘말리는 것이 국제 무대에서 미국의 지위를 떨어뜨린다는 사실을 잘 안다. 비록 그것이 러시아, 중국, 인도의 안보에는 잠재 위협이지만, 큰 틀의 전략에서 계산해 보면 이들 국가들에는 이중으로 이득이다. 미국의 지위가 점차 낮아지면 해당 지역에서나 국제사회에서 이 국가들의 영향력은 더 커지기 때문이다.

따라서 미국 대중과 의회는 교착 상태에 빠진 국내 정치, 그리고 실질적인 국익을 도외시한 대외정책이 미국을 계속 쇠퇴시키고 있으며, 향후 20년 안에 미국을 큰 위험에 빠뜨릴 수 있다는 것을 똑똑히 알아야 한다. 전쟁이 아프가니스탄에서 파키스탄으로 확대되거나, 이란과 무력 충돌이 일어나거나, 또는 이스라엘-팔레스타인 간 분쟁이 다시 치열해진다면, 미국은 끝이 보이지 않는 지역 분쟁에 휘말리게 될 것이다. 또한 세계 인구의 약 25%를 차지하는 이슬람권 전체에 반미 감정이 확산될 가능성도 크다. 그럴 경우 불과 20년 전만 해도 국제 무대에서 바람직한 역할을 수행했던 미국은 더 이상 존재하지 않을 것이다.

앞서 살펴봤듯이 미국은 진정한 국가 부흥에 필요한 잠재력이 있다. 하지만 그러려면 국가 차원의 의지가 결집돼야만 한다. 아울러 최근의 대외정책에서 비롯된 고립과 영향력 감소를 해결할 능력도 미국에는 있다. 미국과 미국의 잠재 경쟁국들 간의 정치력과 군사력의 큰 차이를 감안할 때, 국가 부흥의 의지와 전략 비전의 재정립이 시의적절하게 융합되면 세계 유일의 초강대국 지위는 꽤 오랫동안 유지될 것이다.

그러나 부정적인 상황이 발생할 가능성을 완전히 무시해서는 안 된다. 미국의 위상이 언제 어떻게 추락할지 세 가지 시나리오를 생각해보자. 첫 번째 시나리오는 매우 부정적인 것으로, 극심한 금융위기가 발생하여 미국과 세계 여러 국가가 갑작스럽고 심각한 불황에 빠질 가능성이다. 2007년의 금융위기는 그런 상황 직전까지 치달았으며, 그런 끔찍한 시나리오가 단지 가상의 상황만은 아님을 일깨워 줬다. 미국의 해외 군사 개입이 늘어나면서 발생하는 폐단에다 그런 위기까지 더해지면 미국의 세계 패권은 수년 안에 종지부를 찍을 수 있다. 그나마 위안이 되는 것은 이런 상황이 아무렇게나 발생하지는 않으리라는 점이다. 금융체제 붕괴, 급격한 세계 실업률 증가, 정치 위기 상황, 민족 간 갈등이 심한 국가들의 해체, 정치에 각성하고 사회에서 좌절감을 겪는 대중들의 폭력 시위 등이 전 세계에서 흔하게 발생할 경우에만 이런 시나리오가 현실화될 가능성이 높다.

물론 미국이 그렇게 급속하게 붕괴될 가능성은 낮다. 2007년의 위기가 고통스럽지만 소중한 교훈을 줬기 때문이다. 따라서 미국은 그런 상황이 닥치기 전에 국내 정치와 대외정책을 수정할 확률이 더 높다. 그러나 첫 번째 시나리오처럼 최악의 상황은 아닐지라도 미국의 쇠락을 초래할 다른 두 가지 시나리오도 있다. 우선 국내에서 볼 때 미국은 사회, 경제, 정치 분야가 더 이상 진보하지 않으면서 시스템의 노화 현상이 두드러진다. 또한 국외에서는 탈제국주의 시대에 적합하지 않은 최근의 대외정책이 방향을 잘못 잡음으로써 그로 인한 부정적 결과가 발생하고 있다. 이처럼 국내외적으로 동시에 위협을 받고 있는 것이 현재 미국의 근본 현실이다. 이 와중에 미국의 잠재 경쟁국들, 특히 아시아 국가들은 21세기에 어울리는 정책과 개혁을 차근차근 진행하고 있다. 이런 상황이 어우러지면 머지않아 미국은 국내외적으로 치명적인 타격을 입을 수 있다.

따라서 첫 번째 시나리오만큼 심각하지는 않으면서 발생할 가능성이 좀 더 큰 두 번째 시나리오는 다음과 같다. 즉 삶의 질, 국가 기반시설, 경제 분야 경쟁력, 사회복지가 계속 쇠퇴하면서 국내 여건이 나아지지 않는 상황이다. 그러나 국외에서는 대외정책을 뒤늦게나마 조정함으로써 국제사회에 홀로 개입하여 발생하는 높은 비용과 고통스러운 위험을 다소나마 줄일 것이다. 그럼에도 국내의 침체가 계속 심화되면서 국제 무대에서 미국의 지위와 신뢰성을 약화시킬 것이다. 그리고 다른 강대국들은 자국의 금융 안정과 국가 안보를 위해 새로운 국제질서를 탐색하며 세계 패권을 노릴 것이다(그러나 어느 국가도 세계 패권은 차지하지 못할 것이다).

세 번째 시나리오는 두 번째 시나리오와 정반대로, 미국이 국내에서는 침체에서 회복하지만 대외정책에서는 실패하는 상황이다. 국내에서는 어느 정도 진전을 이루지만, 국제문제에 지속적으로, 심지어 지금보다 더 많이 홀로 개입함으로써 부정적 결과가 누적될 수 있다(파키스탄과 이란 문제가 그런 예다). 그리고 그런 결과가 국제 무대에서 미국의 지위를 매우 약화시킬 것이다. 다른 국가들의 협력을 얻지 못하는 대외정책, 그리고 (때로는 미국이 스스로 만들어낸 적들을 포함하여) 점점 많아지는 적들에 대해 홀로 군사 작전을 수행해야 하는 대외정책은 큰 손실을 낳을 수밖에 없으며, 국내 상황이 아무리 좋다고 해도 그런 손실을 메울 수는 없다. 국제 무대에서의 지위를 약화시키는 잘못된 대외정책에 자원이 낭비된다면, 제아무리 국내 상황이 좋아도 그것을 감당할 수 없기 때문이다.

이상 세 가지 시나리오는 모두 국제 무대에서 중요한 역할을 감당할 미국의 능력이 점차 약화되다가, 결국에는 그 능력이 완전히 사라지는 결과를 담고 있다. 국내외적으로 폐단이 지속되면 미국의 활력이 사그라지고, 사회의 사기가 더욱 꺾일 것이다. 또한 국제 무대에서 미국의 매력과 정당성도 손상될 것이다. 그리고 2025년이 되면 불안정한 국제 정세 속에서, 한때 21세기를 제패할 것이라 오만하게 선언했던 미국은 지배권을 잃게 될 것이다. 과연 그때가 되면 어떤 나라가 21세기를 지배한다고 나설 수 있을까?

3부

포스트 아메리카: 2025년, 중국의 패권이 아닌 혼돈의 세계

만약 미국이 흔들린다면 세계는 어떻게 될까? 미국의 뒤를 잇는 단일 강대국(예컨대 중국)이 세계를 지배할 가능성은 희박하다. 미국 시스템에 갑작스러운 대규모 위기가 닥친다면 이것이 연쇄반응을 일으켜 세계의 정치, 경제가 혼돈에 빠질 것이다. 그러나 2025년까지 미국이 계속해서 쇠퇴하거나 이슬람권과 계속 전쟁을 치른다고 해도, 어떤 단일 국가가 현재 미국의 지위를 대신할 가능성은 별로 없다. 2025년이 되더라도 1991년 소련의 붕괴 후 세계가 미국에게 기대했던 역할을 대신할 만한 단일 국가가 없을 것이기 때문이다. 그보다는 국제사회가 불확실한 상황, 심지어 세계의 안녕이 크게 위협받을 수도 있는 상황에서, 뚜렷한 승자는 없고 패자만 많아진 상태로 각 강대국들 간에 새로운 국제질서 재편이 장기간에 걸쳐 일어날 가능성이 더 높다. 그때의 상황이 이미 결정된 것은 아니지만, '만약의 경우'를 상정하고 그리 반갑지 않은 가능성들을 분석해 보자.

1. 포스트 아메리카(post-America) 시대의 각축전

미국이 흔들릴 경우 우선 확실한 세계 1위 국가가 없어서 국제사회의 앞날이 불확실해지고, 이 때문에 경쟁국들 사이에 긴장이 고조될 가능성이 있다. 또한 강대국들이 자국의 이익만을 위해 행동할 가능성도 높다. 따라서 국제사회에서 국가들 간의 협력이 줄어들고 일부 강대국은 자국의 이익을 안정적으로 도모하기 위해 지역 패권을 독점하려 할 수 있다. 역사상 갈등을 빚어온 강대국들은 무력을 사용해서라도 지역 패권을 거침없이 추구할 가능성도 있다. 글로벌 강대국의 분포가 변화하면서 새롭게 국제질서가 재편되고, 이에 따라 약소국들은 매우 심각한 위험에 처할 수 있다. 민주주의 촉진보다는 독재, 민족주의, 종교가 다양하게 혼합된 토대 위에서 국가 안보를 도모하는 경향이 두드러질 가능성도 있다. 인류의 공동 자산인 '글로벌 공유재(global commons)'는 각국이 자국의 당면한 이익에만 집중하면서, 무관심이나 무분별한 개발로 훼손될 수 있다.

이미 세계은행이나 IMF 등의 주요 국제기관들은 서방보다 인구는 많지만 가난한 신흥 강대국들로부터 갈수록 거센 압력을 받고 있다. 중국과 인도를 필두로 한 이 국가들은 현재 서방에 치우친 의결권을 전면 수정하자고 주장한다. G20의 일부 회원국들도 이것이 불공정하다고 진작부터 주장해 왔다. 회원국의 실제 인구를 더 많이 반영하고 재정 기여도의 비중은 낮춰야 한다는 것이 이들의 요구다. 새롭게 정치에 각성한 세계인들 사이에 무질서와 소요가 보다 많이 확산되는 상황에서, 그런 요구는 (자국 내에서는 아닐지라도) 전 세계에서 민주화를 향한 하나의 단계로서 많은 사람들의 지지를 얻을 수 있다. 아울러 5개 상임이사국만이 독점적으로 거부권을 행사할 수 있는 UN 안전보장이사회 체제는 지난 70년간 불가침 영역이었지만, 이 또한 머지않아 전 세계 많은 사람들로부터 부당한 제도라는 지적을 받을지 모른다.

미국이 정말로 국제사회에서 위상이 추락할지 불확실하고, 또는 그 반대의 상황이 발생할지도 모르지만, 그럼에도 일본, 인도, 러시아, 일부 EU 회원국 등 이른바 서열 2위 그룹의 강대국들은 미국의 추락이 자국 이익에 미칠 영향을 가늠하고 있을 가능성이 크다. 또한 미국이 추락한 이후 벌어질 각축전을 예상하여 주요 강대국들은 정책에 직접 반영하는 수준은 아니더라도 신중하게 그때의 상황을 대비하고 있을지 모른다.

　예를 들어 일본은 독선적인 중국이 아시아 대륙을 지배할지 모른다는 우려 때문에 유럽과의 보다 긴밀한 관계를 생각할 수도 있다. 또한 인도와 일본 지도자들은 미국이 쇠퇴하고 중국이 강해질 경우에 대비해 보다 긴밀한 정치 및 군사 협력을 고려할 수도 있다. 러시아는 어쩌면 희망사항에서, 혹은 남의 불행을 고소하게 생각하는 마음에서 미국의 쇠퇴를 기대하며, 지정학상의 영향력을 높이기 위해 구소련 위성국가들에 눈독을 들일지 모른다. 아직 결속력이 약한 유럽은 여러 갈래로 분열될 가능성이 크다. 예를 들어 독일과 이탈리아는 경제 이익을 고려해 러시아 쪽으로, 프랑스와 불안정한 중부 유럽 국가들은 EU로 방향을 틀지 모른다. 또한 영국은 EU 안에서 영향력을 키우려 애쓰면서 쇠퇴하는 미국과의 특별한 관계를 계속 유지할 가능성이 크다. 나머지 국가들은 해당 지역에서 영향력을 확보하고자 신속하게 움직일 것이다. 터키는 옛 오스만 제국의 영역에서, 브라질은 남반구에서 지역 패권을 노릴 수 있다.

　그러나 이들 국가 중 국제사회에서 미국의 지위를 계승하는 데 반드시 필요한 경제, 금융, 기술, 군사력을 현재 겸비했거나 앞으로 겸비할 가능성이 있는 나라는 하나도 없다. 안보를 미국에 의존하고 있는 일본은 중국을 받아들여야할지, 아니면 인도와 연대하여 중국에 맞서야할지 둘 중에 하나를 선택해야 하는 고민에 빠질 것이다. 아직도 제국의 상실(소련연방 해체)을 완전하게 받아들이지 못하고 있는 러시아는 중국의 초고속 현대화를 두려워하면서 유럽과 유라시아 중 어느 쪽에 미래를 걸어야 할지 결단을 못 내리고 있다. 세계 주요 강대국이 되려는 인도는 중국과의 경쟁에 발목이 잡혀 있다. 유럽은 아직도 정치 분야가 통합되지 않은 채 당장 편리한 대로 미국의 힘에 기대는 형국이다. 미국의 국력이 크게 줄어들 경우 유럽 국가들이 유럽 전체의 안정을 위해 서로 희생하며 진정으로 뭉칠 가능성은 희박하다.

개인과 마찬가지로 국가도 지정학과 관련된 뿌리 깊은 성향과 역사 인식 등 과거로부터 전해진 요소에 영향을 받는다. 절제된 야망과 경솔한 망상의 차이를 구분하는 능력은 국가마다 차이가 있다. 따라서 21세기 전반기에 글로벌 강대국의 서열이 변하면서 생길 수 있는 상황을 예상할 때, 20세기에 경솔한 망상으로 나라에 재앙을 초래한 두 가지 사례를 상기하면 도움이 될 것이다. 가장 두드러진 사례는 히틀러의 무모한 과대망상이다. 히틀러는 독일이 세계를 지배할 수 있다고 자국의 능력을 터무니없이 과대평가했고, 두 가지 잘못된 결정을 내림으로써 유럽 내 패권까지 잃었다. 그 첫째는 이미 유럽의 대부분을 장악했지만 영국과 대치한 상황에서 소련을 공격하기로 한 무모한 결정이다. 둘째는 독일이 소련과 영국 두 강대국과 사활을 건 싸움을 하면서 미국에 전쟁을 선포한 결정이다.

두 번째 사례는 히틀러의 사례보다 긴장감은 덜 하지만 역시 세계 패권을 두고 경쟁한 사례다. 1960년대 초 소련 지도부는 1980년대가 되면 경제력과 기술력에서 미국을 능가할 수 있다고 공언했다. 그 야심 찬 주장은 세계 최초의 인공위성 스푸트니크 발사가 성공하면서 실현되는 듯했다. 소련은 자국의 경제력을 터무니없이 과대평가함으로써 1970년대 말 국력을 낭비해 가면서 미국과 군비 경쟁을 벌였다. 기술 혁신 능력이 그 결과를 판가름하는 핵심 잣대였지만 소련은 GNP 수준 때문에 국제 무대에서 정치 면에서나 군사 면에서 제대로 된 영향력을 발휘하지 못했다. 소련은 정치와 군사 양 측면 모두에서 능력 이상의 만용을 부려 재앙을 초래했다. 거기에다 1979년에는 아프가니스탄을 침공하는 치명적인 실수까지 저질렀다. 그로부터 10여 년 뒤 국력을 소진한 소련은 존재감을 상실했고 결국 소련 블록은 무너졌다.

지금은 과거의 나치 독일이나 소련에 견줄 만한 나라가 없다. 그리고 이들처럼 과대망상을 드러내는 나라도 없다. 또한 정치, 경제, 군사 측면에서 세계를 제패할 수 있다고 주장할 준비가 된 나라도 없다. 얼마 전까지만 해도 미국이 가졌던 '모호하지만 중요한 정통성'을 가진 나라도 없다. 지금은 어느 나라도 역사 결정론(historical determinism)에 입각해 인류의 보편적 가치를 보장하는 정책을 구현하겠다고 감히 주장하지 못한다.

가장 주목할 만한 국가는 미국의 후계자로 모두가 꼽는 중국이다. 중국은 장구한 제국의 역사가 있고, 전통적으로 대단히 신중하게 전략을 세워 왔다. 따라서 현재 중국은 앞으로 국제질서가 재편될 가능성이 있다는 사실을 인식하면서도 지금의 상황을 그대로 수용하는 신중함을 보이고 있다. 중국은 국제질서 재편이 급작스럽게 발생하지 않고 천천히 재편돼야만 자국에 유리하다는 것을 잘 안다. 중국은 영향력의 증대와 국제사회의 존경을 갈구하고 '굴욕적이었던 20세기'에 분개하면서도, 다른 한편으로 미래에 대한 자신감을 쌓아가고 있다. 20세기에 세계 패권을 노렸다가 실패한 독일이나 소련과 달리, 중국은 혁명을 지향하지도 않고, 세계를 구원하겠다는 생각도 없으며, 흑백 논리에 매달리지도 않는다.

더구나 현실에 비춰볼 때 지금의 중국은 국제 무대에서 미국의 역할을 승계할 준비가 완전히 되어 있지 않고, 수십 년 뒤에도 그럴 것이다. 심지어 중국의 지도자들도 발전, 부, 국력 등 모든 중요한 척도에서 앞으로 수십 년 뒤에도 중국은 여전히 현대화가 진행 중인 개발도상국 수준에 머물러 있을 것이라고 여러 차례 강조했다. 실제로 중국은 현대화된 정도와 국력을 나타내는 지표에서 미국은 물론 유럽과 일본에도 크게 뒤진다(〈표 3-1〉 참조).

따라서 중국은 국제사회에서 미국의 지위가 급속히 추락하면 글로벌 위기가 발생하고, 그렇게 되면 중국도 피해를 입어 장기 전망이 어두워진다는 것을 잘 알고 있는 것 같다. 중국이 미국의 안정에 도움이 되는 투자를 하고 있는 것이 그 증거다. 신중함과 인내심은 과거 중국 제국주의의 특성이고 지금도 그렇다. 하지만 중국은 야심이 있으며 자부심이 강하다. 또한 많은 중국인들은 중국의 미래는 과거 역사보다 훨씬 더 찬란할 것이라 생각한다. 따라서 미국의 쇠퇴와 중국의 부상이 필연적이라 생각하는 중국의 한 관료가 얼마 전 미국인 방문자에게 불쑥 "하지만 제발 미국이 너무 급작스럽게 쇠퇴하지 않았으면 좋겠습니다." 라고 속내를 털어놓은 것도 그리 놀랄 일은 아니다.

이처럼 중국의 지도자들은 세계 패권에 대해 공공연히 주장하는 일을 신중히 자제해 왔다. 중국 지도자들은 대체로 덩샤오핑의 '도광양회(韜光養晦)' 노선을 여전히 신봉한다. "침착하게 관망하고, 자신의 입지를 다지며, 상황에 냉철하게 대처하라. 자세를 낮추어 상대방의 경계심을 늦춘 뒤 때를 기다리며 몰래 힘을 기르고 절대로 성급하게 나서지 말라."는 것이 덩샤오핑의 가르침이었다. 이처럼 신중하고 어찌 보면 기만적이기도 한 중국의 태도는 고대 병서 《손자병법(孫子兵法)》과도 일치한다. 손자(孫子)는 전투에서 가장 현명한 자세는 느긋하게 기다리며 상대방이 돌이킬 수 없는 실수를 하도록 내버려둔 뒤 그 약점을 이용하는 것이라고 주장했다. 미국이 국내외에서 어려움을 겪는 상황을 바라

〈표 3-1〉 총 인구, 고령화, GDP 비교

총 인구 (단위: 백만 명)	미국	EU	중국	일본
2010년 인구	317.64	497.53	1,354.15	127.00
2025년 인구	358.74	506.22	1,453.14	120.79
2030년 인구	369.98	505.62	1,462.47	117.42
2050년 인구	403.93	493.86	1,417.05	101.66

출처: UN 추정치, 평균 출산율 적용 (EU는 27개 회원국을 합한 수치).

고령화 (65세 이상, %)	미국	EU	중국	일본
2010년	13.0	17.5	8.2	22.6
2025년	18.1	22.0	13.4	29.7
2030년	19.8	23.8	15.9	30.8
2050년	21.6	28.7	23.3	37.8
현재의 기대 수명 (단위: 년)	78.11	78.67	73.47	82.12

출처: UN 추정치, 평균 출산율 적용 (EU는 27개 회원국을 합한 수치); 현재의 기대 수명은 CIA 월드 팩트북.

GDP (2005년 달러화 기준; 구매력평가 기준 아님)	미국	EU	중국	일본
2010년 GDP (단위: 조 달러)	13.15	14.63	3.64	4.54
2025년 GDP (단위: 조 달러)	19.48	19.10	16.12	5.56
2030년 GDP (단위: 조 달러)	22.26	20.34	21.48	5.79
2050년 GDP (단위: 조 달러)	38.65	26.62	46.27	6.22
2010년 1인당 GDP (단위: 달러)	42,372	29,649	2,699	35,815
2025년 1인당 GDP (단위: 달러)	54,503	38,320	11,096	47,163
2030년 1인당 GDP (단위: 달러)	59,592	40,901	14,696	50,965
2050년 1인당 GDP (단위: 달러)	88,029	55,763	32,486	66,361

출처: 카네기 국제평화기금의 〈2050년 세계 질서〉 (2010년 2월 발간).

보는 중국의 태도는 바로 그런 전략을 떠올리게 한다. 중국의 자신감은 철저히 계산된 신중함, 그리고 장기적인 야심과 밀접한 관련이 있다.

중국은 국내 상황이 크게 발전했음에도 얼마 전까지만 해도 그런 성과를 널리 알리려 하지 않았다는 점도 주목할 필요가 있다. 과격한 공산주의 운동을 벌이던 마오쩌둥 시대와 달리 지금의 중국은 자국의 현대화가 인류 전체에 기여한다고 주장하지 않으며, 또 자국의 사회 구조가 도덕적으로 우월하다는 허무맹랑한 주장도 하지 않는다. 중국이 지금 국제사회에 내세우는 것은 평범하지만 실질적이고 널리 부러움을 사는 것인데, 이는 바로 놀라운 연간 GDP 성장률이다. 이는 특히 라틴 아메리카와 아프리카 저개발 국가들 사이에서 큰 매력으로 작용한다. 중국이 이 국가들에 정치 개혁 압력을 넣지 않으면서도 투자를 늘리기 때문이다. 예를 들어 중국과 아프리카의 교역 규모는 2000년 100억 달러 수준에서 2008년 1,070억 달러로 1,000%가 늘었다.

중국의 미래에 대한 야망과 신중한 전략 외에도, 현재 중국 내부의 정치 및 사회 발전이 매우 불확실하다는 점도 주목해야 한다. 중국의 정치 구조는 과격한 전체주의 체제(매우 무자비하고 피비린내 나는 대규모 사회운동이 주기적으로 발생했으며, 그중에서 대약진운동과 문화혁명이 가장 눈에 띄는 사건이었다)에서 점차 국가 자본주의(state capitalism)를 시행하는 권위주의 체제로 발전했다. 민족주의 색채를 띤 새로운 권위주의 체제는 지금까지 경제 분야에서 큰 성공을 거뒀다. 그러나 권위주의 체제를 떠받치는 사회 시스템은 취약하다. 앞서 언급했듯이, 중국의 경제 성장은 사회 안정 측면에서 봤을 때 이미 매우 심각한 사회 불평등을 낳았고, 이는 중국 대중들에게 더 이상 숨길 수 없을 지경이 됐다. 주요 도시에서 새롭게 출현한 중산층은 경제 측면에서 풍요를 누리며, 또한 중국 정부의 억제 노력에도 불구하고 그들은 세계 정보를 전례 없이 쉽게 접할 수 있게 됐다. 그런 정보의 접근성은 정치나 사회 분야에 대한 새로운 기대감을 갖게 한다. 아울러 현재의 제한된 정치 권리에 대해 반감을 만들어 내고, 사람들로 하여금 위험 부담을 무릅쓰고 기꺼이 반체제 운동에 참여토록 만든다.

경제적인 풍요로움과 정보 접근성을 갖춘 중산층은 보다 자유롭게 정치를 논하고 싶어 하고, 공개적으로 사회를 비판할 기회가 많아지길 원하기 시작했다. 또한 국가 정책을 결정하는 데도 보다 직접 관여하고 싶어 한다. 이런 상황에서는 반체제 인사들이 큰 지지를 얻을 가능성이 크다. 아울러 중산층보다 훨씬 수가 많은 산업 근로자와 농민들 사이에서는 경제와 관련된 불만이 표출되기 시작했다. 많은 산업 근로자들은 새로 출현한 중산층이 점점 부유해지는 것에 비해 자신들이 얼마나 저임금을 받는지 이제 막 깨닫기 시작했다. 또 그보다 훨씬 많은 가난한 농민들도 중국이 이룬 막대한 국가 부에서 더 큰 몫을 요구하기 시작했다. 그중 상당수는 준실업자 상태로 허드렛일을 찾아 이 도시에서 저 도시로 떠돌아다닌다.

따라서 중국은 앞으로 내부를 안정시키는 데 몰두할 가능성이 크다. 1989년의 톈안먼 사태처럼 심각한 정치, 사회 위기가 다시 발생하면 중국은 국제사회에서 위상이 크게 떨어지고, 지난 30년간 이룬 눈부신 발전상도 퇴색할 것이다. 그런 상황을 고려할 때 중국 지도부는 국제사회에서 중국의 지위가 상승하는 속도에 신중을 기할 것이다. 하지만 중국 지도부는 중국의 엘리트들 사이에서 커져 가는 중국에 대한 자부심, 특히 미국을 상대로 한 자부심도 감안해야 한다. 예컨대 21세기의 첫 10년이 저물 무렵 반관반민(半官半民)인 중국의 평론가들은 현재 국제

사회의 상황이 타당한지에 대해 보다 공개적으로 문제를 제기하기 시작했다. 특히 관영통신 〈신화사(新華社)〉가 발행하는 주간지 〈랴오왕(瞭望)〉에 기고한 인물들이 그렇다. 중국의 일부 국제문제 관측통들은 심지어 중국 모델이 보편타당하다고 주장하기 시작했다. 〈랴오왕〉에 글을 기고한 한 전문가는 다음과 같이 주장했다.

"오늘날 국제사회 구조가 제대로 기능하지 못하는 이유는 '미국 모델'이 지배하는 서방 모델, 보다 근본적으로는 서방의 문화가 제대로 기능하지 못하기 때문이다. 중국은 글로벌 거버넌스(global governance)에 적극 참여하고 개발도상에 있는 대국의 역할을 올바로 수행하는 동시에, '화해세계(和諧世界, 조화로운 세계)'라는 중국식 개념을 세계에 전파해야 한다. 세계사를 보면 어떤 나라가 부상하면 대개 새로운 개념이 탄생한다. 화해세계의 개념은 중국의 화평굴기(和平崛起, 평화롭게 우뚝 섬)를 이론상으로 표현한 것이며 공정성, 상생(相生), 공동발전의 개념과 함께 세계에 전파돼야 한다."[1]

때로 중국의 평론가들은 국제사회에서 미국의 지위를 직접 겨냥해서 노골적으로 비판하기도 한다. 중국의 한 국제문제 전문가는 이렇게 주장했다.

"미국의 '단극 체제' 야심이 금융위기로 심각한 차질을 빚었음에도, 미국은 국제사회가 다극 체제가 되는 것을 용인하지 않는다. 미국은 여전히 세계 패권을 유지하려 애쓰면서 가능한 모든 수단을 동원해 '제1의 리더' 지위를 지키려 한다. 중국은 급격히 성장했고 국제 무대에서 신흥 강대국으로 지위가 격상됐다. 따라서 국제사회에서 중국과 미국의 서열은 조만간 바뀔 것이며, 양측이 이를 두고 다투는 일이 불가피할 것이다. …… 국제 금융위기는 '미국 모델'의 결함을 드러냈고, 그래서 미국은 국제사회에서 '중국 모델'을 '차단하고' 폄하하려고 더욱 노력한다. 두 나라의 정치 시스템과 두 나라가 추구하는 가치는 앞으로 그 차이가 더욱 '커질' 것이다."[2]

특히 2007년 금융위기 이후 미국의 시스템과 국제사회에서 미국의 지위를 향한 중국의 비판은 빈번해지고 노골화됐다. 중국이 금융위기와 관련하여 미국을 비난하는 내용은 크게 두 가지였다. 첫째는 미국이 2007년 금융위기를 촉발했다는 것이었고, 둘째는 금융위기에 대응하여 중국이 세계 각국을 결집시키는 데 중요한 역할을 했음에도 이를 미국이 인정하지 않는다는 것이다. 또한 정치 색채를 띤 중국 매체들은 미국이 중국의 이익을 무시하는 정도가 점점 심해진다고 비판하며, 2010년 남중국해를 둘러싼 중국과 주변국들과의 분쟁에 미국이 끼어든 점도 비난한다. 일부 평론가들은 미국이 중국의 주변국들과 연계하여 중국을 포위하려 한다고 비난하기도 한다.

이런 반응이 나오는 이유는 (자칫하면 과신으로 발전할 수 있는) 중국의 자부심, 그리고 독선적인 민족주의 때문이다. 중국의 민족주의는 그 강도가 매우 높으며 폭발 잠재력을 지녔다. 중국의 민족주의를 부추기는 원인은 역사에 대한 자부심, 그리고 그리 멀지 않은 과거에 겪었던 굴욕이다. 권력자들은 민족주의를 얼마든지 자신에게 유리하게 이용할 수 있다. 실제로 중국 내부에서 사회 혼란이 발생하면 사회 결속을 다지고 정치 체제를 유지하는 데 민족주의가 유용하게 이용될 수 있다.

그러나 어느 시점이 되면 중국의 민족주의는 중국에 대한 세계인의 인식을 악화시켜, 국제사회에서 중국의 이익에 해를 끼칠 수 있다. 중국이 지나치게 민족주의로 기울고 공격 성향을 드러내면, 주변국들이 강력한 연합전선을 구축해 중국에 반기를 드는 의도치 않은 상황이 올

수 있다. 중국의 중요한 이웃국가인 일본, 인도, 러시아 중에서 미국이 쇠퇴할 경우 중국이 그 자리를 계승할 자격이 있다고 인정할 나라는 아직 없다. 결국에 가서는 중국 주변국들이 어쩔 수 없이 중국을 인정해야 하는 상황이 올 수도 있지만, 그전까지는 주변국들이 중국의 세계 1위 국가 등극에 분명 제동을 걸 것이다. 지나치게 독선적인 중국을 견제하기 위해 쇠퇴하는 미국에 의지할지도 모른다. 그 과정에서 중국의 주변국들도 강한 민족주의 정서가 팽배해질 가능성이 크고, 따라서 중국과 주변국들 사이에 갈등과 긴장이 고조될 것이다.

따라서 일본, 인도, 러시아가 뭉쳐 반(反)중국 연합전선을 구축하면 비록 그것이 공식화되지 않은 공조라 하더라도 중국은 지정학상 매우 불리해질 수 있다. 지리상 유리한 위치에 있는 미국과 달리 중국은 포위 전략에 매우 취약하다. 지리상으로 볼 때 일본은 중국의 태평양 접근 길목을 가로막고 있고, 러시아는 중국을 유럽과 분리시키는 위치에 있다. 또한 인도는 중국의 중요한 중동 접근로인 인도양을 지키고 있다. 지금까지는 중국 지도자들의 자칭 '화평굴기'가 아시아에서 인기를 얻었지만, 중국이 민족주의를 강하게 내세우고 공격 성향을 드러내면 지금보다도 더욱 고립될 가능성이 크다.

그럴 경우 아시아에서 긴장이 극도로 고조될 것이고, 전반적으로는 아시아 전체에서, 구체적으로는 남아시아에서 위험한 상황이 발생할 수 있다. 남아시아를 두고 중국과 인도의 경쟁이 점차 심해질 경우는 특히 그렇다. 인도의 전략가들은 이란에서 태국에 이르는 지역에서 지배적인 영향력을 행사하는 '대(大)인도'를 공공연히 언급한다. 또한 인도는 인도양을 무력으로 장악할 생각까지 하고 있다. 인도의 해군과 공군력 증강 프로그램이 그런 의도에 맞춰져 있다. 인접한 방글라데시와 미

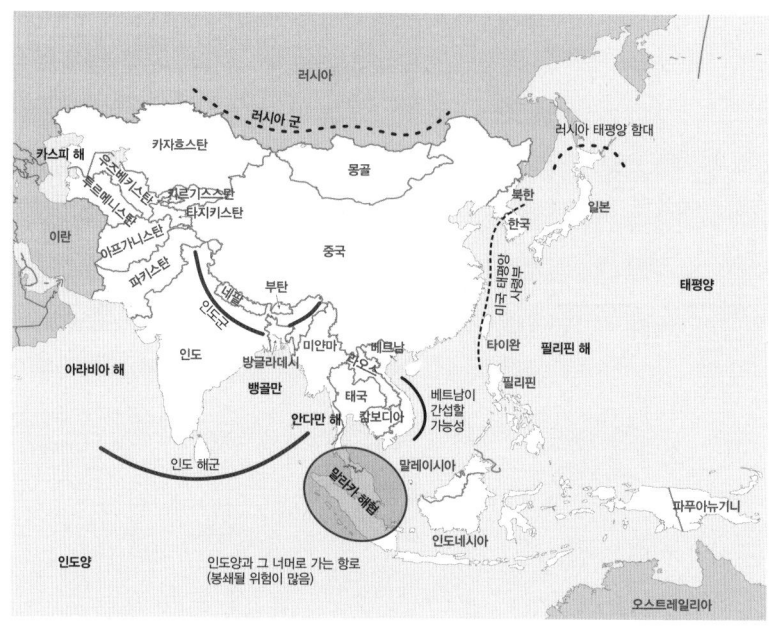

〈그림 3-1〉 주변국들의 전방위 '중국 포위' 시나리오

    얀마에 영향력을 행사하려는 인도의 노력도 마찬가지 맥락이다. 이 두 나라의 해군 기지를 포함한 항만 시설 건설에 인도가 참여하고 있는데, 이는 결국 인도가 인도양 항로를 보다 잘 장악할 수 있도록 해준다.

    중국은 파키스탄과는 전략적 관계(strategic relationship)를 맺었고, 미얀마와 방글라데시에는 영향력을 두고 인도와 경쟁하고 있다. 중국의 이런 노력은 보다 광범위한 전략 구상 때문이며, 중동에 가기 위해 반드시 거쳐야 하는 인도양 항로를 주변국들의 영향력으로부터 보호하기 위함이다.

    중국은 인도양에 맞닿은 파키스탄 남서부의 항구 도시 과다르(Gwadar)에 주요 시설을 건설할 수 있는지 그 가능성을 모색하고 있다. 육로나 파이프라인을 통해 그곳과 중국 본토를 연결하기 위함이다. 한편 인도는 미얀마의 항구 도시 시트웨(Sittwe)의 시설을 개선하고 있다. 지리상 접근이 어려운 북동부 지역으로 가는 지름길을 확보하려는 의도다. 이에 맞서 중국은 미얀마의 항구 도시 차우크퓨(Kyaukpyu)에 투자하고 있다. 중국 본토와 그곳을 파이프라인으로 연결하면 말라카(Malacca) 해협을 거쳐 먼 길을 돌아가는 수고를 덜 수 있기 때문이다. 이처럼 지정학상으로 중요한 프로젝트를 통해 중국은 미얀마에서 정치 및 군사 분야의 영향력을 더욱 강화하려고 노력한다.

더구나 중국은 파키스탄이 군사력으로 인도의 전략 이익과 커져가는 야심을 계속 견제해 주기를 간절히 바란다. 따라서 중국이 파키스탄에 해군 기지를 건설하려는 목적은 인도양에서 중국의 존재감을 확보하기 위한 것이며, 파키스탄이 무력한 나라가 아님을 보여주기 위함이다. 물론 중국-파키스탄의 돈독한 관계를 과시하기 위한 목적도 있다. 중국과 인도는 1962년에 잠시 충돌한 후 무력 충돌을 피하려고 노력해 왔다. 그러나 중국과 파키스탄의 밀착, 파키스탄 내부의 불안정한 상황, 인도양에서 인도와 중국의 해군력 경쟁, 중국과 인도의 국제사회 지위 상승 등이 위험한 군비 경쟁을 촉발하거나 실제로 무력 충돌을 야기할 수 있다. 다행히도 지금까지는 양국 지도부가 소규모 전쟁으로는 얻을 것이 전혀 없고, 핵으로 무장한 두 나라가 전면전을 벌일 경우 공멸한다는 것을 잘 인식하고 있다.

그럼에도 사소한 국경 분쟁이라도 일어나면 양국의 민족주의 열풍이 뜨거워질 수 있고, 정치권의 힘으로는 통제하기 어려운 수준까지 이를 수 있다. 그런 면에서는 인도가 더 불안정할지 모른다. 인도의 정치 시스템은 중국에 비해 권위주의 요소가 적기 때문이다. 또 중국-파키스탄의 결탁을 인도 대중들이 두려워한다는 점을 고려할 때 중국의 반인도 감정보다 인도의 반중국 정서가 더 크게 촉발될 가능성이 크다. 더구나 인도의 언론은 자국의 안보에 중국이 지정학상으로 잠재 위협임을 공공연히 주장하는데, 그 정도가 갈수록 심해지고 있다. 인도 언론들의 이런 태도에는 중국의 눈부신 현대화, 생산성 높은 경제, 높아가는 국제사회에서의 지위에 대한 반감이 드러나 있다. 인도의 엘리트층이 주로 읽는 한 영자신문은 남아시아에서 인도와 중국의 경쟁을 이렇게 분석했다.

> "중국의 계산되고 다분히 의도된 전쟁 준비는 누구를 위한 것인가? …… 중국은 항로를 장악할 수 있는 발판을 확보하는 동시에 인도를 견제하기위해 파키스탄에서 전략상으로 매우 민감한 지역인 과다르에 항만을 건설했다. …… 따라서 중국은 파키스탄의 적극적인 지원에 힘입어 육지와 바다에서 인도를 무력화하는 데 성공했다. 그 외에도 중국은 인도에 대응하기 위해 모든 국제 규정을 어겼으며, 드러내 놓고 파키스탄을 핵무장 국가로 만들어 놓았다. 더구나 중국이 미얀마에서도 항만, 송유관, 고속도로를 건설하고 있다는 점 역시 중요하다. 게다가 스리랑카에서도 중국이 함반토타(Hambantota) 항만 건설을 지원한 것은 인도양에서 인도를 포위하려는 중국의 '진주목걸이 전략(String of Pearls Strategy)'의 일환으로 철저히 기획된 것이다."[3]

만약 국제 무대에서 중국의 위상이 올라간 일이 국제정세에서 아시아의 역할 증대를 저해하는 결과를 초래한다면, 이는 역사적으로 아이러니한 상황이 아닐 수 없다. 그러나 지금까지 중국의 부상은 눈에 보이는 성과로 국제사회에 깊은 인상을 주고 있으며, 국제사회에서 신중하게 행동함으로써 다소 안도감을 주고 있다. 중국의 지도자들은 미국의 쇠퇴 이후 각축전이 발생할 경우 장기간에 걸친 자신들의 야망도 물거품이 될 수 있다는 것을 잘 알고 있는 듯하다.

아무튼 중국 최고 지도부의 계산이나 민족주의의 현상과는 별개로, 중국이 세계 일등국가가 되는 데는 과거 미국과 달리 훨씬 많은 난관에 직면할 것이다. 만약 중국이 성급하게 일을 추진한다면 과거 미국이 직면했던 것보다 더 극심한 반발을 부를 수 있다. 미국은 20세기 초 국제사회에서 급부상할 때 지리상으로나 시대상으로 유리한 환경을 누렸지만 중국에는 그런 환경이 없다. 그리고 1990년대 들어 세계 유일의 초강대국으로 부상한 미국과 달리, 현재 중국의 부상은 다른 지역 강대국들과 경쟁하는 틀 속에서 진행되고 있으며 지금의 세계 경제 시스템이 지속해서 안정을 유지해야 성장이 계속될 수 있다. 그러나 미국이 쇠퇴하면 그 어느 때보다 범지구적 차원의 협력이 요구될 것이다. 그런 시기에 전 세계가 당장 눈앞의 이익을 위해 치열한 경쟁에 빠진다면 중국이 의존하는 세계 경제 시스템은 위태로워질 것이다.

2. 지정학상 위기에 처한 국가들

현재 세계 각 지역의 주요 강대국에 인접한 수많은 약소국들의 안전은 미국의 국제사회 영향력에 달려 있다. 미국의 직접 보호를 받지 않은 일부 국가의 경우에도 그렇다. 그런 취약한 상황에 있는 국가들은 지정학상 자연에서 '멸종 위기에 처한 종'과 마찬가지다. 약소국에 인접한 강대국들은 미국이 자신들의 세력권을 침해한다고 여긴다. 따라서 미국의 국제사회 영향력이 약해질수록 강대국들은 인접한 약소국을 상대로 공격 성향을 드러낼 가능성이 높다.

각 지역의 주요 강대국들은 미국의 역할에 반감을 가지면서도, 미국이 약소국을 보호하는 국제사회의 시스템이 붕괴되면 연쇄반응을 일으켜 자신들에게도 해가 된다는 것을 잘 안다. 2008년 오세티아(Ossetia)와 아브하지아(Abkhazia)의 분리 독립을 둘러싸고 벌어진 러시아와 조지아(Georgia)의 짧은 전쟁에서 러시아가 전면 공격을 자제한 것도 바로 그런 연쇄 반응을 우려했기 때문이다. 당시 러시아는 조지아를 상대로 군사 작전을 지속할 경우 동-서 관계 전체를 해칠 수 있으며, 어쩌면 미국과 대립할 수도 있다는 사실을 잘 알고 있었다. 러시아는 자국이 미국에 비해 약하다는 점, 그리고 핵을 제외한 자국의 군사력이 전력 면에서 미국에 떨어진다는 점을 고려했다. 따라서 승리해 봤자 피해가 막심할 것이라 판단하여 전쟁을 중지하고 소규모 영토 확보에 만족하기로 했다. 그러나 미국의 국력이 국내외 여러 이유 때문에 크게 약화된다면 강대국들의 자제력은 당연히 줄어들 것이다. 그러면 세계는 약육강식의 아수라장으로 변할 것이다.

다음은 특히 취약하다고 판단되는 국가들을 간략히 살펴본 것이다(언급되는 국가의 순서는 국력의 수준이나 지정학상으로 독립을 잃을 가능성과는 관련이 없다).

조지아

미국이 쇠퇴하면 조지아는 러시아의 정치 및 군사 위협 모두에 완전히 취약해진다. 현재 미국은 조지아의 자주권과 NATO 가입을 지지한다. 아울러 1991년 이후 조지아에 30억 달러를 원조했으며, 그중 10억 달러는 2008년 전쟁 직후에 지원했다. 조지아와 관련해 미국은 "외부의 정치 영향력이 조지아에 미치는 것을 인정하지 않는다."[4]라고 공식 천명했다.

미국이 쇠퇴하면 이 공약은 신뢰도가 떨어지기 마련이다. 그 결과 미국의 역량이 제한되면, 특히 NATO의 확고한 입장에 영향을 끼치는 미국의 역량이 줄어들면 러시아는 과거의 세력권을 되찾으려는 야망을 드러낼 가능성이 크다. 이는 유럽에서 미국의 존재감이 줄어들기 때문이며, 이때 지금의 미국과 러시아의 관계는 조지아 상황에 아무런 영향도 끼치지 못할 것이다. 러시아 정부를 자극하는 또 다른 요인은 블라디미르 푸틴(Vladimir Putin)이 조지아의 미하일 사카슈빌리(Mikhail Saakashvili) 대통령을 증오한다는 점이다. 푸틴은 사카슈빌리를 권좌에서 몰아내는 데 집착해 왔다.

러시아를 부추길 수 있는 또 한 가지 요인은 미국이 조지아를 통해 유럽에 에너지를 공급하는 남부 회랑(corridor) 개발을 후원했다는 점이다. 이미 가동되는 바쿠(Baku, 아제르바이잔)-트빌리시(Tbilisi, 조지아)-세이한(Ceyhan, 터키) 송유관과 터키를 통해 유럽으로 이어질 예정인 바쿠-트빌리시-에르주룸(Erzurum, 터키) 가스관이 대표적이다. 만약 미국과 조지아의 관계가 단절된다면 러시아는 유럽으로 가는 에너지 파이프라인을 거의 독점함으로써 경제 및 지정학 측면에서 막대한 이익을 얻을 것이다.

조지아가 러시아에 예속되면 도미노 현상으로 아제르바이잔까지 넘어갈 가능성이 크다. 아제르바이잔은 남부 에너지 회랑의 주요 공급원(바쿠)이며, 유럽의 에너지원 다각화에 기여함으로써 유럽에 대한 러시아의 정치 영향력을 간접 제한한다. 따라서 만약 미국이 쇠퇴한다면, 그리고 특히 조지아를 장악함으로써 러시아가 대담해진다면, 러시아는 마음껏 아제르바이잔을 위협할 가능성이 크다. 그런 상황에 처하면 아제르바이잔은 새로 힘을 얻은 러시아에 반항할 엄두조차 내지 못할 것이다. 그렇게 되면 유럽 전체가 러시아의 정치 압력을 더 크게 받을 것이다.

대만

미국은 세 건(1972, 1979, 1982년)의 중-미 공동성명서(Sino-American communiqués)에 명시됐듯이, 1972년부터 중국이 주장하는 '하나의 중국(one China)' 정책을 공식 인정했다. 그러면서도 미국은 어느 쪽도 무력으로 현재의 상황을 변화시켜선 안 된다는 입장을 견지해 왔다. 평화로운 '현상유지'가 미국의 중국, 대만 양안 정책의 기본 입장이다. 성장하는 중국, 그리고 민주주의와 자유시장 경제를 지향하는 대만 모두와 좋은 관계를 유지하는 것이 아태지역에서 미국의 강한 존재감과 경제 이익에 도움이 되기 때문이다.

미국은 두 가지 근거를 들어 대만에 무기 판매를 계속한다. 첫째는 대만에 대한 무기 판매는 1979년 미중 외교관계 정상화 당시 합의한 현상유지 정책의 일부분이라는 것이며, 둘째는 대만 문제가 평화롭게 해결될 때까지 대만의 자치권을 보호하려면 대만의 방위 역량 강화가 필요하다는 것이다. 중국은 미국의 첫 번째 입장에 반대하며, 주권을 근거로 무력을 사용할 수도 있다고 주장한다. 그러나 중국은 그러면서도 양안 화해도 추진하고 있다. 2010년 여름 대만과 중국은 비교적 평등한 관계에서 양안 경제협력기본협정(Economic Cooperation Framework Agreement, ECFA)을 체결했고, 근래 들어 대만과 중국은 관계가 개선되고 있다.

그러나 미국이 쇠퇴하면 대만은 곤란한 상황에 처할 것이다. 미국이 쇠퇴하면 대만의 지도부는 중국의 직접 압박을 무시할 수도 없고, 경제 분야가 크게 성장한 중국의 매력을 외면할 수도 없을 것이다. 이런 상황은 어떤 경우든 중국과 대만의 통합을 가속화할 테지만, 중국에 유리한 조건으로 통합이 이뤄질 것이다. 또한 미국이 쇠퇴하면서 미국과 일본의 전략 관계가 약화될 경우 중국은 무력으로 위협하여 대만에 더 강한 압력을 행사하려 할 수 있다. 중국은 일찍이 1972년 미국이 정치 상황 때문에 인정한 '하나의 중국' 개념을 실행에 옮기겠다는 의지가 강하며, 특히 그 문제에 관한 중국의 민족주의 정서가 매우 깊기 때문이다. 대만에 대한 중국의 무력 사용 위협이 성공할 경우 일본과 한국에서도 미국의 방위공약에 대한 신뢰도가 떨어질 수 있다.

한국

미국은 1953년 한국과 상호방위조약을 체결했고, 1950년 북한이 소련, 중국과 결탁해 한국을 침공한 이후 줄곧 한국의 안보를 보장해주고 있다. 아울러 한국의 놀라운 경제성장과 민주주의 정치 시스템의 정착은 미국이 한국 상황에 개입했던 일이 바람직했음을 나타낸다. 그러나 그동안 북한은 한국의 대통령과 각료들을 암살하려 하는 등 여러 차례 도발을 감행했다. 2010년 3월에는 북한이 한국의 천안함을 침몰시켜

선원 다수의 목숨을 앗아갔다. 또 2010년 11월에는 북한이 연평도에 포격을 가해 군인과 민간인의 희생을 가져왔다. 이런 도발이 있을 때마다 한국은 미국에 지원을 요청했다. 이는 한국이 계속해서 미국에 안보를 크게 의존한다는 것을 보여준다.

아울러 북한은 단거리 탄도 미사일, 장사정포, 핵무기 등의 개발을 바탕으로 한국에 대해 비대칭 전쟁의 가능성을 중시하는 쪽으로 군사전략을 바꾸고 있다. 한국은 북한의 재래식 공격을 저지할 수단이 있긴 하지만 광범위한 공격을 억지하고 막아내는 데는 미국과의 동맹에 크게 의존한다.

미국이 쇠퇴하면 한국은 고통스러운 선택에 직면할 것이다. 즉, 중국의 지배적인 동아시아 지역 영향력을 수용하여 중국이 지역 안보를 보장해 주길 기대해야 할지, 아니면 과거부터 사이가 안 좋은 일본과 관계를 더욱 강화해야 할지를 선택해야 할 것이다. 한국은 일본과 민주주의 가치를 공유하며, 북한이나 중국의 침략에 대해 함께 우려한다. 그러나 일본이 미국의 강력한 지원 없이 중국에 맞서기란 쉽지 않다. 따라서 만약 동아시아에서 미국의 방위 공약이 신뢰를 잃는다면 한국은 다른 외부의 도움 없이 홀로 정치·군사적 위협에 직면해야 할 수 있다.

벨라루스

소련이 붕괴한 지 20여 년이 지났지만 벨라루스는 여전히 정치·경제 분야에서 러시아에 의존하고 있다. 러시아는 벨라루스 수출 물량의 1/3을 차지하며, 특히 벨라루스는 에너지의 대부분을 거의 전적으로 러시아에 의존한다. 더구나 벨라루스 인구 960만 명 중 대다수가 러시아어를 사용한다. 벨라루스는 1991년에 독립했기 때문에 민족 정체성이 얼마나 공고한지 아직 시험 받은 적이 없다. 이 모든 요인 때문에 벨라루스에 러시아의 영향력이 지속되고 있다. 예를 들어 2009년 벨라루스군은 러시아군과 함께 벨라루스에서 자파드(Zapad, '서방'이라는 뜻)로 가상의 이름을 붙인 대규모 군사 훈련을 실시했다. 그 훈련에서 러시아–벨라루스 합동군은 가상의 서방 공격을 격퇴했다. 러시아의 핵폭탄이 인접한 서방(NATO) 국가의 수도를 공격하는 시뮬레이션으로 그 훈련은 막을 내렸다.

이처럼 벨라루스가 러시아에 크게 의존하고는 있지만, 그럼에도 양국 사이에 갈등이 없지는 않다. 러시아는 2008년 조지아와 전쟁을 한 뒤 남오세티아와 아브하지아를 독립시켰다. 그러나 벨라루스는 푸틴의 압력에도 불구하고 남오세티아와 아브하지아를 독립국으로 인정하지 않는다. 동시에 벨라루스는 서방과 의미 있는 관계를 수립하는 데도 어려움이 많다. 루카셴코(Alexander Lukashenko) 대통령이 17년째 독재 통치를 하고 있다는 사실에서 잘 알 수 있듯이 정치와 선거에서 민주적 절차가 결여돼 있기 때문이다. 폴란드, 스웨덴, 리투아니아가 벨라루스와 EU 사이의 민간 교류를 발전시키려 애쓰고 있지만 지금까지 별 진전이 없다.

따라서 미국이 크게 쇠퇴할 경우 러시아에는 큰 위험 없이 벨라루스를 흡수할 기회가 생길 것이다. 책임 있는 지역 강대국으로서 갖는 이미지가 손상되는 것 외에는 별다른 대가 없이 최소한의 무력만으로 벨라루스를 합병할 수 있을 것이고, 조지아와 달리 벨라루스는 서방으로부터 별다른 지원도 받지 못할 것이다. EU가 미국의 지원 없이 러시아에 맞설 확률이 낮고, 일부 서유럽 국가들은 벨라루스의 어려움에 무관심할 가능성이 크기 때문이다. 그런 상황에서는 UN도 그다지 적극 나서지 않을 것이다. 중부 유럽 국가들은 기세등등한 러시아가 얼마나 위험한지 너무도 잘 알기 때문에 NATO의 공동 대응을 요구할지 모른다. 그러나 미국이 쇠퇴할 경우 NATO가 단합하여 강력하게 대응하기는 어려울 것이다.

우크라이나

러시아가 큰 대가나 희생 없이 벨라루스를 합병할 경우 우크라이나의 미래도 위험에 처해 진정한 독립 주권을 유지하기가 어려울 수 있다. 우크라이나는 1991년 독립한 이래 러시아와 갈등을 빚는 한편, 서방과의 관계에서도 우유부단한 태도를 보였다. 러시아는 에너지를 무기 삼아 우크라이나가 러시아에 유리한 정책을 취하도록 강요하고 있다. 2005년, 2007년, 2009년에 러시아는 우크라이나에 석유와 천연가스 공급을 중단하겠다고 위협했고, 또 실제로 중단하기도 했다. 가격 문제와 대금 미지급 때문이었다. 2010년 여름 우크라이나의 야누코비치(Viktor Yanukovych) 대통령은 러시아의 압력에 굴복하고, 에너지 가격에서 특혜를 받는 대신 흑해 세바스토폴(Sevastopol)에 있는 해군 기지의 러시아 임대를 25년 연장하기로 합의했다.

인구 약 4,500만의 우크라이나는 산업이 발달했고 농업 부문에서 생산성 높은 잠재력을 가진 중요한 유럽 국가다. 러시아가 우크라이나를 자국의 영향권으로 끌어들이면 경제적으로 큰 이득이 되며, 러시아 일부 지도자들이 강한 향수를 느끼는 옛 제국주의 세력권을 회복하는 데 필요한 디딤돌이 된다. 따라서 러시아는 자국과 '공동경제구역'을 이루도록 우크라이나를 계속 압박할 가능성이 크다. 그렇게 함으로써 러시아 기업들의 인수·합병을 통해 우크라이나의 주요 산업 자산을 서서히 장악하는 동시에 우크라이나의 보안기관들과 군 지휘부에 은밀히 침투해 필요할 경우 우크라이나의 주권 보호 능력을 약화시킬 수 있다.

미국이 쇠퇴할 경우 조지아를 무력으로 위협해 재미를 보고, 또 벨라루스를 합병해도 유럽이 적극 대응하지 않는다면, 어느 시점에 가서 러시아는 우크라이나를 완전히 합병하려 할 수 있다. 그러나 그런 시도에는 매우 복잡한 문제가 따를 수 있다. 무력을 사용해야 할 가능성이 있고, 적어도 우크라이나에 일부러 경제 위기를 일으켜야 할 수도 있다. 경제 위기를 일으키는 것은 경제면에서 우세한 러시아와 합병하는 것이 우크라이나에게 이득임을 보여주기 위함이다. 또한 합병한 뒤에도 우크라이나어를 사용하는 서부와 중부에서 민족주의 성향의 저항이 있을 수 있다. 시간이 갈수록 우크라이나의 젊은 세대들은 우크라이나어를 사용하든 러시아어를 사용하든 관계없이, 우크라이나의 주권 국가 지위를 당연하다고 여기고 거기서 자신들의 정체성을 찾으려 한다. 따라서 시간이 흐르더라도 우크라이나가 스스로 러시아에 굴복할 가능성은 거의 없다. 그러나 서방이 계속 무관심하고 러시아가 그 뜻을 관철하려고 압력을 강화한다면 EU의 변두리에 있는 우크라이나에서는 유럽에 큰 파급을 미칠 수 있는 상황이 발생할 수 있다.

아프가니스탄

아프가니스탄은 소련과 벌인 9년간의 잔혹한 전쟁으로 완전히 황폐화됐고, 소련이 철군한 이후에도 서방은 10년간이나 아프가니스탄을 외면했다. 또한 파키스탄의 지원을 받아 권력을 장악한 탈레반은 중세에나 어울릴 법한 방식으로 나라를 운영했고, 미국의 부시 정부 시절에는 7년간의 지지부진한 군사 작전과 이따금씩 지원되는 경제 원조 외에는 별 다른 관심을 받지 못했다. 아프가니스탄은 불법 마약 거래를 제외하면 경제 생산이 거의 없으며, 실업률이 40%에 이른다. 또한 1인당 GDP가 세계 219위이고, 전기를 사용할 수 있는 사람은 전체 인구의 15~20%에 불과하다.

미국이 전쟁에 지쳐서, 혹은 국력이 쇠퇴함으로써 아프가니스탄에서 손을 뗀다면, 아프가니스탄은 내부적으로 극심한 분열을 겪을 것이다. 또한 외부적으로는 아프가니스탄에서 영향력을 장악하기 위해 인근 국가들이 각축전을 벌일 가능성이 크다. 효율성 있는 안정된 정부가 없는 상황에서는 서로 경쟁하는 군벌들이 아프가니스탄을 지배할 것이다. 파키스탄과 인도는 보다 공격적으로 공공연하게 아프가니스탄에서의 영향력을 놓고 경쟁할 것이고, 여기에 이란도 끼어들지 모른다. 그렇게 되면 적어도 이란은 제외하더라도 인도와 파키스탄의 대리전이 아프가니스탄에서 일어날 수 있다.

한편 이란은 인도와 파키스탄의 경쟁을 이용해 자국의 이익을 도모하려 들지 모른다. 인도와 이란은 아프가니스탄에서 파키스탄의 영향력이 커지면 이것이 그 지역 세력 균형에 영향을 끼칠 것을 우려하며, 특히 인도의 경우는 파키스탄과의 적대 관계가 더 악화될 것이다. 게다가 인접 중앙아시아 국가들도 세력 다툼에 합세할 가능성이 있다. 아프가니스탄에 타지크족, 우즈베크족, 키르기스족, 투르크멘족이 상당히 많이 거주하기 때문이다. 아프가니스탄을 두고 많은 나라가 경쟁할수록, 이 지역의 분쟁 규모는 더 커질 것이다.

현재 미군이 세운 철군 계획에 따라 견실한 아프가니스탄 정부가 들어서서 외관상으로나마 법질서를 유지한다고 해도, 미국이 주도하는 지역 안정이 여러 국가의 개입으로 유지되지 못한다면 해묵은 민족과 종교 갈등이 되살아날 가능성이 크다. 탈레반이 아프가니스탄에서 주요 세력으로 다시 등장하거나, 군벌들이 주요 부족을 지배하는 수준으로 나라 상황이 전락할 수도 있다. 그럴 경우 아프가니스탄은 국제 마약 거래에서 과거보다 더 큰 역할을 하거나, 국제 테러리스트들의 은신처로 다시 이용될 수 있다.

파키스탄

파키스탄은 핵무기와 20세기 말 수준의 군대를 갖추고 있으며, 중산층이 정치에 관심이 많고 도시의 인구 밀도가 높다. 그러나 국민의 대다수는 전근대적이고 낙후된 시골에 살고 있으며, 타 지역과 타 부족에게 배타적이다. 파키스탄 국민 대부분은 이슬람교를 믿는데, 영국이 인도에서 철수할 때 파키스탄이 인도로부터 독립하도록 자극제가 되었던 것도 종교였다. 인도와 분리되면서 생긴 갈등 때문에 파키스탄의 국민들은 파키스탄이 독립국가라는 정체성을 갖게 되었고, 카슈미르(Kashmir) 지역이 강압적으로 분단됨으로써 인도와 파키스탄 간의 반목은 지금도 계속되고 있다.

파키스탄의 최대 약점은 불안정한 정치다. 미국이 쇠퇴하면 파키스탄의 통합과 발전을 지원할 수 있는 미국의 능력이 약화된다. 그럴 경우 파키스탄은 군부가 직접 통치하는 국가가 되거나 급진 이슬람 국가가 될 수 있다. 혹은 군부와 이슬람 통치가 혼합된 체제, 또는 아예 중앙정부가 없는 '국가 아닌 국가'가 될 수도 있다. 최악의 시나리오는 파키스탄이 핵무장한 군벌주의 형태로 전락하거나 이란과 유사한 급진 이슬람 및 반(反)서방 정부로 탈바꿈하는 것이다. 후자의 경우 러시아와 중국 두 나라에 광범위한 지역적 불안정성을 야기하며 결국 중앙아시아에 골칫거리를 안겨줄 수 있다.

　이런 맥락으로 볼 때, 미국이 쇠퇴하면 중국은 남아시아와 관련한 안보에 신경을 쓰고, 인도는 파키스탄을 약화하려 할 것이다. 그러면 중국은 파키스탄과 인도 사이의 충돌을 이용하여 자국의 이익을 도모할 가능성이 크고, 그에 따라 이 지역이 더욱 불안정해질 것이다. 결국 이 지역이 불안정하긴 해도 평화를 유지할 것인지, 아니면 보다 광범위한 분쟁이 발생할지는 거의 전적으로 인도와 중국에 달려 있다. 즉, 인도와 중국이 이 지역에서 우위를 점하려는 충동 때문에 파키스탄의 불안정한 상황을 이용한다면 후자의 상황이 벌어질 것이고, 그런 충동을 억제할 수 있다면 불안정하나마 평화가 그런대로 유지될 것이다.

이스라엘과 중동

　미국의 쇠퇴가 특정 국가를 위험에 빠뜨리는 상황 외에도, 중동 전체의 정치 상황이 불안정해질 수 있는 보다 폭넓은 가능성도 생각해 봐야 한다. 2011년 초 '아랍의 봄' 운동에서 나타났듯이 중동 국가들은 정도의 차이는 있지만 모두 내부적으로 대중의 압력, 사회 동요, 종교 원리주의에 취약하다. 이스라엘-팔레스타인 분쟁이 해결되지 않은 상태에서 미국이 쇠퇴하면, 이스라엘과 팔레스타인 양측 모두 받아들일 만한 '양국 해결안(two-state solution, 이스라엘과 팔레스타인이 각기 체제를 유지하고 공존하는 형식의 해결방안_옮긴이)'은 완전히 실패로 돌아갈 것이다. 그렇게 되면 이 지역의 정치 분위기가 더욱 격앙되고, 이스라엘을 향한 중동 전체의 적대감이 더욱 커질 것이다.

　미국의 쇠퇴가 감지되면 중동 지역의 강대국, 특히 이란이나 이스라엘 같은 나라들은 예상되는 위험을 피하려고 사전 행동에 나설 가능성이 크다. 그런 상황에서는 전술 우위를 확보하기 위한 신중한 경쟁이라고 해도 어느 한 나라에서 폭력 사태를 촉발하기 쉽다. 예를 들어 이란의 사주를 받은 하마스(Hamas)나 헤즈볼라(Hezbollah)가 이스라엘을 상대로 도발할 수 있다. 그러면 보다 광범위하고 참혹한 무력 충돌로 확대되는 악순환이 반복되기 쉽다. 그 과정에서 레바논과 팔레스타인 같은 약소국은 많은 민간인 희생자를 낼 것이다. 더욱이 그런 분쟁은 이란과 이스라엘의 공방전을 통해 매우 끔찍한 수준으로 치달을 수 있다.

그럴 경우 미국과 이란의 직접 충돌이 불가피해질 수 있다. 미국으로서는 이라크와 아프가니스탄에서의 전쟁(어쩌면 그때쯤은 파키스탄에서의 전쟁까지 포함될지 모른다)으로 매우 지쳐 있기 때문에 재래식 전쟁은 바람직한 선택이 아닐 것이다. 결국 미국은 이란, 특히 이란의 핵시설에 치명타를 가하기 위해 제공권(制空權)을 바탕으로 공습에 기댈 가능성이 크다. 그로 인해 인명 피해가 발생하면 이란의 반미 감정이 민족주의와 융합되고, 한걸음 더 나아가 이슬람 원리주의까지 반미 대열에 합세할 수 있다. 중동 전체에 이슬람 급진주의와 극단주의가 더욱 세력을 얻으면서 세계 경제가 휘청거릴 것이다. 그런 상황에서 러시아는 에너지 가격 급등으로 막대한 경제 이득을 보고, 이슬람권의 불만이 러시아에서 멀어지는 대신 미국에 집중되면서 정치적으로도 이익을 얻을 것이다. 터키는 이슬람권의 피해의식에 공공연히 공감을 표하고, 중국도 이 지역에서 자국의 이익을 더욱 거침없이 추구할 수 있을 것이다.

상황이 이렇게 흐르면, 많은 사람들이 미국이 이슬람권과 적대 관계여야만 이스라엘의 안보가 보장된다고 믿는 것과 달리, 이스라엘은 시간이 가면서 국가 존립마저 위험에 처할 수 있다. 물론 이스라엘은 스스로 눈앞에 닥친 위험을 막아내고, 동시에 팔레스타인을 제어할 군사력과 의지가 있다. 그러나 미국이 오랫동안 이스라엘을 지원했던 것은 진정한 전략상의 이익보다는 순수한 도덕적 의무감 때문이었다. 따라서 이스라엘이 그런 행동을 할 경우 미국의 지원을 계속 받기는 어려워질 것이다. 미국의 힘이 쇠약해지면 미국 대중들의 이스라엘 지지에도 불구하고 미국은 중동에서 손을 떼려 할 것이다. 반면 많은 세계인들은 중동 사태가 험악해진 것을 미국의 탓으로 돌릴 가능성이 크다. 아랍인들이 정치에 각성하고 폭력 사태('인민 전쟁')가 장기간 지속되는 상황에서, 이스라엘이 국제 무대에서 '인종 차별' 국가로 간주된다면[2010년 바라크(Ehud Barak) 이스라엘 부총리가 그렇게 경고했다] 이스라엘의 미래는 어두울 수밖에 없다.

미국이 지원하는 페르시아 만 국가들도 위험에 처할 것이다. 이 지역에서 미국의 영향력이 줄어들고, 이란이 군비 증강을 계속하면서 이라크에서 더 큰 영향력을 추구하면, 사우디아라비아, 쿠웨이트, 바레인, 카타르, 오만, 아랍에미리트연합(UAE)의 내부 상황이 불확실해지고 불안정해질 수 있다(실제로 이라크는 2003년 미국의 침공 이전까지 이란의 팽창을 막는 방어벽이었다). 이런 상황에서 이 국가들은 자국 안보를 위해 보다 믿을 만한 새로운 강대국에 기대야 할 것이다. 중국은 분명히, 그리고 잠재적으로 경제적 측면 때문에 그 자리를 탐낼 것이고, 그렇게 되면 중동의 지정학적 환경은 급격히 변하게 될 것이다.

불과 35년 전 만해도 미국은 중동의 4대 강국(이란, 사우디아라비아, 이집트, 터키)과 돈독한 관계를 유지했다. 그 덕분에 이 지역에서 미국의 이익은 안전하게 확보됐다. 그러나 현재 이 4대 강국에 대한 미국의 영향력은 대부분 크게 줄어들었다. 미국과 이란은 적대 관계로 대치 중이며, 사우디아라비아는 이 지역에 대한 미국의 정책이 변한 것에 불만이 있다. 터키는 이 지역에 대한 패권 야망을 미국이 이해하지 못하는 데 실망한다. 이집트는 이스라엘과 맺은 평화협정을 갈수록 못마땅해 하면서 미국과 갈등을 빚는다. 간단히 말해서 중동에서 미국의 입지는 확연히 나빠지고 있다. 따라서 미국의 쇠퇴는 곧 중동에서 미국의 입지가 완전히 사라진다는 뜻이다.

미국이 국제 무대에서 무력해지거나 위기에 봉착하면 지정학상으로 취약한 국가들에는 큰 영향을 주겠지만, 국제 테러 규모에는 별 영향을 끼치지 않을 듯하다. 테러의 대부분은 과거나 지금이나 국외 상황이 아니라 국내 상황 때문에 발생한다. 이탈리아에서는 1978년 단 한 해 동안 테러가 약 2,000건 발생했다. 또한, 파키스탄에서는 현재 자국 내 문제로 인한 테러 때문에 발생한 사망자가 연간 수백 명에 이르고, 고위 인사 암살까지 빈번히 일어나며 그 대상도 국내 상황과 관련 있다. 이는 19세기 말 러시아와 프랑스에서 정치 테러가 중요한 사건으로 처음 등장한 이래 100년 이상 그래 왔다. 따라서 미국이 급속히 쇠퇴한다고 해도 테러의 규모에는 큰 영향을 주지 않을 것이다. 예를 들어 인도의 경우가 그렇다. 인도에서 발생하는 테러는 애초부터 국제사회에서 미국의 역할과 무관하다. 인도의 테러 대부분은 어떤 지역이 급진화되었거나 정치상으로 갈등이 발생했을 때 발생한다. 따라서 해당 국가의 내부 상황이 변해야 테러 규모에 영향을 끼친다.

미국이 국제 테러의 표적이 된 것은 지난 15년에 지나지 않는다. 이는 특히 일부 이슬람 국가에서 정치 자각으로 인한 포퓰리즘 경향의 열정과 관련이 있다. 미국이 국제 테러의 표적이 된 것은 이슬람 극단주의자들이 미국을 이슬람의 적으로, 거대한 신(新)식민주의 '사탄'으로 간주하고, 그들의 강렬한 증오심을 미국에 집중시켰기 때문이다. 오사마 빈 라덴(Osama bin Laden)은 미국을 사탄의 화신으로 칭하면서 자신이 2001년 발표한 파트와(fatwah, 이슬람 율법에 따른 칙령)를 정당화했다. 그 결과가 미국 본토를 표적으로 한 9·11 테러 공격으로 나타났다. 알 카에다는 미군이 사우디아라비아에 주둔하여 이슬람 성지를 모독했고, 미국이 이스라엘을 지원함으로써 이슬람의 신성을 모독했다는 이유를 들어 미국을 공격 표적으로 삼았다. 브루킹스 연구소 사반 센터(Saban Center)의 브루스 라이델(Bruce Riedel) 선임연구원에 따르면, 오사마 빈 라덴은 9·11 전후로 발표한 24건의 주요 연설 중 20건에서 미국의 이스라엘 지원을 지적함으로써 미국에 대한 테러를 정당화했다.

이런 국제 테러 행위를 부추기는 것은 극단주의 이슬람 광신도들의 미국에 대한 흑백 논리다. 따라서 미국이 쇠퇴한다고 해도 그들이 생각을 바꿀 가능성은 거의 없다. 다른 한편으로 미국이 쇠퇴한다고 해도 그들이 더 큰 힘을 가질 수도 없다. 그들의 메시지는 대내적으로만 활동하는 하마스나 헤즈볼라와 달리 정치상으로 뚜렷한 명분이 없기 때문이다. 따라서 원리주의자들의 국제 테러 행위가 현재 진행 중인 이슬람 세계의 변화를 어떻게 하지는 못한다. 만약 그들이 득세한다고 해도 국제사회를 상대로 한 단합된 행동보다는 내부 투쟁에 빠질 가능성이 크다. 바쿠닌(Mikhail Bakunin, 1814년 러시아에서 출생했으며, 19세기 급진 무정부주의의 핵심 인물로 테러 행위를 옹호했다. 그와 마르크스의 대립으로 혁명을 지향하는 사회주의 운동은 무정부주의와 마르크스주의로 분열됐다)에서 오사마 빈 라덴에 이르기까지 국제 테러를 통해 정치적 목적을 달성했거나 국제 테러집단이 국제 무대에서 중요한 역할을 하여 국가를 대체하는 데 성공한 사례가 없다는 것도 주목할 만하다. 국제 테러 행위는 국제사회의 혼란을 심화할 수는 있지만 국제사회의 실체를 바꿀 수는 없다.

지금까지 논한 내용은 대체로 다음과 같이 결론 내릴 수 있다.

첫째, 미국이 한때 국익이나 정책 때문에 개입할 가치가 있다고 여겼던 국가들을 더 이상 보호할 의지나 능력이 없어지면, 현재의 국제사회 구조는 분쟁을 막을 역량이 더욱 약해질 것이다. 더구나 이런 새로운 상황을 많은 세계인들이 알게 되면 세계 각지에서 폭력 사태가 발생할 것이고, 강대국이 약소국을 일방적으로 대할 것이다. 각 지역의 주요 강대국들이 약한 인접국들을 상대로 해묵은 지정학, 또는 민족 갈등을 무력으로 해결하려는 경향이 늘어나면서 평화가 크게 위협받을 것이다.

둘째, 앞에서 살펴본 여러 시나리오는 냉전의 잔재가 아직도 완전히 해결되지 않았음을 보여준다. 미국이 러시아 인접 국가들에 평화를 정착시키고, 이를 이용하여 러시아와 보다 긴밀한 협력 관계를 구축할 수 있었음에도 미국은 그 기회를 활용하지 못했다. NATO가 확장될 때 러시아와도 협정을 체결해 초기 단계였던 러시아의 민주주의를 보다 강화하는 데 도움을 주면서, 동시에 좀 더 지속적인 동-서 화해를 도모할 수도 있었다.[5] 러시아가 그런 제안을 거부했을 가능성도 크지만, 서방은 아예 제안조차 하지 않았다. 그 대신 미국은 2001년 이후 '테러와의 전쟁'에 집착했고, 더 큰 지전략 목표를 무시하고 이라크와 아프가니스탄에 대한 동맹국들의 지지를 이끌어내는 데만 집중했다. 그러는 동안 러시아는 억압적인 권위주의 체제를 확립하고 옛 소련권에서 영향력을 회복하는 데 몰두했다.

　셋째, 동남아시아는 미국이 쇠퇴한 후 국제 분쟁에 가장 취약한 지역이 될 것이다. 동아시아와 남아시아에서 각각 주요 강대국인 중국과 인도가 야망을 품고 부상하면서 이 지역의 세력 판도에 변화가 일고 있다. 양국의 경쟁은 불안정한 상황을 만들어 낼 수밖에 없다. 중국과 인도가 무력 충돌을 피한다고 해도 미국이 쇠퇴할 경우 아시아의 약소국들은 불안정한 상황 때문에 어쩔 수 없는 선택을 해야만 할 것이다. 현재 중국 내부에서는 아시아에서 미국의 영향력을 축소하자는 압력이 커지고 있고, 동아시아와 동남아시아에서는 중국의 팽창 야망을 두고 우려가 커지고 있다. 여기에다 북한의 상황은 불확실성을 더욱 키우고 있다. 북한은 변덕이 너무나 심하여 정치 상황을 예측하기가 불가능하다. 그런 상황에서 북한은 핵무기 개발을 공공연히 선언했다. 미국이 쇠퇴하면 북한처럼 독단적으로 무력을 사용하려는 나라들을 제약하는 요인도 약해질 것이다. 요약하자면, 미국이 쇠퇴할 경우 각 지역의 분쟁 빈도, 규모, 강도가 모두 증가할 수밖에 없다.

3. 선린우호 관계의 종말

　미국과 국경을 맞댄 나라는 멕시코와 캐나다뿐이다. 두 나라 모두 미국의 좋은 이웃이지만, 미국이 쇠퇴할 경우 캐나다보다는 멕시코가 미국에 심각한 위협이 될 수 있다. 멕시코의 정치 및 경제 상황이 캐나다보다 훨씬 불안정하기 때문이다. 예를 들어 미국과 캐나다의 국경선은 매우 길지만 대부분 평온을 유지한다. 반면 미국과 멕시코의 국경선은 그보다 훨씬 짧지만 폭력, 인종 갈등, 마약과 무기 밀매, 불법 이민자와 이들을 혐오하는 인식이 만연해 있다. 아울러 멕시코와 캐나다 둘 다 경제를 미국에 의존하며 GDP도 큰 차이가 나지 않지만, 멕시코 노동력의 약 15%가 미국에서 일한다. 또한 멕시코의 빈곤선(poverty line, 최저 한도의 생활을 유지하는 데 필요한 수입 수준) 아래 인구 비율은 캐나다의 두 배가 넘는다. 더구나 멕시코의 정치 상황은 캐나다보다 훨씬 불안정하며, 역사상으로도 멕시코와 미국의 관계는 캐나다와 미국의 관계보다 훨씬 험악했다. 따라서 미국이 쇠퇴할 경우 캐나다는 어느 정도 좋지 않은 영향을 받는 데 그치는 반면, 멕시코는 국내 상황이 큰 위기에 빠져 미국과 멕시코의 관계에 심각한 악영향을 미칠 수 있다.

미국과 멕시코는 지난 몇 십 년간 대체로 좋은 관계를 구축했다. 그러나 멕시코의 경제 의존도, 오랜 세월에 걸친 멕시코인들의 대규모 이주에 따른 인구 유입 문제, 국경을 넘나드는 마약 거래로 인한 공통의 안보 위협 등은 두 나라의 관계를 복잡하게 만들었다. 또한 이런 문제들 때문에 양국 관계는 국제정세에 따라 크게 나빠질 수도 있다. 미국인들은 멕시코가 미국의 전략과 서반구 전체의 안보에 직접 위협이 되지 않는다고 생각한다. 따라서 미국과 멕시코 관계가 크게 나빠지면 미국인들은 큰 충격을 받기 쉽다. 미국인들 대부분은 과거 멕시코와 미국의 관계를 바라보는 양국의 시각이 상당히 다르다는 것을 모르기 때문이다.

과거 역사에서 멕시코와 미국은 서로 싸우기도 했고 협력하기도 했다. 멕시코가 내부에서 폭력사태와 정치적 혼란을 겪을 때 양국 사이에서 갈등이 자주 불거졌다. 미국은 자국으로 그 여파가 밀려오는 것을 우려하는 동시에 그 혼란을 이용해 약해진 멕시코의 영토를 빼앗았기 때문이다. 그 좋은 예가 먼로 독트린을 일관성 없이, 때로는 이기적으로 적용한 것이다. 미국은 영토 확장을 위해 멕시코와 전쟁을 벌여 텍사스, 캘리포니아를 차지했고, 1848년에는 (당시 멕시코 전체 영토의 50% 이상을 차지했던) 지금의 미국 남서부를 합병했다. 또한 멕시코 혁명 당시에는 윌슨 대통령이 베라크루즈(Veracruz) 항을 무력으로 점령해 멕시코인들의 분노를 샀다. 그러나 양국이 협력한 예도 있는데, 북미자유무역협정(NAFTA)이 대표적인 사례다. NAFTA는 현재 단일 규모로는 세계 최대 경제구역으로서, 미국, 멕시코, 캐나다가 서로 협력하여 창설했다.

이처럼 양국 관계는 지난 200년간 좋을 때도 있었고 나쁠 때도 있었다. 좋은 경험과 나쁜 경험이 모두 있던 관계는 잘 유지하기가 무척 어렵다. 상대방에 대한 두려움, 멕시코의 정치 불안, 주기적으로 되풀이되는 미국의 무력 과시가 이들의 동반자 관계를 가로막았다. 양국은 지리상 인접해 있어서 경제 및 안보 협력이 양국의 번영에 반드시 필요했지만, 정치 불안과 상대 문화에 대한 두려움이 양국의 협력을 가로막았다. 이 때문에 지리상 붙어 있는 상황은 양국 관계를 오히려 악화시켰다. 따라서 간헐적인 협력과 극심한 갈등이 반복해서 발생하는 상황에서 양국 지도자들이 건설적인 동반자 관계를 유지하기는 무척 어려웠고, 지금도 상황은 마찬가지다.

미국과 멕시코는 경제, 안보 분야에서 서로 관련을 맺고 있고, 많은 멕시코인들이 미국으로 이주하여 문화와 인적 측면에서도 서로 연결되어 있다. 따라서 양국의 동반자 관계는 서로에게 유익하다. 멕시코의 미국에 대한 경제 의존도, 이민, 마약 거래 같은 민감한 사안들 때문에 많은 어려움이 있지만, 현재까지 이들 대부분은 미국의 경제 회복력과 안정적인 정치 덕분에 많이 완화됐다. 그러나 미국의 국력이 약화되면 미국 경제와 정치 시스템의 건전성과 판단력이 흔들릴 것이고, 그렇게 되면 앞서 언급한 어려움들이 더욱 많이 발생할 것이다. 국력이 약화될 경우 미국은 보다 국수주의적인 경향으로 기울고 국토 안보에 관해 지나칠 정도로 집착할 것이다. 또한 다른 나라의 발전을 위해 도움을 주려는 의지도 많이 약해질 것이다. 그 결과 미국과 멕시코의 안정된 협력 관계를 지지하는 목소리도 줄어들 것이다.

그런 상황에서는 제1차 세계대전 직후 유럽 강대국들처럼 미국도 보호무역주의 경향이 강한 정책을 취할 가능성이 높다. 예를 들어 공동투자를 통해 북미개발은행(North American Development Bank, NADB)처럼 지역(특히 멕시코)의 경제 성장을 지원하는 기관을 만들기보다는, 국내 유권자들을 의식해 농민에게 보조금을 지급함으로써 멕시코의 수출에 찬물을 끼얹을 수 있다. 미국이 글로벌 리더인 현재까지는 보호무역주의를 원하는 자국 내 이익단체들의 입김으로부터 미국의 무역 정책을 지킬 수 있었지만, 향후 국력이 약화되면 그럴 가능성이 사라질 것이다.

그럴 경우 멕시코 경제는 심각한 타격을 입을 것이고, 그로 인한 사회 및 정치적 파장은 멕시코와 미국의 관계에서 매우 중요한 두 가지 문제, 즉 이민과 마약거래 문제를 더욱 복잡하게 만들 것이다. 미국과 멕시코는 이 두 가지 문제를 두고 갈등을 빚기도 하고, 때로는 마지못해 협력하기도 한다. 양국이 훌륭한 동반자 관계를 유지하려면 미국이 멕시코 이민자들을 인권과 법에 따라 대하고, 멕시코의 마약밀매 퇴치를 적극 지원해야 한다. 그러나 미국의 국력이 약화된다면 멕시코 이민자들을 암적인 존재로 여기는 분위기가 팽배해지고, 멕시코가 마약 카르텔과 제대로 싸우려 하지 않는다는 의심이 커질 것이다. 그러면 미국은 이민 및 마약과 관련하여 보다 강압적인 해결책을 찾으려 할 것이다. 예를 들어 이민을 완전히 차단하거나 불법 이민자들을 추방할 수도 있고, 국경선에 군을 배치하여 국경 수비를 강화할 수도 있다. 그러면 선린우호 정책은 사라지고 서로 대립하는 상황이 촉발될 것이다.

멕시코인 이민, 특히 불법 이민은 멕시코와 미국의 경제, 정치 수준이 크게 다르기 때문이며, 오랜 세월에 걸쳐 많은 멕시코인들이 미국으로 이주했다. 2009년 미국 내 멕시코인 이민자는 약 1,150만 명으로 추정됐으며,[6] 현재 미국 내 멕시코인 불법 이민자는 약 660만 명으로 추정된다.[7] 현재 미국 내 전체 멕시코계 인구는 미국 인구의 약 10%인 3,100만 명 선이며, 이들 대부분이 멕시코에 있는 가족이나 친척과 밀접한 관계를 유지한다. 미국과 마찬가지로 멕시코 정부도 미국 내 멕시코 이민자들의 상황에 큰 관심을 보인다. 예를 들어 미국 애리조나 주는 2010년에 불법 이민자들에 대한 기소와 추방을 강화하는 엄격한 이민법을 제정했는데, 많은 멕시코인들이 이에 분노했다. 오바마 대통령까지 나서서 애리조나 주의 이민법을 비난했지만, 멕시코에서 미국에 대한 호감도는 크게 떨어졌다. 2010년 퓨 리서치의 글로벌 인식 조사에 따르면 애리조나 주의 이민법 제정 후 미국에 호감을 갖는 멕시코인은 44%였는데, 이는 이전의 62%에 비해 크게 하락한 수치였다.

과거에도 미국이 멕시코 이민자에 대해 강압적인 태도와 정책을 취함으로써 미국에 대한 멕시코의 반감을 고조시키고, 양국의 동반자 관계가 손상된 사례가 있다. 9·11 사태 후 미국은 국경 방비를 안보의 필수 조건으로 간주했다. 이슬람 테러리스트들이 멕시코를 통해 미국에 들어온다는 망상에 사로잡힌 미국 대중들은 국경을 완전히 봉쇄해야 한다고 목소리를 높였다. 미국은 국경 방비를 강화하기 위해 멕시코와의 국경에 장벽과 울타리를 세우기로 했고, 이는 이미 심각한 수준이었던 멕시코의 반미 감정을 더욱 부채질했다. 미국의 이런 조치는 이스라엘이 요르단 강 서안에 건설한 장벽이나 베를린 장벽과 같은 부정적인 모습을 연상시켰다. 국제사회에서 미국이 힘을 잃으면 허술한 멕시코 국경과 그에 따른 불법 이민자들에 대한 불안이 더욱 커질 것이고, 그에 따라 장벽 건설이나 엄격한 이민법 같은 정책이 강화됨으로써 양국 관계가 크게 악화되는 악순환이 반복될 것이다.

미국에 대한 멕시코인들의 반감이 커질수록 마약 밀매 문제 해결을 위한 양국의 협력도 어려워진다. 마약 밀매는 양국이 모두 크게 관심을 갖는 사안이며, 이전에 미국은 콜롬비아의 마약 밀매를 차단하는 데 성공한 바 있다. 그러나 그 후에는 멕시코가 콜롬비아의 역할을 하고 있다. 미국에 유입되는 코카인의 90%가 멕시코를 통해 들어오며, 이로 인해 멕시코의 국경 도시 후아레즈(Juárez)에서 볼 수 있듯이 폭력 사태가 크게 확산되고 있다. 미국과 멕시코 모두 국경을 통한 마약 밀매 근절을 우선순위로 두지만, 완전한 해결은 매우 힘든 상황이다. 마약 관련 폭력이 크게 늘고 있고, 부패가 기승을 부린다. 2006년 이후 멕시코인 약 5,000명이 마약 관련 폭력으로 목숨을 잃은 것으로 추정되며, 2009년에는 멕시코 경찰 535명이 마약 때문에 희생됐다.[8] 마약 문제는 멕시코와 미국 모두 감당하기 어려운 과제다.

미국이 쇠퇴해 재정 및 군사 자원이 축소되고 거기에다 미국 위주의 일방적인 정책만 세운다면, 마약 밀매 퇴치는 더욱 어려워질 것이다. 미국의 보호무역주의와 가혹한 이민 정책으로 멕시코에서 반미 감정이 더욱 커진다면 양국 간의 동반자 관계는 사라질 것이다. 그럴 경우 멕시코 정부는 미국과의 완전한 협력을 거부할 것이고, 결국 미국의 마약 밀매 근절 노력은 성과를 올리기 어려울 것이다. 또한 멕시코는 미국의 지원 없이는 자체적으로 마약 카르텔을 이길 수 없다. 그러면 멕시코 정부는 마약 카르텔과 타협할 수밖에 없는 상황에 처하기 쉽고, 그 결과 미국의 안보마저 위태로워진다. 아울러 멕시코는 제도혁명당(PRI)이 집권하던 2000년 이전만큼, 또는 그보다 더 심한 부패에 시달릴 것이다. 멕시코가 그런 상태로 퇴보한다면 미국 내 반(反)멕시코 정서는 더욱 커질 것이다.

미국과 멕시코의 동반자 관계가 약해지면 아메리카 지역은 물론 국제사회의 질서 재편을 촉진할 가능성이 있다. 멕시코의 민주주의 가치, 경제력, 정치 안정이 손상되고 거기에다 마약 카르텔 확산 위험까지 겹치면, 멕시코는 중앙아메리카에서 주도적인 역할을 할 수 없을 것이다. 그리고 이런 상황은 다시 미국의 쇠퇴를 더욱 부추기는 악순환이 될 것이다. 국력이 약해지고 정치가 불안정해진데다가 경제마저 가망이 없는 상태에서 반미 정서만 있는 멕시코가 이 지역에서 브라질과 리더 자리를 놓고 바람직한 경쟁을 할 수 없게 되고, 중앙아메리카를 안정시키는 데도 도움이 되지 못하기 때문이다.

이런 상황이 되면 중국이 서반구에서 정치 영향력을 높이려 시도할 수 있다. 중국은 최근에 국제사회에서 영향력을 키우기 위한 일환으로 아프리카와 라틴아메리카에 대규모 투자를 하고 있다. 예를 들어 브라질과 중국은 에너지와 기술 부문에서 전략적 동반자 관계(strategic partnership)를 구축하려 오래전부터 애써 왔다. 이 일로 중국이 이 지역을 지배하려 한다고 주장할 수는 없지만, 반미 성향이 분명한 국가들의 경제 발전을 지원함으로써 이 지역에서 미국의 힘이 약해지는 데 따르는 반사 이득을 얻으려 할 가능성이 있다.

더 길게 볼 때 쇠퇴하는 미국과 내부적으로 곤경에 처한 멕시코 사이의 관계가 악화되면 더욱 안 좋은 현상이 나타날 수 있다. 예를 들어 민족주의에 치우친 멕시코 정치권에서 과거 영토를 되찾자는 주장이 주요 이슈로 등장할 수 있다. 그리고 역사를 근거로 그런 주장을 정당화하고 국경 분쟁을 일으킬지 모른다. 멕시코는 미국에 영토를 빼앗긴 과거를 여전히 기억하고 있다. 하지만 정치 및 경제 현실을 고려할 때 서반구에서 가장 강한 나라, 그리고 세계 유일의 초강대국인 미국과 좋은 관계를 맺으면 이득이 더 크다고 판단하여 과거 기억을 묻어둔 상태다. 그러나 멕시코가 허약해진 미국에 크게 기대지 않는 상황이 되면 국경지대의 마약 밀매에서 비롯된 갈등이 무력 충돌로 확대되기 쉽다. 심지어 '영토 회복'이라는 명분으로 국경을 넘어 습격하는 상황도 충분히 상상할 수 있다. 과거 역사에서도 노략질을 애국이라는 명분으로 포장한 사례는 얼마든지 있기 때문이다. 미국의 반이민 정서가 이민자들에 대한 차별이라며 그에 대한 보복이 필요하다는 구실로 국경을 넘어올지도 모른다. 그리고 이는 옛 멕시코에서 미국에 편입된 지역에 거주하는 많은 멕시코인들이 그 지역을 멕시코 영토라고 주장하는 상황으로 이어질 수도 있다.

이런 시나리오는 현실과 거리가 먼 공상소설처럼 들릴 수도 있다. 그러나 미국의 국력이 약화되면 지정학상의 상황이 급변할 수 있다. 과거에는 적대국이었지만 지금은 우호 관계인 미국과 멕시코가 그런 사례다. 앞서 2부에서 미국이 주변국들과의 분쟁 없이 지리상 안전한 위치에 있다는 것이 미국의 중요한 강점이라고 언급했지만, 만약 상황이 급변한다면 그런 강점도 옛 이야기가 될 것이다.

4. 글로벌 공유재 문제

　전 세계 모든 나라가 공유하는 글로벌 공유재는 크게 전략 공유재(strategic commons)와 환경 공유재(environmental commons) 두 가지로 분류될 수 있다. 전략 공유재에는 바다, 하늘, 우주, 사이버 공간(cyber space), 핵이 있다(여기서 핵은 핵무기 확산 억제와 관련된 것이다). 환경 공유재에는 수자원, 북극, 기후변화와 이를 관리하는 데 따르는 지정학상의 영향이 포함된다. 근년 들어 미국은 초강대국이라는 지위 덕분에 전략 공유재와 환경 공유재 영역 모두에서 '새로운 세계 질서'를 구축할 수 있었다. 글로벌 공유재를 개발하고 보호하는 데 미국이 중요한 역할을 한건 사실이지만, 그 과정에서 미국이 반드시 솔선수범만 한 것은 아니었다. 20세기에 미국은 과거 역사에 등장했던 패권국들보다 이상주의 성향을 보일 때가 있긴 했지만, 미국도 다른 강대국들처럼 자국의 이익을 최우선으로 보장하는 세상을 만들려 했기 때문이다.

　지금은 중국, 인도, 브라질, 러시아 등 신흥 강대국들이 글로벌 공유재를 관리하는 데 중요한 역할을 한다. 미국과 유럽, 또는 미국과 러시아의 합의만으로는 글로벌 공유재를 제대로 관리할 수 없다. 중국 등 신흥 강대국들이 느리지만 꾸준히 부상하면서, 글로벌 공유재를 확보하고 개선하려면 보다 광범위한 합의가 필요해졌다. 그러나 기존의 문제든 새로운 도전이든 모든 문제를 해결하는 데 있어서는 아직도 미국의 참여가 필요하며, 반드시 미국과 여러 강대국들이 함께 리더십을 발휘해야 한다.

　전략 공유재는 중국과 인도 등 신흥 강대국들의 역량이 커지고 미국의 초강대국 지위가 흔들리는 변화에 가장 큰 영향을 받을 수 있는 영역이다. 모든 나라의 국익에 핵심이 되는 바다와 하늘, 우주, 사이버 공간은 대부분 미국이 지배한다. 그러나 앞으로 다른 강대국들의 야망과 영향력이 커지고 여러 지역에서 글로벌 강대국이 등장하면, 전략 공유재 영역에서 경쟁이 치열해질 것이다.

전략 공유재를 장악하려면 물리적으로 우위에 있어야 한다. 따라서 신흥 강대국들은 군사력이 증강되면 미국 대신 각 지역에서 영향력을 확보하기 위해 미국의 권위에 도전할 것이다. 미국과 신흥 강대국들의 경쟁은 전략 공유재를 둘러싼 판단 착오, 비효율적인 관리, 또는 민족주의 경향을 띤 영유권 다툼으로 이어지기 쉽다. 예를 들어 중국은 주변 바다를 자국 영토의 연장으로 주장하며, 분쟁 중인 섬 대부분을 자국 영토로 간주한다. 중국은 미국이 남중국해와 동중국해에 접근하지 못하도록 차단하여 자신들의 주장을 관철시키고 영향력을 확보하기 위해 해군력 증강에 박차를 가하고 있다. 게다가 중국은 최근 영해의 경계선 문제, 댜오위다오(釣魚島, 일본명 센카쿠열도), 난사군도[南沙君島, 중국, 대만, 베트남, 말레이시아, 필리핀, 브루나이는 난사군도(혹은 Spratly Islands)를 둘러싸고 영유권 분쟁을 벌임], 시사군도(西沙君島, 파라셀 제도)의 영유권을 둘러싼 의견 차이를 국제 분쟁으로 확대했다. 러시아도 최근 해군력 증강을 국방 정책 최우선 과제로 설정하고 태평양 함대에 투자를 크게 늘렸다. 인도 역시 인도양에서 해군력을 계속 증강하고 있다.

향후 전략 공유재를 둘러싸고 불안정한 상황이 발생하지 않으려면 평화로운 방법으로 공평하게 책임을 할당해야 하며, 미국의 영향력이 유효할 때 이에 대해 세계 각국이 합의해야 한다. 예를 들어 평화로운 바다는 세계화된 경제에 반드시 필요하며, 모든 나라는 교역에 중요한 하늘과 바다가 책임 있는 방식으로 관리되기를 바란다. 따라서 각 지역에서 영향력을 발휘하는 나라가 바뀌고 있다 해도, 전략 공유재 관리 책임을 공정하게 할당하기 위한 시스템이 도출될 가능성이 매우 높다. 그러나 그런 시스템이 막 등장하여 정착되지 못한 시점에서는, 자국의 힘을 오판하거나 지역 전체의 이익보다 자국의 이익만을 추구할 가능성이 많다. 그러면 심각한 충돌이 발생할 수 있고, 특히 영유권 분쟁 중인 바다에 매장된 에너지 자원을 두고 이해 당사국들이 치열한 경쟁을 벌일 경우 문제는 심각해진다.

미국이 쇠퇴하면 전략 공유재를 둘러싼 상황이 크게 불안정해질 수 있다. 현재 세계가 해상 분쟁을 관리하고 막는 데 사실상 미국에 의존하기 때문이다. 미국이 쇠퇴한다고 해도 미국의 해군력은 크게 약화되지 않을 것이다. 해군력은 미국의 핵심이익(core interest)에 매우 중요하기 때문이다. 그러나 태평양이나 인도양에서 해상 분쟁이 발생할 경우 이를 해결할 능력이 없거나 중재에 나서려 하지 않을 수는 있다.

바다와 마찬가지로 우주 공간도 현재 미국이 지배하고 있지만, 신흥 강대국들의 역량이 커지면서 활발하게 개척되고 있다. 우주 공간과 관련해서 가장 시급한 두 가지 문제는 우주 쓰레기와 우주 무기이며, 각국이 우주 개발에 뛰어들면서 문제가 심각해지고 있다. 예를 들어 중국은 2007년에 인공위성 요격 미사일을 발사해 자국 인공위성 하나를 파괴하는 데 성공했다. 그런데 그로 인해 저(低)지구 궤도에 위험한 잔해가 전례 없이 크게 늘었고, 중국이 우주를 군사화하려 한다는 우려를 자아냈다.

현재 미국은 지구 궤도에 있는 물체를 추적하는 최첨단 시스템으로 자국의 우주 자산을 보호할 능력을 갖췄다. 그러나 현재의 우주 개발 규정은 냉전 시대에 만들어졌기 때문에 이제는 수정해야 한다. 탈냉전

환경을 반영하고 우주 평화를 보장하기 위해서 이는 반드시 필요하며, 특히 2007년 중국의 위성 폭파 같은 행위를 막기 위해서는 더더욱 필요하다. 그러나 미국이 쇠퇴하여 어쩔 수 없이 우주 관련 활동을 줄여야 하거나, 중국이나 인도 같은 신흥 강대국이 기술을 시험하고 영향력을 과시하는 장소로 우주를 이용한다면, '마지막 남은 미개척지' 우주는 크게 불안정해질 것이다.

이제는 인터넷이 과거 우주처럼 상거래, 통신, 탐험, 영향력 과시를 위한 무한한 미개척지가 됐다. 군대, 기업, 정부 등 모든 조직이 맡은 바 책무를 다 하기 위해 자유롭고 안전한 사이버 공간에 의존한다. 그러나 정보의 안전을 보장하는 동시에 인터넷의 자유를 유지하기란 매우 어려운 문제다. 인터넷이 중앙집중식 체계가 아니며 급속히 진화하는 환경임을 고려할 때 이는 더욱 어렵다. 현재 미국은 국제인터넷주소관리기구(Internet Corporation for Assigned Names and Numbers, ICANN)라는 비영리 기관을 통해 사이버 공간 접근과 감독 활동 대부분을 관리하고 있다. 따라서 해양처럼 사이버 공간에서도 공정한 규제와 활동의 자유를 위해서는 미국의 힘이 반드시 필요하다. 그러나 각국은 미국이 이처럼 인터넷을 독점으로 통제하는 데 불만이 있으며, 해킹, 사이버 전쟁의 심각한 위협 등이 더해져 전략 공유재인 인터넷 관리가 더욱 어려워졌다.

현재의 인터넷 시스템은 인터넷의 전체 기능을 관리하지만, 중국이나 이란 같은 개별 국가가 자국민의 인터넷 접근 제약을 막지는 못한다. 물론 미국은 그런 제약을 반대하는 데 앞장서 왔다. 따라서 미국이 약해지면 신흥 강대국들, 특히 민주주의와 개인의 정치 권리에 적극적이지 않은 국가들이 인터넷이 가진 잠재력을 효과적으로 제한하기 위해 미국의 통제가 없는 상황을 이용해 인터넷 환경을 바꾸려 할 것이다. 심지어는 국경을 넘어 다른 나라의 인터넷 환경까지 통제하려 들지 모른다.

세계 핵확산 통제도 국제사회 안정에 반드시 필요하다. 오래전부터 미국은 핵확산을 최소화하는 데 앞장서 왔고, 궁극적으로는 핵무기가 완전히 사라진 세계를 목표로 하고 있다. 또한 미국은 핵무장 주변 국가를 두려워하는 몇몇 비핵 국가들에는 핵우산을 제공하여 안보를 보장하고 있다. 미국은 규모가 가장 크고 가장 발전된 핵무장 국가이며, 미국의 초강대국 지위 또한 핵우산을 안정적으로 제공할 수 있는지의 여부에 달려 있다. 따라서 핵무기 비확산을 주도하는 책임은 미국이 홀로 지고 있다. 다른 어떤 것보다 핵무기 비확산만큼은 세계가 여전히 미국의 주도적 역할을 기대한다.

현재 이란의 핵무기 개발 노력과 앞으로 미국의 쇠퇴 가능성을 고려해 보면, 21세기에도 핵확산이 지속될 위험이 크다. 비확산 체제의 붕괴, 신흥 강대국들의 핵확산 활동, 러시아·중국·인도의 핵우산 확장, 각 지역의 핵무장 경쟁 심화, 테러 조직이 핵물질을 입수할 가능성 증가 등이 그런 위험이다.

미국이 약해지면 미국의 핵우산 보장에 대한 믿음이 떨어져, 전략 공유재 영역 중에서 핵 분야가 가장 큰 영향을 받을 것이다. 한국, 대만, 일본, 터키, 심지어 이스라엘도 자국의 안보를 미국의 핵억지력에 의존한다. 국력이 약해져서 미국이 특정 지역에서 손을 떼거나, 어쩔 수 없는 상황 때문에 안보 보장 공약을 철회하여 신뢰를 잃는다면, 위에 언급한 나라들은 다른 방법으로 안보를 확보해야 한다. '다른 방법'이란 둘 중 하나일 것이다. 첫째는 자체적으로 핵무기를 개발하는 것이고, 둘째는 러시아, 중국, 인도 등 신흥 강대국의 핵억지력에 기대는 것이다.

기존에 핵무기를 가진 나라들은 야망을 드러내고, 핵무기가 없던 나라들은 너도나도 핵무기 개발에 뛰어드는 현상이 나타나면, 이에 위협을 느끼는 나라들은 자체적으로 핵능력을 갖추려 할 것이다. 안보에서 미국의 신뢰가 추락할 경우도 마찬가지다. 독일과 일본처럼 민간 핵산업이 발달하고 경제력과 기술력을 갖춘 나라는 마음만 먹으면 얼마든지 쉽고 신속하게 핵무장을 할 수 있다. 더욱이 북한이 이미 개발한 핵무기와 이란의 핵무장 가능성 때문에 페르시아 만과 동아시아의 미국 동맹국들도 스스로 핵억지력 구축에 나설 수 있다. 독선과 변덕이 점점 심해지는 북한의 태도와 6자회담 실패, 과대망상에 빠진 이란 지도부를 고려해 볼 때, 쇠퇴하는 미국의 핵우산만으로는 북한과 이란 주변국들의 핵무기 개발 경쟁을 막을 수 없을지 모른다.

마지막으로 중요한 점은 중국과 인도의 정책 변화 가능성이다. 현재 중국과 인도는 최소한의 핵억지력을 추구하고 '선제 사용을 하지 않겠다'는 책임 있는 입장을 취하고 있지만, 핵무장 국가가 늘어나 불확실성이 커지면 중국과 인도가 그런 입장을 버릴 수도 있다. 특히 그 두 나라와 러시아는 각각 자국의 의존국(client state, 강대국의 지원과 보호에 의존하는 국가_옮긴이)들에게 핵우산을 제공하려 할 수도 있다. 그렇게 되면 세계 패권을 노리는 이 세 나라 사이에서 핵무기 경쟁이 다시 벌어질 뿐 아니라 유라시아에서 서로 적대시하는 세력권들이 새로 출현할 수 있다.

이처럼 미국의 쇠퇴는 핵 분야에 급격한 변화를 일으킬 수 있다. 미국 동맹국들이 안보에 불안을 느껴 핵무기를 갖추려 하고, 아시아 신흥 강대국들이 군비 경쟁에 뛰어드는 것이 가장 가능성 높은 변화다. 핵무기가 확산되면 이에 대한 투명한 관리가 어려워지고, 국가 간의 경쟁과 오판, 최악에는 핵을 이용한 국제 테러까지 초래할 수 있다.

이 외에도 21세기에는 자연 환경의 변화 때문에 발생하는 새로운 도전들에 직면할 것이다. 물 부족, 북극의 빙하 해빙, 지구 온난화 등 변화하는 환경 공유재를 관리하려면 범지구 차원의 합의와 고통 분담이 필요하다. 미국만의 주도적 역할로는 이 모든 문제에서 협력을 이끌어 내기 어렵고, 더구나 미국의 영향력이 약화되면 그것은 더욱 어려워진다. 미국이 세계경찰의 역할을 그만두면 신흥 강대국들은 환경 공유재를 자국의 이익만을 위해 이용하려 할 것이고, 그에 따라 자원을 둘러싼 분쟁이 일어날 소지가 커질 것이다. 특히 아시아에서 그런 상황이 발생할 가능성이 높다.

또한 많은 나라에서 물 부족 현상이 점점 심해지는 상황을 감안하면, 물 때문에 분쟁이 발생할 가능성도 높다. 미국 국제개발처(United States Agency for International Development, USAID)에 따르면 전 세계 물 수요가 20년마다 두 배로 늘어나는 점을 감안할 때, 2025년이 되면 물이 거의 없거나 물이 부족한 지역에 사는 인구가 28억 명에 이를 전망이다.[9] 남반구 대부분의 국가가 잠재 물 부족 국가인데, 특히 중앙아시아와 남아시아, 중동, 북동아프리카 등 제한된 수자원을 여러 국가가 공유하고 정치가 불안정한 지역에서 물 부족 때문에 국가 간 충돌이 발생할 가능성이 크다.

우선 터키, 인도처럼 경제 성장으로 물 수요가 증가하는 신흥 강대국과 이들의 경쟁국인 이라크, 파키스탄처럼 정치가 불안하고 자원이 부족한 나라들 사이에서 충돌이 발생하기 쉽다. 중국도 물 부족으로 내부 안정이 흔들릴 수 있다. 인구가 팽창하고 산업단지가 확장되면서 물

수요가 늘어나 사용 가능한 물의 공급이 줄어들고 있기 때문이다. 남아시아에서는 인도와 파키스탄 사이의 끝없는 긴장과 인구 증가, 그리고 고조되는 파키스탄 내부의 위기가 합쳐져 인더스 수자원 조약(Indus Water Treaty)이 폐기될 수도 있다. 인더스 강 유역(流域)이 양국의 오랜 분쟁지역인 잠무 카슈미르(Jammu and Kashmir)에서 시작되기 때문이다. 인도와 중국에 모두 중요한 브라마푸트라[Brahmaputra, 중국 명칭은 야루짱부(雅魯藏布)] 강이 통과하는 인도 북동부를 둘러싼 양국의 오랜 분쟁도 심각한 문제다. 따라서 미국이 초강대국 지위를 상실하고 각 지역에서 경쟁과 갈등이 심화되면 수자원 등의 자연 자원을 둘러싼 분쟁이 전면전으로 이어질 수 있다.

북극의 빙하 해빙도 중요한 자원을 확보하려는 각국의 경쟁 양상을 바꿔 놓을 수 있다. 사람들이 북국에 점점 접근하기 쉬워지면서 북극의 5개 연안국(미국, 캐나다, 러시아, 덴마크, 노르웨이)이 석유, 천연가스, 금속을 확보하기 위해 경쟁할 가능성이 있다. 이런 경쟁은 지정학상의 상황을 크게 바꿔 놓을 수 있는데, 특히 러시아에 유리한 쪽으로 바뀔 가능성이 높다. 블라디미르 라듀힌(Vladimir Radyuhin)이 '북극이 러시아에 주는 전략 가치'라는 제목의 기사에서 지적했듯이, 러시아는 북극에서 가장 큰 이익을 볼 수 있고 동시에 다른 4개 북극 연안국(전부 NATO 회원국)의 봉쇄 표적이 될 수도 있다. 여러 측면을 살펴볼 때 북극을 놓고 벌이는 경쟁은 누가 가장 그럴듯한 정당성을 갖고 먼저 움직이느냐에 따라 결정될 것이다. 현재로서는 북극에 관한 협정이 거의 없기 때문이다. 2010년 여름에 러시아의 초대형 유조선이 북해를 통해 유럽에서 아시아로 처음 항해했다.[10]

러시아는 북극에 매우 넓은 땅과 자원을 갖고 있다. 북극권(Arctic

Circle) 내의 러시아 영토는 310만km²이며, 이는 인도 전체 면적과 맞먹는다. 북극은 러시아 천연가스 생산의 91%, 현재까지 밝혀진 천연가스 매장량의 80%, 해저 탄화수소 매장량의 90%를 차지하며, 금속 자원도 풍부하다.[11] 또한 러시아는 자국의 대륙붕이 북극 깊이 이어져 있다고 주장함으로써 영토를 확장하려고 한다. 그럴 경우 배타적 경제수역이 약 240km 늘어나고, 북극 땅 120만km²가 러시아 영토로 늘어난다. 영토를 늘리려는 러시아의 첫 시도는 UN 대륙붕한계위원회(Commission on the Limits of the Continental Shelf, CLCS)의 거부로 무산됐지만, 러시아는 2013년 다시 신청할 계획이다(2015년 8월, 러시아는 유엔에 북극해 수역에 대한 배타적 사용권을 주장하는 신청서를 제출했다_편집자). 러시아는 자국의 진정한 북쪽 국경선이 북극에 있다고 생각하며, 드미트리 메드베데프(Dmitry Medvedev) 러시아 대통령은 2008년 전략 백서에서 2020년이 되면 북극이 러시아의 '주요 전략자원 기지'가 될 것이라 천명했다.[12]

최근 유럽의 안보 구조와 관련된 이견을 좁히기 위해 유럽과 러시아가 정상회담을 열었지만, 아직도 서방과 러시아의 관계는 불신과 불확실성이 팽배해 있다. 미국도 북극 영유권에 대한 주장을 강하게 해왔고, 냉전이 끝난 이후부터는 북극을 꾸준히 순시하고 있다. 조지 W. 부시 대통령은 두 번째 임기 마지막 달에 발표한 국가안보 대통령령에서 "미국은 북극 지역 어디든 군과 민간 선박, 항공기가 자유롭게 다닐 수 있도록 해야 한다."라고 선언했다. 만약 미국이 쇠퇴하면 대담해진 러시아는 에너지를 이용하여 북극과 유럽에 대한 지배권을 강화할 수 있다. 물론 2012년 대선 후 러시아가 채택하는 정치 방향이 변수기는 하다. 북극 연안 5개국 모두가 서로 협력하고 평화로운 협정을 맺는다면 지정학상의 상황이 안정될 것이다. 북극해 바깥쪽의 바렌츠(Barents) 해에 관한 노르웨이와 러시아의 2010년 협정이 그 모델이 될 수 있다. 그러나 에너지를 장악하는 일이 러시아의 최대 역점 정책인 상황에서는 정세가 급속히 바뀔 수 있다.

세계 기후변화는 환경 공유재의 마지막 요소이면서, 지정학상으로 가장 큰 영향을 끼칠 수 있는 요소다. 과학자와 정책 입안자들은 지구의 평균 기온이 2도 이상 상승할 경우 인류와 지구에 대재앙이 온다고 경고한다. 동식물이 급속히 멸종되고 생태계가 붕괴할 수 있다는 것이다. 보다 안전한 기후를 찾아 감당할 수 없을 만큼 많은 사람들이 이주를 하고, 세계 경제는 크게 후퇴할 것이다. 여기에 각 지역의 안보까지 끊임없이 위협받는 상황이 되면 분쟁이 끊이지 않는 매우 복잡하고 감당키 어려운 상황이 발생할 것이다. 이런 상황은 특히 동북아시아와 남아시아처럼 인구 밀도가 높고 정치가 불안한 지역에서 발생할 가능성이 높다. 더구나 기후변화를 막으려면 전례 없는 수준의 희생과 범지구 차원의 협력이 필요하다. 그러나 미국은 기후변화를 심각하게 받아들이긴 하지만 이에 대한 장기 전략과 책임 의식이 없다. 미국이 1997년 교토 의정서(Kyoto Protocol, 기후변화협약에 따른 온실가스배출량을 줄이기 위한 국제협약) 비준을 거부하고, 의회에서 기후변화 법안이 계속 거부되는 사례를 보면 이를 잘 알 수 있다. 미국의 이런 태도는 전 세계가 동참해야 할 협정에 다른 나라들이 참여하는 데도 걸림돌이 된다.

미국의 이산화탄소 배출량은 중국에 이어 세계 2위이며, 전 세계 이산화탄소 배출량의 20%를 차지한다. 그러나 1인당 배출량으로는 세계 1위이고, 1인당 에너지 수요도 세계 1위이다. 따라서 다른 나라의 협력을 이끌어내고 기후변화를 실제로 막기 위해서는 미국의 주도적 역할이 반드시 필요하다. EU와 브라질을 비롯한 전 세계 여러 나라가 이산화탄소 배출과 에너지 사용에 관한 개혁을 시도했고, 재생 에너지를 개발하기 위해 애쓰고 있다. 심지어 중국도 이산화탄소 배출 감축을 하나의 목표로 설정함으로써, 미국이 더 이상 이 문제를 방치해서는 안 된다는 것을 보여주었다. 그러나 현재로서는 이들 중 어느 나라도 전 세계의 감축 노력을 이끌어낼 역량이 없다. 오바마 대통령은 2009년 코펜하겐(Copenhagen) 기후변화협약회의에서 에너지와 이산화탄소 배출의 개혁에 힘쓰겠다고 약속했다. 그러나 미국 내 정치 환경이 갈수록 양극화되고 경제 회복마저 더딘 상황 때문에 에너지 문제에서 진전이 이뤄질 가능성은 희박하다.

중국도 기후변화에 관한 논의에서 매우 중요한 나라다. 중국의 이산화탄소 배출량은 세계 배출량의 21%를 차지하며, 서부 지역을 개발하고 인민의 생활수준이 개선되다 보면 그 비율은 더 커질 수밖에 없다. 그러나 중국은 해상, 우주, 사이버 공간 분야에서 그랬듯이 기후변화 문제에서도 주도적인 역할을 거부하고 있다. 중국은 개발도상국이라는 점을 내세우며 책임을 회피한다. 2009년 코펜하겐 기후변화협약회의에서 중국이 보여준 단호한 입장을 생각해 볼 때, 미국이 쇠퇴할 경우 기후변화 분야에 큰 위험이 따를 것이 분명하다. 미국을 제외한 어떤 나라도 환경 공유재에 관해 주도적으로 행동할 역량과 의지가 없기 때문이다.

러시아는 경제 성장을 위해 탄소 기반 에너지에 의존하고, 인도는 이산화탄소 배출량이 비교적 적다. 또한 중국은 국제 무대에서 책임을 맡으려 하지 않는다. 따라서 활력을 회복한 미국만이 기후변화 문제를 주도할 수 있다. 해양, 우주, 사이버 공간, 핵확산, 수자원 확보, 북극, 환경 등의 글로벌 공유재를 보호하고 좋은 의도로 관리해야만 세계 경제가 장기간 성장하고 안정된 상황이 지속될 것이다. 그러나 어떤 경우에든 미국이 건설적이고 주도적인 역할을 하지 못한다면, 글로벌 공유재의 중요한 특성인 공공성이 크게 훼손될 것이다.

이제까지 살펴본 바를 간단히 요약하면, 미국이 쇠퇴할 경우 국제사회는 불안정해지고, 지정학상으로 취약한 몇몇 국가들에 위기가 닥칠 수 있다. 또한 북아메리카 지역의 선린우호 관계가 사라지고, 국제 협력을 통한 글로벌 공유재 관리가 더욱 어려워질 것이다. 이런 예측은 미국이 계속 세계 패권을 유지해야 한다고 주장하기 위함이 아니다. 세계 곳곳에서 많은 사람들이 정치에 각성하고 여러 지역에서 글로벌 강대국이 등장하면서 전략이 복잡해지는 21세기에는 그런 세계 패권은 불가능하다. 그러나 이처럼 보다 복잡해지는 지정학 환경에서 국제사회가 혼란에 빠지지 않으려면 새롭고도 21세기에 맞는 전략을 추구하는 미국이 반드시 필요하다.

4부

2025년 이후의 세계: 지정학상의 새로운 균형

수십 년 뒤 국제사회에서 미국의 지위는 결단력 있는 노력에 따라 좌우될 것이다. 쇠퇴하고 있는 미국 내 사회·경제를 극복하는 일이 첫 번째 노력이고, 세계에서 가장 중요한 유라시아 대륙에서 새롭고도 안정된 지정학상의 균형을 구축하는 것이 두 번째 노력이다.

따라서 미국의 미래는 미국인들의 손에 달렸다. 미국은 국내 상황을 크게 개선할 수 있고, 21세기 국제사회에서 중심이 되는 역할을 하려면 무엇이 필요한지 다시 돌아볼 역량을 갖췄다. 미국이 급변하는 국제 정세에 직면해 있고, 이것이 어쩌면 위험한 상황으로 치달을 수도 있다는 점을 미국 대중들이 잘 알아야 하며, 이를 위해서는 국가 차원의 노력이 있어야 한다. 앞서 살펴봤듯이 미국에는 강점이 있다. 미국이 쇠퇴할 수밖에 없고, 국제사회에서 영향력을 상실할 수밖에 없다는 예측을 반박할 수 있는 것도 미국이 가진 강점 덕분이다. 그러나 다시 국력을 회복할 수 있다는 (조심스럽지만) 낙관적인 견해가 있다 해도, 미국이 국내외에서 갈수록 약해지고 있다는 사실을 대중들이 모르는 것은 심각한 문제이며, 이는 철저한 계획을 통해 해결해야 한다.

민주주의는 미국의 최대 강점인 동시에 지금의 어려운 상황을 초래한 주된 요인이기도 하다. 미국을 세운 이들은 대부분의 의사결정이 여러 의견이 누적된 뒤에 이뤄지도록 헌법 체계를 세웠다. 따라서 국가 차원의 광범위한 결정을 하려면 반드시 국민 합의가 있어야 하며, 확고한 의지를 가진 지도자가 설득력 있게 영향력을 발휘해 의사결정을 내려야 한다. 현재 미국에서는 대통령의 목소리만이 전 국민의 반향을 불러일으킬 수 있다. 따라서 현재의 단점을 개선하여 변화를 꾀하는 일은 반드시 대통령이 주도해야 한다.

버락 오바마는 후보 시절에도 그랬고 대통령이 되어서도 인상 깊은 연설을 많이 했다. 그는 유럽, 중동, 이슬람권, 아시아 사람들을 대상으로 직접 연설을 하면서, 그들과 미국의 관계가 그들의 관심사에 따라 변할 수밖에 없다고 언급했다. 특히 오바마가 체코 프라하(Prague)와 이집트 카이로(Cairo)에서 미국의 향후 대외정책에 관해 행한 연설은 세계를 희망에 부풀게 했다. 오바마 대통령의 이미지와 연설 덕분에 국제 여론조사에서 미국에 대한 세계인들의 인식은 즉각 긍정적으로 바뀌었다. 그러나 오바마는 미국이 세계에서 맡은 역할이 달라지고 있고, 그것이 어떤 의미가 있으며 무엇이 필요한지를 자국민에게 직접 전달하는 데는 실패했다.

2001년에 발생한 9·11사태를 계기로 국제사회에서 미국의 목적에 대한 미국인들의 관점이 완전히 바뀌었다. 영리를 추구하는 미국 언론들은 대중들이 세계사와 지리에 무지한 점을 악용하여 두려움을 부추겼고, 이를 바탕으로 부시 행정부는 미국을 '십자군' 국가로 만드느라 8년을 허비했다. 세계인들은 미국, 또는 미국의 대외정책을 '테러와의 전쟁'과 동일시했다. 그러면서 시시각각 변하는 지정학 환경에서 미국의 장기 이익을 위한 전략 수립은 등한시했다. 그 결과 미국은 21세기의 새로운 도전에 맞설 준비를 갖추지 못했다.

미국과 미국의 지도자들은 새로운 전략적 환경을 반드시 이해해야 한다. 그래야 미국이 가진 약점을 개선하여 국제 무대에서 다시 중요한 역할을 할 수 있다. 이제부터 급변하는 지정학 환경에서 요구되는 것이 무엇인지 살펴보고, 그에 대응하기 위해 미국에 어떤 대외정책이 필요한지 알아보자.

1. 불안정한 유라시아 상황

지금 당장 미국의 국제사회 지위를 위협할 문제와 보다 장기적으로 세계의 지정학적 안정을 위협할 문제는 모두 유라시아 대륙에 있다. 코앞에 닥친 위협은 이집트 수에즈(Suez) 운하 동쪽 지역, 중국 신장 자치구 서쪽 지역, 캅카스(코카서스)와 새로운 중앙아시아 국가를 비롯한 러시아 남부의 옛 소련권의 상황이다. 세계의 지정학적 안정에 영향을 줄 수 있는 장기적인 문제는 세계의 무게 중심이 계속해서 '서에서 동'으로 이동하는(유럽에서 아시아로, 그리고 어쩌면 미국에서 중국으로) 과정에서 나타나는 예측 불가능한 변화들이다.

미국은 세계 어떤 강대국보다 유라시아 대륙의 잇따른 갈등에 직접 관련돼 있다. 미국은 유라시아에서 민족 간, 또는 종교 간 분쟁이 확산되지 않도록 노력하지만, 불안정한 유라시아 지역에서 일어나는 변화에 미국보다 직접 영향을 받는 그 지역의 강대국들(인도, 러시아, 중국)은 일부러 미국의 그런 노력에 동참하지 않으려 한다.

아프가니스탄 문제를 해결하려면 아프가니스탄의 주요 주변국들이 아프가니스탄의 안정에 기여해야 하고, 그런 흐름 속에서 카불(Kabul) 정부와 여러 파벌이 정치적으로 타협해야 한다. 이것이 아프가니스탄 문제를 푸는 궁극적인 해결책이다.

앞서 살펴봤듯이 미국이 오래도록 군사 개입을 하더라도 소련의 아프가니스탄 침공으로 촉발된 비극을 해결할 수도 없고 지역 전체의 안정을 도모할 수도 없다. 이란 문제도 마찬가지다. 이스라엘이나 미국이 현재 건설 중인 이란의 핵시설을 폭격한다 해도 이란의 핵 프로그램 때문에 촉발된 문제는 해결할 수 없다. 그런 군사 행동은 오히려 이란의 민족주의와 과격한 이슬람 원리주의를 결합시킬 뿐이며, 그렇게 될 경우 소수의 친서방 아랍 정권들의 안정에 큰 위협이 되는 장기전을 부를 수 있다. 따라서 이란 문제도 이란과 주변국들의 합의를 통해 해결해야 한다.

어떤 일이 있더라도 미국은 핵무장한 이란을 억지할 수 있다. 과거에도 미국은 소련과 중국의 핵무기 사용을 잘 억지한 경험이 있다. 물론 때로 중국과 소련이 극도로 호전성을 보이는 경우도 있었지만, 결국 미국은 미국과 소련, 미국과 중국의 합의가 가능한 여건을 조성하는 데 성공한 바 있다. 이란의 핵무장이 현실이 된다 해도 미국은 중동의 모든 국가에 핵우산을 제공할 역량이 있다. 따라서 이란이 핵 프로그램에 비밀 핵무기가 포함되지 않아야 한다는 국제 사회의 요구를 거부한다면, 미국은 중동의 이웃 국가에 대한 이란의 위협을 미국에 대한 위협으로 간주한다고 공개적으로 천명할 필요가 있다.

같은 맥락에서, 만약 이란이 실제로 핵무기를 확보할 단계에 있음이 확실할 경우 미국은 이란의 핵무장 해제를 위한 UN 결의안을 채택하도록 다른 핵 강대국들의 동참을 요구할 수도 있다. 이란에 대한 강제 제재조치는 여러 강대국이 동참해야 하며, 그중에서도 러시아와 중국은 반드시 포함돼야 한다. 미국이 중동 전체에 핵우산을 제공할 역량이 있긴 하지만, 그렇다고 미국 단독으로, 또는 이스라엘의 협조만으로 이란을 공격해서는 안 된다. 그럴 경우 미국은 보다 광범위하고 자멸할 수밖에 없는 전쟁에 다시 홀로 빠져들 것이기 때문이다[이란 핵 협상은 2015년 4월 2일 '잠정' 타결됐으며, 이 협상에는 P5(유엔안보리 상임이사국 5개국)+독일이 참여했다_편집자].

아프가니스탄과 이란만큼 중요한 문제는 이스라엘-팔레스타인 문제다. 이스라엘-팔레스타인 분쟁을 바람직한 방향으로 해결하는 일은 미국의 이익과 크게 관련 있다. 양국의 분쟁은 중동 전체의 긴장을 고조시키며 이슬람 극단주의를 부추긴다. 또한 미국의 국익에도 직접 영향을 준다. 따라서 양국의 분쟁이 잘 해결되면 중동의 안정에 큰 도움이 될 것이고, 그렇지 않을 경우 중동에서 미국의 이익이 훼손될 수밖에 없다. 그리고 이스라엘 또한 국제사회에서 곱지 않은 시선을 받을 것이다.

아프가니스탄, 이란, 이스라엘-팔레스타인, 이 3가지 문제는 서로 연관돼 있으며, 지금이라도 당장 미국의 국제사회 지위에 영향을 줄 수 있기 때문에 미국에는 가장 시급한 지정학상의 과제다. 그러나 글로벌 강대국의 분포 변화가 먼 장래에까지 영향을 줄 수 있다는 점을 감안할 때, 미국에는 이 세 가지 문제 외에도 유라시아를 보다 안정되고 협조하는 분위기로 만들기 위한 장기 전략이 필요하다. 현 시점에서 유라시아 전체를 아우르는 균형을 촉진할 수 있는 나라는 미국뿐이며, 균형이 무너질 경우 거대하고 정치 상황이 치열한 유라시아 대륙 전체는 분쟁에 휩싸일 것이다. 안타깝게도 유럽은 내부 문제에만 몰두해 있고, 러시아는 여전히 옛 소련의 구습에서 벗어나지 못하고 있다. 또한 중국은 자국의 미래에만 몰두하고, 인도는 중국을 부러워하며 견제할 기회만 노린다.

미국의 장기적인 지정학적 전략은 유라시아 전체에 초점을 맞춰야 한다. 거대한 유라시아 대륙은 지정학적 상황을 둘러싼 경쟁이 치열하고, 국제정세에 큰 영향을 미친다. 또한 경제 분야도 매우 활기차다. 따라서 유라시아는 국제사회에서 중심 무대가 될 수밖에 없다.[1] 미국은 1991년 유일한 세계 초강대국이 된 직후 유라시아에서 중국과 소련 블록의 소멸로 생긴 공백을 메우기 위해 새로운 국제질서를 세울 기회가 있었다. 그러나 미국은 그 좋은 기회를 살리지 못했고, 그 결과 지금은 훨씬 더 어려운 상황에서 유라시아 대륙을 안정시켜야 하는 중대한 과제를 안게 됐다.

냉전 종식 후 20년간 유라시아 상황은 불안정했다. 유럽은 갈수록 정치 결속력이 약해졌고, 터키와 러시아는 서방과 확실한 공동체를 이루지 않고 주변을 맴돌고 있다. 동쪽에서는 중국이 경제, 정치, 군사 분야에서 크게 성장하면서, 과거부터 사이가 좋지 않은 국가가 많은 동북아 지역에서 불안감을 증폭시켰다. 따라서 미국이 유라시아 대륙 전체의 안정을 확보하려면 이와 같은 유라시아 대륙 동과 서, 양쪽의 문제를 해결할 수 있는 정책을 마련해야 한다.

유라시아 대륙 서쪽에서는 EU가 '하나로 뭉친 자유로운 유럽'의 기치를 내걸긴 했지만 진정한 통합과 확고한 자유가 있는 유럽을 만들지 못했다. 유로(Euro)화 도입으로 구축된 단일 통화 하나만으로는 진정한 정치 통합을 대체할 수 없다. 더구나 평등하지 못한 국가 자원과 의무에 기초한 통화 통합은 국가를 초월한 유대감을 만들어 낼 수 없었다. 2007년 이후 특히 남부 유럽에서 동시 다발로 확산된 재정 위기는 유럽이 정치와 군사 면에서 강대국이라는 생각이 환상에 불과함을 일깨워 줬다. 한때 유럽은 서방의 몸통이었지만, 지금은 미국이 주도하는 서방의 수족(手足)으로 전락했다.

그러나 지금처럼 미국이 주도하는 서방이 앞으로도 통합된 상태를 계속 유지할 것이라 생각해서는 안 된다. EU 회원국들은 국제 무대에서 EU가 어떤 역할을 해야 할지에 대한 공감대는 말할 것도 없고, 단일한 정치 체제를 갖추지도 못했다. 또한 갈수록 EU 내에서 심화되는 분열도 문제다. 영국은 미국과의 '특별한 관계'에 계속 매달리며 EU에서 특별 대우를 받으려 집착한다. 프랑스는 EU 제1의 강대국이라는 독일의 지위를 시샘하면서, 형체가 불분명한 '지중해연합(Mediterranean Union)'에서 리더의 자리를 요구하는 것은 물론, 걸핏하면 미국, 러시아, 독일과 동등한 지위를 요구한다. 독일은 갈수록 러시아와 '특별한 관계'를 맺으려 하고, 이에 겁을 먹은 중부 유럽 국가들은 미국과 보다 긴밀한 안보 관계를 맺기 위해 안간힘이다.

더구나 모든 유럽 국가들은 자국의 안보, 심지어 NATO를 기반으로 하는 집단안보에도 소극적이다. 노년층만이 아니라 젊은 층까지도 국가 안보보다는 사회보장을 훨씬 중시하는 모습이 여러 군데에서 보인다. 미국이 '하나로 뭉친 자유로운 유럽'을 지켜 줄 것이라는 희망 속에서, 미국이 홀로 유럽 안보를 책임지고 있는 것이 지금의 모습이다. 그러나 이런 상황은 새롭게 등장하는 독일과 러시아의 특별한 관계 때문에 바뀔 수도 있다. 양국의 특별한 관계는 현대화된 러시아의 경제 이익에 매력을 느끼는 독일 기업인들이 적극 원한다(이탈리아와 다른 유럽 국가의 기업인들도 그렇다). 따라서 일부 주요 회원국들이 러시아와의 정치 및 경제 관계에 유혹을 느끼는 상황에서, EU는 지전략상의 분열이 심해지는 미래를 맞게 될 것이다.

이는 미국에는 참으로 유감스러운 상황이며, 아울러 우려스럽기도 하다. '하나로 뭉친 자유로운 유럽'이라는 EU의 꿈은 아직도 유효하며, EU가 중부 유럽(냉전 시절에는 '동유럽'으로 불렸다) 국가들의 민주화와 사회 변화에 영향을 끼칠 수 있다는 것이 이미 증명됐기 때문이다. EU가 중부 유럽으로 확대되면서 제도 및 기반시설에서 광범위한 개혁이 일어났다. 폴란드가 가장 눈에 띄는 사례이며, 인접한 우크라이나와 벨라루스의 국민들은 폴란드의 사례에 큰 매력을 느낀다. 어느 시점이 되면 이런 사례는 터키와 러시아에도 진정한 변혁의 바람을 일으킬 수 있다. 유럽이 보다 적극적으로 미국과 함께 서방 공동체에 터키와 러시아를 끌어들이려는 장기 목표를 공유하고 노력할 경우 그럴 가능성이 특히 높다.

이를 위해선 그런 노력을 실행에 옮길 장기 비전과 전략이 필요하다. 그러나 지금의 유럽이나 미국은 그런 비전도 없고 전략도 없다. 유럽에서 멀리 떨어진 한국의 한 유력 영자신문까지도 2010년 가을에 유럽의 원칙 없는 전략을 다음과 같이 거침없이 비판했다.

> "물론 유럽이 갑자기 정치에서 낙후된 지역이 되었다고 말하는 것은 틀렸을 수도 있다. 그러나 지금 이대로 간다면 40년 뒤 유럽이 어떤 모습일지 주의 깊게 생각해야 한다. 지금 필요한 것은 유럽인들 스스로 현재의 상황을 철저히 검토하고, 무엇이 유럽에 이익이 되는지, 그리고 어떤 책임이 있는지를 분명히 하는 것이다. 유럽은 많은 어려움이 예상되는 세기를 맞아 목표 의식을 가져야 한다. 아울러 행동과 리더십의 지침이 되는 도덕 기준도 확립해야 한다."[2]

따라서 '40년 뒤 유럽은 어떤 모습일까?'라는 질문은 유럽과 그 동쪽 지역의 관계가 앞으로 어떻게 될 것인가와 직접 관련이 있으며, 이 문제는 유럽과 미국이 모두 관심을 기울여야 한다. 확대된 유럽, 즉 서방의 동쪽 경계를 어디로 정해야 할까? 터키와 러시아가 확대된 서방의 진정한 일원이 된다면 그들은 어떤 역할을 할 수 있을까? 혹은 그 반대로 유럽의 편견과 미국의 소극적인 태도 때문에 터키와 러시아가 유럽에 편입되지 않고 서방의 외부에 계속 머문다면 유럽과 미국에 어떤 영향이 있을까?

터키는 오래 전부터 유럽을 모델로 하여 변혁을 시작했지만 아직 미완성인 상태다. 1921년 '청년 투르크당(Young Turks)' 운동을 이끈 무스타파 케말 아타튀르크(Mustafa Kemal, Ataturk, 터키의 개혁가이자 초대 대통령)은 해체된 오스만 제국을 유럽식 정교분리 국가로 변모시키겠다고 선언했고, 그때부터 이 나라는 터키로 알려졌다. 보다 최근에는 터키의 현대화가 민주화로 발전했는데, 그렇게 된 원인은 터키가 통합되는 유럽의 일원이 되고 싶어서였다. 그러나 그런 터키의 열망을 자극한 것은 유럽이었고, 이미 1960년대부터 유럽이 먼저 자신들과 공동체를 이루자고 터키를 설득했다. 결국 1987년 터키는 회원 자격을 공식 신청했고, EU는 2005년 터키와 공식 협상을 시작했다. 최근 터키의 회원 가입을 둘러싸고 일부 EU 회원국(특히 프랑스와 독일)이 다소 주저하고 있긴 하지만, 지정학상의 현실에서 볼 때 서방처럼 민주화된 터키가 NATO뿐만 아니라 서방의 일원이 된다면, 터키는 불안정한 중동으로부터 유럽을 보호하는 방패가 될 수 있다.

러시아를 터키처럼 서방의 일원으로 끌어들이는 전략이 지금 당장은 많은 문제를 낳을 수 있지만, 장기적 안목으로 본다면 그런 전략은 반드시 필요하다. 물론 소련 붕괴 후 20년이 지난 지금도 러시아는 아직 확고한 정체성을 찾지 못하고 있으며, 제국주의 시절의 향수에 젖어 있는 것이 사실이다. 그리고 때로는 과욕을 부리면서 서방과 대립각을 세우기도 한다. 러시아 정부의 주도 아래 옛 소련권 지역에 '공동 경제구역'을 구축하려는 노력은 당연히 독립한 옛 소련권 국가들의 우려를 불러일으킨다. 러시아의 권력을 장악한 엘리트 집단은 여전히 대서양 양안(유럽과 미국)의 결속을 약화하려 애쓰면서, 중부 유럽 국가들이 EU와 NATO 회원국이 되려는 노력에 반감을 갖는다. 그러면서도 지하자원이 풍부하고 인구 밀도가 낮은 러시아 극동 지역 인근에서 커지는 중국의 영향력을 우려한다.

그러나 갈수록 정치에서 비중이 커져가는 러시아 중산층은 서방의 생활방식을 채택하고 있으며, 러시아가 서방의 일원이 되기를 바라는 지식층도 점점 많아지고 있다. 러시아의 상류층, 심지어 러시아 정부 내에서 입지가 확고한 고위 정치인들마저 비공식적으로나마 '현대화와 민주화 사이의 올바른 관계는 무엇인가?'라는 근본적인 의문에 대해 논의를 하고 있다. 갈수록 많은 러시아인이 러시아와 서방의 관계가 근본에서부터 바뀌는 것이 장기적인 안목에서 봤을 때 러시아에 이익이 됨을 깨닫기 시작했다.

이와 함께 유라시아 대륙 동쪽에서는 아시아가 지정학상으로 안정을 유지할 수 있을지가 점점 불확실해지고 있다. 에너지가 넘치는 아시아에서 각국의 경쟁이 제대로 통제되지 않으면, 아시아는 서방이 지난 200년간 경험했던 무력 충돌과 비슷한 상황을 맞을 수 있다. 특히 중국은 점점 공공연히 야심을 드러내고 있다. 중국은 겉으로는 겸허함, 절제, 인내로 신중하게 만든 국가 이미지를 갖추고 있지만 민족주의 성향을 띤 공격성을 갈수록 드러내고 있다. 중국이 아직은 일본, 인도와 주로 외교, 경제 분야에서 지역 패권을 두고 경쟁하고 있지만, 군사력이 동원됨으로써 지역 안정에 중요한 변수가 발생할 가능성도 있다. 특히 핵무장한 중국과 인도, 또는 인도와 파키스탄 사이에 무력 충돌이 발발할 경우 매우 위험한 결과가 발생할 것이다. 그렇게 되면 새롭게 부상하는 아시아는 과거 서유럽처럼 큰 혼란에 휩싸일 것이다.

앞서 살펴봤듯이 정치에 각성한 유라시아 동부의 남서 지역은 이미 위기를 겪고 있으며, 이 지역의 불안정한 상황은 다른 지역에까지 영향을 미칠 수 있다. 중동, 이란, 아프가니스탄, 파키스탄이 속한 '글로벌 발칸(Global Balkans, 이슬람 지역이면서 분쟁이 많은 지역_옮긴이)'에[3] 중앙아시아도 포함될 위험이 크다. 중앙아시아의 북캅카스에서 러시아 무슬림들이 거주하는 일부 지역은 이미 폭력 사태가 확산되고 있다. 모든 중앙아시아 국가는 내부 폭력 사태가 언제든 발생할 수 있으며, 상황이 매우 불안정하다. 그리고 모든 중앙아시아 국가들은 러시아나 중국의 지배를 원치 않으면서, 외부 세계와 직접 접촉할 수 있기를 원한다. 따라서 정치에 자각한 유라시아 대륙은 현재로서는 지역 전반의 안정을 위한 공통의 틀이 없기 때문에 앞으로도 이곳이 안정을 찾을 가능성은 희박하다.

100여 년 전 지정학 분야의 선구자였던 해럴드 매킨더(Harold Mac-kinder)는 '세계도(world-island, 아시아/아프리카/유럽의 총칭)' 개념에서 유라시아를 핵심으로 규정하면서, "'세계도'를 장악하는 자가 세계를 지배한다."라고 결론지었다. 세계사를 통틀어 강력한 군사력을 가진 무자비한 지도자 세 명만이 그런 '지배'에 근접한 수준까지 이르렀다. 칭기즈칸은 뛰어난 군사 지략을 통해 거의 그 수준에 도달했지만 그의 '세계도' 정복은 중부 유럽의 언저리에서 끝났다. 그는 거리와 적은 인구의 한계를 극복하지 못했고, 결국 그의 '몽골 제국'은 얼마 못 가서 한때 자신이 정복했던 곳에 동화되고 말았다.

유럽을 정복한 히틀러는 몽골 제국과 반대 방향인 서에서 동으로 진출해 몽골과 비슷한 결과를 성취할 뻔했다. 만약 나치 독일과 일본이 동쪽과 서쪽에서 동시에 러시아를 침공했다면 히틀러가 야심을 이뤘을지 모른다. 히틀러가 패배한 후 유럽의 심장부에 소련군이 자리잡은 상황에서 스탈린(Iosif Stalin)은 실제로 유라시아를 장악하기 직전까지 갔다. 중국에서 공산주의가 승리하면서 생겨난 중국-소련 블록은 한반도에서 미국을 몰아내려 했다. 그러나 '세계도'를 공산주의가 지배할 가능성은 금방 사라졌다. 서방에서 NATO가 결성됐고, 동쪽의 중국-소련 블록은 스탈린이 사망한 뒤 양국 간의 갈등 끝에 해체됐다.

새롭게 부상한 아시아가 변수가 많고 국가들 간에 복잡한 문제도 많은 점을 고려할 때, 현재로서는 매킨더의 말처럼 더 이상 어느 한 국가가 유라시아를 '장악'해 세계를 '지배'하는 것이 불가능하다. 미국은 지난 20년을 허비했다. 따라서 지금은 유라시아의 새로운 역학 구조에 보다 예리하고 신속하게 대응해야 한다. 아무리 국력이 강하다 해도 단일 국가가 유라시아를 지배하기란 더 이상 불가능하며, 특히 새로운 지역 강대국들이 출현하는 상황을 볼 때 더욱 그렇다. 따라서 서방의 기존 강대국과 아시아의 신흥 강대국 간의 합의를 바탕으로 넓은 유라시아 대륙의 안정을 추구하는 일이 현재 미국에 필요한 목표이며, 이를 위해서는 장기간에 걸친 철저한 노력이 있어야 한다.

이런 목표를 추구하는 데 필요한 것은 미국이 서방을 보다 활력 있게 만드는 것이며, 지금보다 많은 국가가 서방에 편입되도록 노력하는 것이다. 이와 더불어 경쟁이 치열해지면서 상황이 불안정해진 아시아 지역도 균형을 잡을 수 있도록 미국이 힘써야 한다. EU와 NATO 같은 기구를 통해 러시아와 터키를 서방(EU+미국)에 편입시키는 일은 매우 복잡한 과제이며, 향후 수십 년에 걸쳐 미국이 노력해야 할 사안이다. 이를 목표로 삼아 꾸준히 노력 한다면, 갈수록 분열과 불안 양상을 보이는 유럽에 목적의식을 불어넣을 수 있을 것이다. 이와 동시에 미국은 올바른 전략을 세워 아시아에 개입하되, 중국과 협력하는 동반자 관계를 구축하기 위한 신중한 노력을 해야 한다. 또한 미국은 동맹인 일본과 중국 사이의 화해를 촉진하고, 인도와 인도네시아 같은 주요 국가들과도 중국이 우호 관계를 확대하도록 노력해야 한다. 그렇지 않으면 아시아는 국가들 간 경쟁이나 중국을 향한 두려움 때문에 국제 무대에서 새로운 역할을 맡지 못하고 지역 안정도 불가능해질 수 있다. 앞으로의 과제는 서방의 부흥을 촉진하고 보다 폭넓은 협력의 틀 안에서 아시아가 안정되도록 장기 전략을 세우는 것이다.

2. 보다 넓어지고 활력 넘치는 서방

앞서 살펴본 '서방의 쇠퇴'와 '매력을 잃어 가는 아메리칸 드림'은 결코 정해진 미래가 아니다. 미국은 침체된 국내 상황에서 얼마든지 회복할 수 있고, 뚜렷한 목적의식을 갖고 유럽과 협력하면 경계가 보다 넓어지고 활력 넘치는 서방을 만들 수 있다. 이를 위한 시발점은 현재 유럽에 남아있는 미해결 과제를 인식하는 것이다. 이 과제는 서방이 균형 있고 신중한 전략을 바탕으로 터키를 동등한 조건으로 포용하고, 경제와 정치 분야에서 러시아와 활발히 교류하는 것이다. 터키와 러시아가 서방에 통합됨으로써 보다 넓어진 서방은 미국이 과거의 영광을 되찾는 데 도움을 주고, 변화하는 유라시아를 안정시키는 데도 도움이 될 것이다.

유럽과 러시아, 터키를 서로 갈라놓는 경계선은 지리상으로 봤을 때 비현실적이다. 폴란드와 벨라루스를 가르는 부크(Bug) 강과 루마니아와 우크라이나를 가르는 프루트(Prut) 강, 에스토니아와 러시아를 가르는 나르바(Narva) 강 중 어떤 것도 지리상으로나 문화상으로 유럽의 동쪽 경계선이라 할 수 없다. 또한 러시아 내륙 깊숙이 자리잡고 있으며 지리 교과서에서 흔히 유럽과 아시아의 경계선으로 설명되는 우랄(Ural) 산맥도 마찬가지다. 지중해와 흑해를 이어주는 보스포루스(Bosporus) 해협은 더 말할 것도 없다. 보스포루스 해협 서쪽의 이스탄불(Istanbul)은 '유럽'으로, 동쪽(이스탄불 일부와 터키 영토의 대부분)은 '아시아'로 칭한다.[4]

이보다 더 큰 문제는 유럽의 문화 경계선에 관한 기존의 개념들이다. 러시아 극동부의 블라디보스토크(Vladivostok)는 생활방식과 건축, 사회 관습 등 여러 면에서 수천 km 서쪽에 있는 카잔[Kazan, 유럽으로 분류되는 러시아 자치공화국 타타르스탄(Tatarstan)의 수도]보다 더 유럽에 가깝다. 또 터키의 수도 앙카라(Ankara)는 아나톨리아(Anatolia) 평원에 위치해 지리상으로 아시아에 속하지만, 아르메니아의 수도 예레반(Yerevan, 앙카라보다 800km 더 동쪽에 있지만 유럽의 일부로 통한다)만큼이나 유럽풍의 도시다.

따라서 지금의 러시아와 터키는 지리상의 조건이나 생활 방식을 근거로 했을 때는 유럽의 일부라 할 수 있다. 그러나 서방이 제국주의 시대 이후 모든 민주국가가 소중히 여기는 시민의 권리와 개인의 존엄성을 폭넓게 인정하는 가치관을 공유하는 반면, 터키와 러시아가 그렇다고는 할 수 없다는 점에서 양국 모두가 유럽의 일부라고는 할 수 없다. 러시아는 이런 가치관을 공유한다고 주장하지만 정작 정치 체제에는 반영되어 있지 않다. 터키는 대체로 그런 가치관을 실천에 옮기고 있고, 양국 모두 문화적으로나 사회적으로 이미 '유럽의 일부'라 주장한다. 하지만 이들은 과거의 동양식 전제정치의 영향이 여전히 남아 있다는 사실을 감추려 한다. 터키는 제도화된 정교분리를 통해 현대화와 민주화의 길을 걷고 있다고 주장한다. 또 러시아는 자국이 표트르 대제(Pyotr I, 제정 러시아의 시조) 시절부터 유럽화에 힘썼고, 최근의 공산주의 시대는 일탈일 뿐이었으며, 러시아 정교회의 전통은 유럽 기독교 문화의 일부라고 강조한다.

하지만 러시아와 터키는 서로 방식은 다르지만 과거 제국주의에서 흔히 볼 수 있었던 특징들이 여전히 남아 있고, 그런 특징은 현재 그들이 '유럽의 일부'라고 주장하는 요소들과 뒤섞여 있다. 양국 모두 유럽과 동떨어져, 때로는 유럽에 맞서며 자국의 입지를 확립했다. 그리고 양쪽 다 참담한 몰락을 경험했다. 19세기 터키는 '유럽의 병자(病者)'로 불렸다. 20세기에는 러시아가 두 차례에 걸쳐 그런 처지에 놓였다. 첫째는 볼셰비키 혁명(1917년) 이전이었고, 둘째는 소련 공산주의의 몰락 이후였다. 양국 모두 제국주의 과거와 단절했지만 그들의 야망이나 역사 의식을 보면 제국주의의 잔재를 완전히 떨쳐 버리지는 못했다.

20세기 들어 터키는 공산국가 러시아보다 성공적으로 변혁을 이뤄냈다. 터키가 탈제국주의 국가임을 선언한 3년 뒤인 1924년에 시작된 아타튀르크의 광범위한 개혁은 놀라운 변화를 이끌어냈다. 터키는 아랍 이슬람 세계와 관계를 끊고 갑자기, 그야말로 하루아침에 아랍 문자 대신 서양 알파벳을 공식 문자로 채택했다. 또 각종 국가기관에서 종교 색채를 제거하고 국민의 복장규정까지 바꿨다. 그 후 수십 년 동안 터키는 확고한 정교분리주의 국가 체제를 바탕으로 민주화를 향해 차근차근 제도를 개혁했다.

러시아와 달리 터키는 잔혹한 동족학살을 겪지 않았고 전체주의로 퇴보하지도 않았다. 아타튀르크의 야심 찬 민족주의가 터키 젊은이들 사이에 퍼져나갔지만, 잔인한 공포정치로 강요된 것은 아니었다. 터키에는 굴라그(Gulag, 소련의 강제노동수용소)도 없었다. 그리고 터키인들은 자신들의 개혁 방법이 세계 어디에든 적용할 수 있다거나 역사상 불가피한 것이라 주장하지도 않았다. 터키의 실험은 소련과 비교할 때 세계를 향한 야심은 적은 반면, 국내적으로는 보다 성공한 실험이었다.

터키가 제국주의 야심을 털어버리고 국내에서 사회를 현대화하는 데 에너지를 집중한 점은 주목할 만하다. 아타튀르크는 사회를 현대화하는 과정에서 수단과 목적이 균형을 이뤄야 한다고 생각했고, 그래서 레닌(Vladimir Lenin)의 이상주의와 보편주의를 극단적으로 왜곡시킨 스탈린주의를 채택하지 않았다. 그의 이런 태도와 신념 덕분에 터키는 오스만 제국 몰락 이후 새로운 국제 무대 지위에 놀랍도록 잘 적응했다. 최근 일부 러시아 엘리트가 잃어버린 옛 제국에 대한 향수를 떨쳐버리지 못하는 상황과 사뭇 대조된다.

지난 20년간 터키는 EU에 가입하기 위해 입헌 민주주의를 강화하려고 꾸준히 노력했다. 터키는 이미 수십 년 전에 유럽 국가들로부터 유럽의 민주주의 기준을 충족시키는 조건으로 공동체 가입을 제안 받은 바 있다. 여기서 더 중요한 점은 터키 국민들이 민주주의를 하나의 생활방식으로 받아들이는 경향이 갈수록 확산된다는 것이다. 터키의 민주주의는 아직 완전하지 못하며, 특히 출판, 보도의 자유가 그렇다. 그러나 군부가 선거 결과와 개헌을 마음에 들어하지 않으면서도 기꺼이 받아들였다는 사실은 터키에서 민주화가 여전히 활발히 진행 중임을 나타낸다. 이런 점에서도 터키는 러시아보다 확실히 앞서 있다.

터키의 민주화에 매우 중요한 요소는 꾸준한 정교분리 노력일 것이다. 아타튀르크는 1924년 혁명을 통해 상의하달식으로 정교분리를 강행했다. 따라서 많은 유럽인과 일부 터키인은 최근 수십 년간 가속화된 터키의 민주화와 정치 개방이 과격한 종교 제일주의의 부활을 초래하지 않을까 우려한다. 심지어 국가 정체성보다 종교 정체성을 더 우선시하는 분위기가 조성될 우려도 있다. 하지만 적어도 지금까지는 그런 일이 일어나지 않았고, 터키의 민주주의가 강화되면 종교 원리주의의 영향력이 점차 감소하리라는 징후가 엿보인다. 일례로 터키대학에서 실시한 조사에 따르면, 1999년 이슬람 율법 채택에 대한 대중의 지지도가 25%였던 것이 2009년에는 10%로 떨어졌다. 터키가 유럽과 좀 더 긴밀한 관계를 구축하면 터키가 세속국가(secular state, 국가가 종교에서 중립을 유지하는 국가_옮긴이)이면서 민족국가(national state)라는 인식을 터키 사회에 널리 인식시키는 데 도움이 될 것이다.

터키가 이미 서방 전반, 특히 유럽과 중요한 연관 관계를 맺고 있다는 점을 아는 것 역시 중요하다. 터키는 NATO 초창기부터 회원국으로서의 임무를 충실히 이행했고, 실제 전투에도 유럽의 일부 동맹국보다 적극 참여해 왔다. 터키의 상비군 규모는 NATO에서 두 번째이며, 냉전 기간 내내 미국과 광범위하고 민감한 안보 협력관계를 유지했다. 또한 터키는 느리긴 하지만 국내법을 EU의 기준에 맞도록 조정하는 데 필요한 과정을 오랫동안 진행해 오고 있다. 따라서 터키는 법률상으로는 아니지만 사실상 이미 유럽과 서방의 일부이다.

현대화에 점점 박차를 가하면서 정교분리를 채택한 오늘날의 터키는 지역에서 두각을 나타내기 시작했으며, 이는 과거 오스만 제국이 위치했던 지리상의 요인 덕분이다. '전략적 깊이(Strategic Depth)'라는 개념을 창시한 아흐메트 다부토글루(Ahmet Davutoglu) 터키 외무장관이 내세운 터키의 새로운 대외정책은 한때 오스만 제국의 일부였던 이 지역에서 터키가 리더라는 개념을 전제로 하며, 종교가 아닌 역사 및 지정학 요인에 바탕을 둔 접근법이다. 다부토글루의 계획은 주변국과의 우호 관계가 적대 관계보다 바람직하다는 합리적인 가정에서 시작한다. 즉, 터키가 활력 있는 사회·경제(2010년 터키의 경제 규모는 세계 17위였다)를 바탕으로 과거에 사이가 좋았다가 20세기에 국내 정교분리와 터키식 민족주의에 몰두하면서 관계가 소원해진 주변국들과 관계를 재건하는 것이다.

게다가 과거 오스만 제국의 경계 너머에 있으면서 소련이 해체된 이후 독립한 중앙아시아의 신생독립국들(대다수가 투르크어족 문화권에 속한다)은 터키에 우호의 손짓을 한다. 터키가 이 나라들과 경제 및 문화 교류에 보다 적극 나선다면 에너지 자원이 풍부하지만 지정학상으로 불안정한 이 지역의 현대화와 정교분리, 더 나아가 민주화를 촉진시킬 수 있다. 또 중앙아시아가 수출하는 에너지를 러시아가 독점하려는 상황에서 터키가 아제르바이잔, 조지아와 협력해 이 지역에서 적극적인 역할을 수행한다면, 유럽 각국이 러시아의 방해를 받지 않고 중앙아시아의 천연가스와 석유를 확보하는 데 도움이 될 것이다.

비록 터키의 언론의 자유와 교육, 인간개발 등의 사회적 측면에서 발달이 지연되고 있긴 하지만(터키와 러시아를 비교한 174~175쪽의 〈표 4-1〉 참조), 현대화되고 정교가 분리된 국가로 바뀌어 갈수록 터키 국민의 애국심과 자부심은 더 커질 것이다. 그러나 터키가 유럽으로부터 계속 거부당한다고 느낄 경우 그런 자부심은 반(反)서방 성향의 적개심으로 발전할 수 있다. 유럽 내 몇몇 국가(특히 프랑스와 독일) 중 일부 세력은 터키를 유럽의 동반자라기보다 침입자로 여기면서 터키의 EU 가입을 반대한다. 따라서 이미 85년 전부터 유럽을 본받아 사회를 현대화시키고 문화를 변화시키는 데에 많은 노력을 기울여 온 터키로서는 유럽의 계속되는 배척에 분노를 느낄 수밖에 없다. 만약 터키의 민주화 실험이 실패할 경우 이런 분노 때문에 터키는 과격한 이슬람 정치 체제나 군사 독재 체제로 후퇴할 위험이 있다. 그렇게 될 경우 터키는 유럽을 중동으로부터 지키는 방패막이가 되기는커녕 오히려 중동 문제가 발칸 반도를 통해 유럽으로 확산될 위험을 증폭시킬 것이다.

미국과 유럽이 이스라엘-팔레스타인 간의 진정한 합의를 통해 평화를 이끌어내는 데 계속 실패하거나 미국과 이란의 갈등이 고조될 경우 이런 상황은 한층 더 위험해질 수 있다. 우선 전자의 경우 중동에서 극단주의가 극성을 부릴 가능성이 높으며, 서방을 향한 터키의 태도에 간접적이긴 하지만 상당히 부정적인 영향을 끼칠 것이다. 후자의 경우에는 터키의 안보를 위협할 것이다. 미국과 이란의 갈등이 쿠르드 족의 폭동과 이라크의 불안정을 야기할 경우에는 특히 더 위험하다. 터키인들은 서방이 자국의 이익을 무시할 뿐 아니라 서방 때문에 안보까지 위협받는 것에 분노할 것이다.

유럽이 터키를 계속 배척함으로써 터키가 유럽에 대한 적대감을 키울 경우 터키의 정치는 퇴보하고 종교 원리주의가 부활할지 모른다. 그럴 경우 현대화를 향한 터키의 행진은 종지부를 찍을 것이다. 최악의 경우 1978년 이슬람 혁명 이후의 이란과 같은 상황이 닥칠 수도 있다. 터키가 계속 배척당한다면 아타튀르크가 남긴 훌륭한 유산도 사라질지 모른다. 이는 다음과 같은 세 가지 이유 때문에 매우 안타까운 일이다. 첫째, 터키의 민주화와 현대화를 보면 민주화나 현대화가 이슬람의 종교 전통과 얼마든지 공존할 수 있다는 사실을 알 수 있다. 터키의 이런 사례는 이슬람 세계의 미래뿐 아니라 세계의 안정에 매우 중요한 역할을 한다. 둘째, 과거 오스만 제국이 지배했던 중동 지역 국가들과 터키가 평화를 위해 협력하면 그 지역에서 서방의 안보 이익에도 도움이 된다. 셋째, 터키가 서구화되고 정교가 분리된 정책을 추구하면서도 이슬람 전통을 지켜나갈 경우, 그리고 과거 오스만 제국이었고 소련 붕괴 후 독립한 중앙아시아 국가들과 좋은 관계를 유지할 경우, 이슬람 극단주의의 부활을 방지하고 중앙아시아의 안정을 강화할 수 있다. 이 경우 터키뿐만 아니라 유럽과 러시아에도 이익이 된다.

터키와 다르게 러시아와 대유럽 관계는 이중적이다. 러시아 지도부는 EU나 NATO와 보다 긴밀한 관계를 원한다고 말은 하면서도, 현 시점에서 그런 관계를 촉진하는 데 필요한 개혁은 실행하려 하지 않는다. 러시아의 사회, 정치, 경제 계획은 초점을 잃었고, 전망도 다소 불확실하다. 하지만 러시아가 서방과 경제 가치관뿐 아니라 정치 가치관까지 공유하려는 의지를 갖고 동반자 관계를 구축하는 것은 미국과 유럽, 러시아 모두를 위해 반드시 필요하다. 향후 20년은 러시아가 서방과 보다 긴밀하고 진정성 있는 협력 관계를 형성하는 데 매우 중요한 시기가 될 것이다.

역사를 돌이켜 볼 때 러시아는 자국이 유럽의 평범한 국가로 존재하기에는 국력이 너무 막강하고, 그렇다고 유럽을 영원히 지배하기에는 너무 약하다고 생각한다. 실제로 러시아가 역사상 가장 크게 승리한 사건들을 보면 러시아의 뛰어난 정치 수완의 결과라기보다 러시아의 적들이 어리석은 행동을 함으로써 생긴 부산물이었다. 1815년 나폴레옹 전쟁에서 승리한 알렉산드르 1세의 의기양양한 파리 입성이 그랬고, 1945년 중반 제2차 세계대전의 승리를 기념하는 스탈린의 포츠담 만

찬이 그랬다. 1812년 나폴레옹이 러시아를 침공하지 않았다면 1815년 러시아군의 파리 입성이 가능했을지 의문이다. 알렉산드르 1세가 나폴레옹 전쟁에서 승리한 뒤 50년도 안 돼 러시아는 크림전쟁에서 영국-프랑스 연합 원정군에 패했다. 그로부터 50년 뒤인 1905년에는 극동에서 일본 육군과 해군에 참패했다. 제1차 세계대전 때는 장기 양면전을 치르던 독일에 완패했다. 20세기 중반 히틀러의 어리석음에 힘입은 스탈린의 승리로 러시아의 영향력은 동유럽을 넘어 유럽 중심부에까지 이르게 됐다. 하지만 그 후 50년도 못 가 미국과의 냉전으로 국력을 소진한 탓에 소련을 중심으로 한 공산주의 블록과 러시아 제국 자체가 해체됐다.

그럼에도 제국주의 시대 이후 지금의 러시아는 인구 밀도가 낮은 반면 천연 자원이 풍부한 광활한 영토 덕분에 많은 부를 축적했고, 이에 따라 국제 무대에서 중요한 역할을 할 수밖에 없다. 그러나 역사를 돌이켜볼 때 러시아는 국제 무대의 주역으로서 영국과 견줄 만한 외교 수완도 없고, 미국에 필적할 만한 경제 안목도 없다. 또한 역사에 대한 자부심이 강한 중국과 달리 인내심과 자제심도 보여주지 못했다. 러시아는 국제사회에서 사회를 발전시킨 좋은 사례를 보여주고 싶어 했지만, 천연자원과 광활한 영토를 잘 이용하여 꾸준히 성장하기 위한 국가 정책을 일관성 있게 추진하지 못했다. 오히려 러시아는 걸핏하면 독선적인 돌발행동을 취하다가 곤경에 처하는 경우가 많았다.

러시아는 광활한 영토 덕분에 자연스럽게 강대국으로 간주된다. 하지만 국민의 사회·경제적 상황은 러시아의 국제사회 지위에 좋지 않은 영향을 끼친다. 국제사회는 러시아 사회의 문제와 낮은 생활수준을 잘 알고 있으며, 이러한 상황에서 러시아가 국제 무대에서 야심을 실현하기란 어렵다. 남성들 사이에 만연한 알코올 중독과 그 결과 나타난 유럽보다 짧은 평균 수명 때문에 러시아는 심각한 인구 구성상의 위기(높은 사망률로 인한 인구 감소)를 겪고 있으며, 이는 러시아 사회가 쇠퇴한다는 증거다. 또 남쪽 국경 지방의 이슬람 세력 동요에 대한 우려와 갈수록 영향력을 키우는 중국(인구 밀도가 낮은 러시아 동부에 인접해 있다)에 대한 불안 등은 강대국이라는 러시아 정부의 자만심과 상충한다.

사회 성과 측면에서도 러시아는 터키보다 뒤떨어지며, 세계 순위로 볼 때 기껏해야 중간 정도에 머문다. 영토의 규모는 세계 1위, 인구는 9위, 핵무기 보유수로는 2위인 점을 생각할 때 이러한 결과는 뜻밖이다. 게다가 평균 수명과 인구 증가에서 러시아의 순위는 매우 낮다. 사회 각 부문에서 러시아와 터키의 세계 순위를 살펴보면 두 나라 모두 한편으로는 선진 산업국인 동시에 다른 한편으로는 여전히 후진국인 것을 알 수 있다. 특히 러시아는 부패하고 반민주적인 정치 체제가 문제이다. 각종 순위에서 터키나 러시아의 바로 위나 아래에 있는 나라들과 비교해 보면 무엇이 문제인지 뚜렷하게 드러난다. 러시아의 인구 문제와 정치 부패, 시대에 뒤진 자원의존 경제 모델, 그리고 사회 발달의 지체는 재능 있는 러시아 국민들의 욕망을 충족시키는 데 심각한 장애가 된다. 〈표 4-1〉을 보면 러시아와 터키가 유럽과 획기적으로 관계를 개선한다면 양측 모두에 큰 이득이 됨을 알 수 있다.

무엇보다도 러시아가 서방과 융화되는 데 가장 큰 걸림돌이 되는 것은 법치를 무시하는 경향이다. 러시아가 법 우위(supremacy of law)의 원칙을 제도화하지 않은 채 받아들인 서구식 민주주의는 겉모습만 모방한 것에 불과하다. 이런 상황은 부패와 시민권 남용을 부추기는데, 이는 사회를 국가에 종속된 존재로 보는 러시아의 오랜 전통 때문이다.

〈표 4-1〉 터키와 러시아의 글로벌 성과 순위와 인구 구성 순위

● 터키와 러시아의 글로벌 성과 순위

분야	터키의 순위	터키 앞뒤 순위 국가	러시아의 순위	러시아 앞뒤 순위 국가
정치의 자유[1]	부분적으로 자유로움		자유롭지 않음	
언론의 자유[2]	101위	알바니아를 포함한 3개국과 같은 순위	174위	예멘 173위, 콩고 175위
국제 무역 물류[3]	39위	슬로바키아 공화국 38위, 사우디아라비아 40위	94위	조지아 93위, 탄자니아 95위
인간개발[4]	79위	페루 78위, 에콰도르 80위	71위	알바니아 70위, 마케도니아 72위
교육[5]	109위	사우디아라비아 108위, 세인트빈센트 그레나딘 110위	42위	스위스 41위, 불가리아 43위
환경 성과[6]	77위	아르메니아 76위, 이란 78위	69위	이집트 68위, 아르헨티나 70위
경제 분야 경쟁력[7]	61위	슬로바키아 공화국 60위, 스리랑카 62위	63위	스리랑카 62위, 우루과이 64위
정부 부패 인식도[8]	56위	말레이시아, 나미비아와 같은 순위	154위	예멘 146위, 콩고 민주공화국 164위 (9개국이 러시아와 같은 순위)
기업가 정신[9]	43위	남아공 42위, 멕시코 44위	57위	태국 56위, 튀니지 58위

주: 1) 프리덤 하우스(Freedom House)의 '세계 자유 보고서(Freedom in the World Report)' 2010.
2) 프리덤 하우스의 '세계 언론 자유 보고서(Freedom of the Press Report)' 2009.
3) 세계은행의 '물류 성과 지수(Logistics Performance Index, LPI)' 2010.
4) UN개발계획의 '인간 개발 지수(Human Development Index, HDI)' 2009.
5) UN개발계획의 '교육 지수(Education Index)' 2009.
6) '환경 성과 지수(Environmental Performance Index, EPI)' 2010.
7) 세계경제포럼(World Economic Forum)의 '글로벌 경쟁력 지수(Global Competitiveness Index, GCI)' 2010~2011.
8) 국제투명성기구(Transparency International)의 '부패 인식 지수(Corruption Perceptions Index, CPI)' 2010.
9) Acs-Szerb 글로벌 기업가 정신 및 개발 지수(GEDI) 2010.

● 터키와 러시아의 글로벌 인구 순위[10]

분야	터키의 순위	수치	러시아의 순위	수치
전체 인구	17위	77,804,122명	9위	139,390,205명
인구 증가율	97위	1.272%	222위	−0.465%
출생률	107위	1,000명당 18.28명	176위	1,000명당 11.11명
사망률	164위(낮음)	1,000명당 6.1명	7위(높음)	1,000명당 16.04명
출생시 기대수명	126위	72.23년	161위	66.16년
총출산율	115위	여성 1명당 2.18명	200위	여성 1명당 1.41명
HIV/에이즈 성인 감염률	155위(낮음)	0.1% 미만	52위(높음)	1.1%
에이즈 환자	자료 없음	자료 없음	13위	940,000명
에이즈로 인한 사망	자료 없음	자료 없음	13위	연간 40,000명

주: 10) CIA 월드 팩트북 2010 추정치.

게다가 현재 러시아가 추구하는 대외정책의 지정학상 목표는 터키와 달리 러시아 내부에서도 갈등을 빚고 있으며, 어떤 면에서는 현실과 거리가 먼 경향이 있다. 러시아가 터키와 사뭇 다른 점은, 대서양 지역의 각종 기구에 정식회원으로 가입해 대서양 공동체의 일원이 되는 것이 지금 러시아의 주요 목표가 아니라는 점이다. 사실 러시아의 정계와 재계 인사들은 국제 무대에서 러시아의 역할에 대해 서로 다른 견해를 갖고 있다. 러시아의 부유한 기업가들, 특히 상트페테르부르크(Saint Petersburg)와 모스크바(Moskva)의 부유한 기업가 대다수는 러시아가 현대화된 유럽식 사회가 되기를 바란다. 그들은 거기서 오는 경제 이득을 기대하기 때문이다. 반면 정치 지도층 대다수는 러시아가 미국과 거리를 둔 유럽에서 유럽을 지배하는 세력이 되거나, 미국과 동등한 강대국이 되기를 원한다. 또 일부 러시아인은 '유라시아주의(Eurasianism, 러시아의 아시아 중시 정책이며 비유럽주의라고도 한다_옮긴이)'를 지지하거나, 슬라브 연합(Slavic Union), 혹은 중국과의 반서방 동맹을 꿈꾼다.

'유라시아주의자(Eurasianist)'들은 러시아의 영토 규모에만 사로 잡혀 러시아를 유럽이나 아시아 어느 한쪽에만 속하지 않는 유라시아의 강대국이라 여기며, 따라서 러시아가 미국, 중국과 동등한 역할을 할 수밖에 없다고 생각한다. 이들은 유라시아를 가로지르는 러시아 영토가 대부분 텅 비어 있으며 여전히 저개발 상태라서 자신들의 유라시아주의 전략이 단지 환상임을 깨닫지 못한다. 이와 마찬가지로, 중국과 연합전선을 구축해 미국에 맞선다는 생각도 현실과 거리가 멀다. 많은 러시아인들은 인정하기 싫겠지만, 사실 그런 러시아-중국 동맹(중국이 이런 동맹을 원한다고 가정할 경우)에서 러시아는 중국보다 열등한 관계를 맺을 가능성이 크고, 그런 관계는 러시아 영토는 물론 러시아 국가 자체에도 부정적인 영향을 끼칠 것이다.

또 러시아와 우크라이나, 벨라루스로 구성되는 '슬라브 연합'을 꿈꾸는 러시아인들도 있다. 슬라브 연합 전략은 러시아 정부도 지지하는데, 이들은 옛 러시아 제국과 소련이 지배했던 지역에서 '특권이 있는 역할'을 노린다. 하지만 러시아인들은 이것이 민족주의 확산을 가져오고 그로 인한 영향이 매우 클 것임을 제대로 인식하지 못한다. 특히 최근 새로운 자주독립의 맛을 본 우크라이나와 벨라루스의 젊은이들 사이에 민족주의가 확산될 경우 문제가 걷잡을 수 없이 커질 수 있다. 러시아가 우월한 지위를 누리게 될 '공동 경제구역' 역시 회의적이다. 우크라이나 등이 공동 경제구역을 통해 이득을 얻을 것이라는 가정만으로는 민족 정체성과 정치 독립에서 오는 자부심을 덮을 수 없다. 따라서 우크라이나와 벨라루스를 슬라브 연합에 끌어들이려는 노력은 러시아를 이들 주변국과의 갈등으로 몰아갈 위험이 있다.

마지막으로 과거 스탈린주의에 대한 러시아의 모호한 태도 또한 러시아와 서방의 관계에 상당한 걸림돌이다. 나치 시절의 과거와 완전히 단절한 독일과 달리 러시아는 겉으로는 스탈린주의를 비난하면서도 역사상 가장 잔인한 범죄에 직접 책임이 있는 자들을 여전히 숭배한다. 방부 처리된 레닌의 시신은 모스크바 붉은 광장을 굽어보는 웅장한 무덤에 모셔져 있고, 스탈린의 유골은 크렘린궁의 벽에 안치돼 있다. 만약 베를린에 히틀러의 유해를 이런 식으로 안장했다면 독일 민주주의에 대한 신뢰도는 땅에 떨어졌을 것이다. 과거 역사에 대한 러시아의 이런 모호한 태도는 역사 교과서에서 레닌과 스탈린 정권을 분명하게 비난하지 않은 모습에서도 드러난다. 이 문제에 관한 푸틴의 애매한 발언과 옛 소련의 영광을 향한 그의 향수는 추악한 소련의 과거를 직시하지 않으려는 러시아 정부의 태도를 잘 보여준다. 러시아의 이런 태도는 서방 국가들과의 관계에 부담을 주는 한편, 러시아의 민주화에도 걸림돌이 된다.

따라서 러시아가 계속 멋대로 굴고 혁신적인 민주화 계획을 실행하지 않는다면, 러시아는 새로운 갈등의 화근이 되어 주변국의 안보까지 위협할 수 있다.[5] 현대화를 추진할 능력과 의지를 갖춘 리더십의 결여, 사회 발전이 지체되고 있다는 인식 확산(러시아 도시 중 서방의 생활 수준에 견줄 만한 곳은 상트페테르부르크와 모스크바뿐이다), 세계 강국으로 발돋움하는 중국에 대한 우려, 국제사회를 주도하는 미국을 향한 반감,

광활하고 자원이 풍부한 영토에 대한 자부심, 극동 지역의 인구 감소와 러시아 인구 구성에 대한 걱정, 문화 및 종교상으로 이질적인 무슬림 인구에 대한 경각심 등이 겹쳐서, 러시아는 야망과 잠재력 사이의 균형을 맞추기 위해 무엇을 해야 할지 결정하는 데 어려움을 겪고 있다.

현재 러시아의 친서방 행로에 방해가 되는 것은 확고한 입지를 가진 권력층이다. 이들은 예전부터 있던 강압적인 국가기관과 연결되어 있으며, 제국주의 시절에 대한 향수를 품고 러시아인들의 민족주의를 부추긴다. 사실 푸틴은 러시아에 필요한 현대화가 미국을 배제한 채 러시아와 유럽이 공동으로 진행해야 하며, 민주화는 논의 대상에서 제외해야 한다는 견해를 여러 차례 밝힌 바 있다. 2010년 11월 25일 독일의 일간지 〈쥐트도이체 차이퉁*Süddeutsche Zeitung*〉에 실린 '리스본부터 블라디보스토크에 이르는 경제공동체'라는 기사를 보면, 그는 독일 재계를 상대로 "유럽(특히 독일)이 러시아의 현대화에 협조하면 유럽인에게 이익이 되며 러시아의 현대화가 정치의 서구화를 전제로 하진 않는다."라는 사실을 분명히 했다. 이는 메드베데프가 민주화를 강조한 것과는 서로 대비가 된다.

러시아의 국내 문제가 시급하게 해결돼야 하고 러시아가 어떤 선택을 하느냐가 매우 중요하다는 점을 고려해 볼 때, 앞서 언급했듯이 향후 10년은 러시아의 미래, 그리고 보다 넓어지고 활기 찬 민주 체제 아래 서방의 미래에도 매우 중요한 시기가 될 것이다. 그러나 안타깝게도 푸틴은 독선적인 민족주의와 냉전에서 승리한 미국을 향한 적대감, 그리고 현대화와 강대국의 지위(그는 유럽이 이를 위해 자금을 지원해 주길 바란다)에 대한 희망이 뒤섞인 시각으로 미래를 바라본다. 그가 원하는 국가는 파시스트 정권 시절의 이탈리아와 놀랄 정도로 비슷하다. 당시 이탈리아는 맹목적인 애국심을 이데올로기로 삼았으며, 전체주의는 아니지만 권력층과 과두재벌이 공생 관계를 가진 권위주의 독재국가였다.

따라서 러시아의 일부 정책 옹호자들이 러시아는 NATO와 좀 더 긴밀한 관계를 희망한다고 주장할 때 이를 조심해서 들을 필요가 있다. 모스크바의 '싱크탱크'들과 사적인 대화를 나눠 보면 그들의 주장이 NATO를 무력화하기 위한 것임을 알 수 있다. 유럽은 힘이 약해질수록 해체하기 쉽고, 여러 유럽 국가들을 러시아에 유리하도록 이용하기도 쉬워질 것이다.

이런 점을 고려해 보면 러시아를 포함시켜 NATO를 신속히 확장하는 것이 화해의 지름길이라는 일부 유럽인(특히 독일, 이탈리아 재계와 관계된 사람들)의 주장은 잘못됐다. 러시아를 NATO에 포함시킬 경우 오히려 정반대의 결과를 초래할 가능성이 높다. 러시아가 지금처럼 부패가 만연한 권위주의 정치와 극도의 비밀주의를 고집하는 군부를 그대로 유지한 채 NATO에 가입한다면, NATO는 더 이상 민주체제 국가들의 연맹으로서 존재하지 못할 것이다. 또 러시아가 유럽의 민주주의 기준을 충족시키도록 헌법을 수정하지 않은 채 EU에 가입하는 것도 마찬가지다(현재 터키는 이 기준을 충족시키려고 노력 중이다). 일부 서유럽의 기업인들은 서로 가치관을 공유하는 일이 지속적인 관계 발전에 얼마나 중요한지에는 관심이 없고, 오로지 러시아의 자원을 이용하는 데만 몰두해 있다. 그러나 진정한 의미에서 긴밀한 관계는 이전의 몇몇 정치인들은 말할 것도 없고 서유럽의 기업인들이 주도하는 경제 교류만으로는 이루어질 수 없을 것이다.

그러나 러시아 지도층은 러시아의 먼 미래를 위해 지정학상의 전략 방향을 다시 설정하려는 바람직한 움직임을 보이고 있다. 주로 모스크바의 싱크탱크와 언론계에 포진하고 있는 러시아의 서구화주의자들(Westernizer)은 러시아가 낙후되고 있다고 걱정하는데, 러시아의 사회 발전이 지체되는 것을 보면 이들의 우려가 옳음을 알 수 있다. 이런 인식이 확산되면서, 먼 미래를 내다보고 신중한 전략을 세워 서방에 접근해야 한다는 목소리가 높아지고 있다.

푸틴이 자신의 후계자로 선택한 메드베데프 대통령은 2009년 후반 뜻밖에도 '현대화는 곧 민주화'라는 생각을 가진 사람들의 대변인을 자처하고 나섰다. 변화하는 러시아 정계에서 이런 견해가 점차 입지를 확보하고 있다는 증거였다. 이전에는 반체제 지식인들에게 국한됐던 견해가 러시아 최고위층에 스며들기 시작한 것이다. 이는 푸틴이 대통령직에 복귀해도 의미 있는 일이며, 러시아의 대통령이 "러시아가 서구식으로 현대화하려면 민주화가 필수적"이라는 견해를 밝혔다는 사실 자체가 러시아의 정치 발전에서 놀랄 만한 일이다(푸틴은 2012년 3월 4일에 치러진 대통령 선거에서 득표율 63%로 당선됐다. 그는 3대, 4대 대통령에 이어 6대 대통령이 됐고, 다시 연임할 경우 2024년까지 재임할 수 있다_편집자). 2010년 10월 모스크바에서 필자가 메드베데프를 개인 자격으로 만났을 때 그는 더욱 솔직히 이런 견해를 밝혔다.

현재 러시아에는 메드베데프의 현대화 비전에 매력을 느끼는 유권자들(아직은 주로 모스크바와 상트페테르부르크 등 대도시의 상류층이 주류를 이룬다)이 확실히 늘고 있다. 거기에는 지식인만이 아니라 서방의 고등교육기관을 졸업한 젊은이들과 서방을 여행해 본 사람들, 서방과 교류가 있는 기업인 다수가 포함된다. 게다가 현재 러시아의 매스미디어, 특히 TV는 예능 프로와 교양 프로를 막론하고 서구식 생활방식을 보여주는 일이 흔해졌다. 러시아 일간지들도 대체로 이데올로기가 없는 모

> 2009년 9월 10일 러시아 대통령의 공식 웹사이트에는 메드베데프 대통령의 대국민 성명이 실렸다. '힘내자 러시아(Go Russia)!'라는 제목의 성명에서 메드베데프는 러시아의 단점을 신랄하게 비판하고 과감한 개혁을 촉구했다. 그 내용 중 일부를 소개한다.
>
> 현재 러시아 경제에는 소련 체제의 중대한 결함을 여전히 갖고 있습니다. 러시아 경제는 개인의 요구를 무시합니다. …… 수세기에 걸친 부패가 러시아를 쇠약하게 했습니다. 러시아의 부패는 경제, 사회 등 중요한 여러 분야에 정부가 지나치게 개입한 데서 비롯됐습니다. …… 러시아 역사에서 가장 위대한 두 번의 현대화 사례(표트르 대제가 실시한 현대화와 소련 치하의 현대화)는 파괴와 수치심을 낳고 수백만의 러시아인을 죽음으로 내몰았습니다. …… 우리가 민주화를 위해 노력할 때에만 우리 스스로 자유롭고, 책임감 있으며, 성공한 국민이라고 말할 권리가 있습니다. 민주주의는 보호돼야 합니다. 시민의 기본권과 자유도 보호돼야 합니다. 그것들은 무엇보다 독재를 초래하는 부패와 자유의 결핍, 불의로부터 보호돼야 합니다. …… 과거에 대한 향수가 러시아 대외정책의 지침이 돼서는 안 되며 우리의 전략상 중요한 장기 목표는 러시아의 현대화입니다. (메드베데프가 대외정책과 관련해 '향수'를 언급할 때 누구를 염두에 두고 한 말인지는 여러분의 추측에 맡긴다.)

습을 보인다. 물론 러시아의 상처받은 제국주의 자만심 때문에 뉴스 보도에서 미국을 왜곡하는 경우는 종종 있다.

결국 러시아가 미국에 호감을 갖고 서방과 지리·문화적으로 가깝다는 조건을 잘 활용할지는 러시아에 달렸다. 또한 그런 조건을 이용해 사회를 현대화하고자 하는 노력을 서구식 민주화 노력으로 연결할지의 여부도 러시아에 달렸다. 갈수록 많은 러시아 지식인들이 현대화와 민주화가 서로 공생하는 관계임을 인식하고 있다. 러시아 재계 인사들도 2007년 금융 위기 이후 뒤늦게나마 이 점을 점점 더 인식하게 됐고, 정치 지도자들은 러시아의 발전이 중국에 비해 현저히 뒤지고 있는 점에 우려를 나타낸다. 따라서 현재 러시아의 정치 상황이 불안정하긴 해도, 먼 안목으로 봤을 때, 서방과 보다 안정되고 결속력 있는 관계를 맺는다면 러시아의 미래에 유익하리라는 조심스러운 낙관론이 점차 퍼지고 있다.

지금까지 나는 유럽이 러시아와 보다 깊고 폭넓은 관계를 맺지 않는 한 유럽의 진정한 문제 해결은 불가능하다고 주장했다. 마찬가지로 러시아가 서방, 특히 유럽과 보다 긴밀한 관계를 맺지 않는 한 안정된 지정학상의 미래를 기대하기 어렵고, 만족할 만큼 현대화되고 민주화된 국가도 될 수 없을 것이다. 러시아가 서방과 신뢰를 구축하면서 조화로운 관계를 형성해 나가지 못한다면 성공한 민주국가가 되겠다는 야망은 국내외 여건 때문에 실현이 불가능할 것이다. 따라서 2009년 9월 메드베데프의 성명은 시기상 적절했을 뿐 아니라 러시아 국민의 정신을 번쩍 들게 할 만큼 따끔한 경고였다. 그의 경고는 러시아가 선택할 수 있는 오직 하나의 길을 확실히 보여줬다. "현재 러시아의 재정과 기술 역량은 삶의 질을 향상시키기에 충분치 않습니다. 우리는 유럽과 미국, 아시아의 자금과 기술이 필요합니다. 또 이 국가들은 러시아가 기회를 제공해 주길 원합니다. 우리는 그들과의 친선을 원하고, 문화와 경제 분야 교류에 관심이 많습니다."

러시아와 서방이 진정한 협력을 이루는 데 가장 필요한 것은 러시아의 정치 현대화를 통해 동반자 관계를 구축하는 일이다. 양측의 동반자 관계는 서방이 대서양 양안(미국과 유럽)의 연합 관계를 지금처럼 유지하고 이를 바탕으로 장기 정책을 세우는 것이다. 이런 장기 정책에는 전략의 명확성과 포용이 있어야 한다. 전략의 명확성이란 러시아가 어떤 식으로 발전할 때 서방을 분열시키지 않고 그 힘을 한층 더 강화하는 데 도움이 될지를 현실성 있게 판단하는 것이다. 또한 포용은 서방과 러시아가 함께 성장하기 위한 노력을 참을성 있고 끈질기게 해 나가야 한다는 의미다. 전략적 사고와 신중함이 있는 정책을 추구할 때 가장 중요한 원칙은 유럽이 미국과 돈독한 관계를 유지해야만 자신감 있게 동쪽으로 손을 내밀어 러시아를 포용하고 결속력 있는 관계를 맺을 수 있다는 것이다.

서방과 러시아는 입헌 민주주의의 틀 안에서 서로의 이익과 공통의 가치를 조화롭게 추구해야 한다. 러시아가 점차 민주주의의 보편 기준을 받아들인다면(메드베데프의 말을 빌리자면 이런 과정은 상대방과의 문화 교류를 통해 이뤄진다) 러시아 내 정치 시스템이 점차 크게 바뀔 것이다. 또한 대외적으로는 서방과의 사회·경제 분야 유대가 용이해질 것이고, 결국에는 정치 분야로까지 협력이 꾸준히 확장될 것이다. 자유무역지대, 유럽 내 여행 자유화, 그리고 정당한 이익 추구를 위해 어디든 이주해 정착할 수 있는 기회는 러시아 내부의 변화를 촉진할 수 있고, 서방과 보다 긴밀한 정치, 안보 분야 협력을 꾀할 수 있을 것이다.

러시아가 자연스럽게 유럽의 일부가 되기까지 얼마나 걸릴지 알고 싶다면 최근 40년간 세계 지정학상에 일어난 급격한 변화를 생각해 보고, 그런 급격한 변화의 발생 주기가 갈수록 빨라지고 있다는 점을 유념해 보는 것이 도움이 될 것이다(〈표 4-2〉에는 1970~2010년, 단 40년 동안 일어난 광범위한 지정학상의 변화가 요약돼 있다).

러시아가 우크라이나를 진정한 독립국으로 인정할 경우 러시아와 서방의 긴밀한 관계(경제는 EU와, 안보는 NATO와, 그 외 대부분은 미국과)를 보다 앞당길 수 있다. 유럽과 가까워지고 EU 회원국이 되고자 하는 열망은 우크라이나가 러시아보다 강하다. 따라서 EU가 2010년 11월 우

〈표 4-2〉 예측할 수 없는 역사상 변화 1970~2010년

	대서양 동맹	소련(러시아)	중국
약 1970~ 1980년경	· 유럽의 절반에서만 군사 동맹을 맺었다. · 유럽은 소련의 군사력 증강을 우려했다. · 미국은 베트남에서 교착 상태에 빠졌다가 결국 포기했다.	· 체코슬로바키아를 점령했다(1968). · 대규모 전략 군비 증강이 미국을 앞지를 태세였다. · 1980년이 되면 경제가 미국을 앞지를 것이라 선언했다.	· 문화혁명으로 인한 폭력 사태가 확산되면서 국내가 혼란스러웠다. · 정치 엘리트들이 대거 숙청됐다. · 제조업 규모가 미국의 약 9%였다.
약 1980~ 1990년경	· 이란에서 친미 노선의 팔레비(Pahlevi) 국왕이 타도됐다. · 미국은 중국과 관계를 정상화하고 암묵적으로 반소련 동맹 구축에 합의했다.	· 소련이 아프가니스탄을 침공했다. · 폴란드를 침공하고 자유 노조운동을 진압하려 했다. · 경제성장 둔화로 개혁 정책 '페레스트로이카(perestroika)'를 실험했다.	· 덩샤오핑의 주도로 자유화를 지향하는 경제개혁을 실시했다. · 미국과의 관계를 정상화하고 아프가니스탄에서 반소련 전선을 구축했다. · 톈안먼 광장의 민주화 시위를 무자비하게 진압했다.
약 1990~ 2000년경	· 냉전 종식으로 미국이 유일한 초강대국으로 부상했다. · 독일이 통일을 이뤘다. · 유럽공동체(EC)가 유럽연합(EU)이 됐다. · NATO가 중부 유럽으로 확대됐다.	· 폴란드에서 자유노조운동이 정권을 잡고 소련 블록이 붕괴됐다. · 소련이 해체되면서 옛 소련권 국가들이 독립했다. · 러시아가 사회 위기 속에서 민주주의를 실험했다.	· 경제개혁을 시골에서 도시로 확대했다. · 연간 경제성장률이 10%에 육박했다. · 도시 기반시설 개조에 착수했다.
약 2000~ 2010년경	· 미국이 9·11 사태 후 '테러와의 전쟁'을 개시했다. · 미국이 아프가니스탄에서 탈레반을 전복시켰다. · 미국이 2003년 이라크를 침공했다. · EU가 중부 유럽으로 확대됐다. · 서방이 대형 금융위기에 휘말렸다. · 미국은 부채와 경기 침체로 사회 시스템이 위기에 처했다.	· 러시아가 체첸에서 전쟁을 벌였다. · 푸틴하의 독재 체제 복귀를 추진했다. · 에너지 초강대국을 꿈꿨다. · 세계적 추세에서 러시아의 경제적 취약점이 드러나면서 불황이 지속됐다.	· 세계무역기구(WTO)에 가입했다. · '세계의 공장'으로 부상해 제조업 규모가 미국을 앞질렀고 세계 2위의 경제대국이 됐다. · 30년간 지속된 활발한 경제 성장으로 중산층이 2억 5,000만 명으로 늘었다.

크라이나에 EU 프로그램 참여 자격을 부여하고, 2011년 공식 협정을 체결한 일은 현명한 결정이었다. 우크라이나가 러시아에 적대감을 나타내지 않으면서 러시아보다 먼저 서방에 접근한다면, 러시아가 서방을 향해 문호를 열고 유럽의 밝은 미래에 기여할 것이다. 반면 우크라이나가 서방과 단절되고 러시아에 정치상 종속될 경우 러시아는 제국주의의 부활이라는 헛된 꿈에 사로잡힐 가능성이 있다.

서방과 러시아가 향후 몇 십 년간 보다 결속력 있는 공식 제도를 통해 유대관계를 구축할 경우, 그 관계가 정확히 어떤 성격일지 지금으로선 예측하기 어렵다. 다만 지금 말할 수 있는 것은 그 과정이 사회·경제 분야만큼이나 정치·안보 분야도 최대한 균형 있게 추진돼야 한다는 점이다. 이를 위해선 사회 차원의 교류 확대와 NATO 군과 러시아군의 합동훈련 등을 생각할 수 있고, 정책을 조정할 새로운 기구가 탄생될 수도 있다. 그리고 이 모든 과정은 러시아가 EU의 회원이 될 자격을 갖추는 데 도움이 될 것이다.

하지만 러시아가 EU에 가입하지 않는다 해도 (밴쿠버에서 동쪽으로 블라디보스토크에 이르는) 미국과 유럽, 러시아 사이에 공동의 정책을 지속적으로 협의하기 위한 공식 협의체가 탄생될 가능성이 있다.

러시아의 친서방화는 우크라이나의 친서방화에 동반되거나 그에 뒤따를 가능성이 높기 때문에 그런 공동협의체(당분간은 유럽의회가 그 역할을 할 가능성도 있다)의 소재지는 키예프(Kiev, 우크라이나의 수도)가 될 가능성이 있다(키예프는 1,000년 전 서방과 당당하게 교류하던 키예프 대공국의 수도였다). 현재 유럽의 동쪽, 터키 바로 북쪽에 있는 키예프의 위치는 활력을 되찾고 영역을 확장한 새로운 서방의 상징이 될 수 있다.

따라서 2025년 이후에 서방의 경계가 지금보다 넓어질 것이라는 예

〈그림 4-1〉 2025년 이후: 세계 안정의 핵심을 이루게 될 확장된 서방

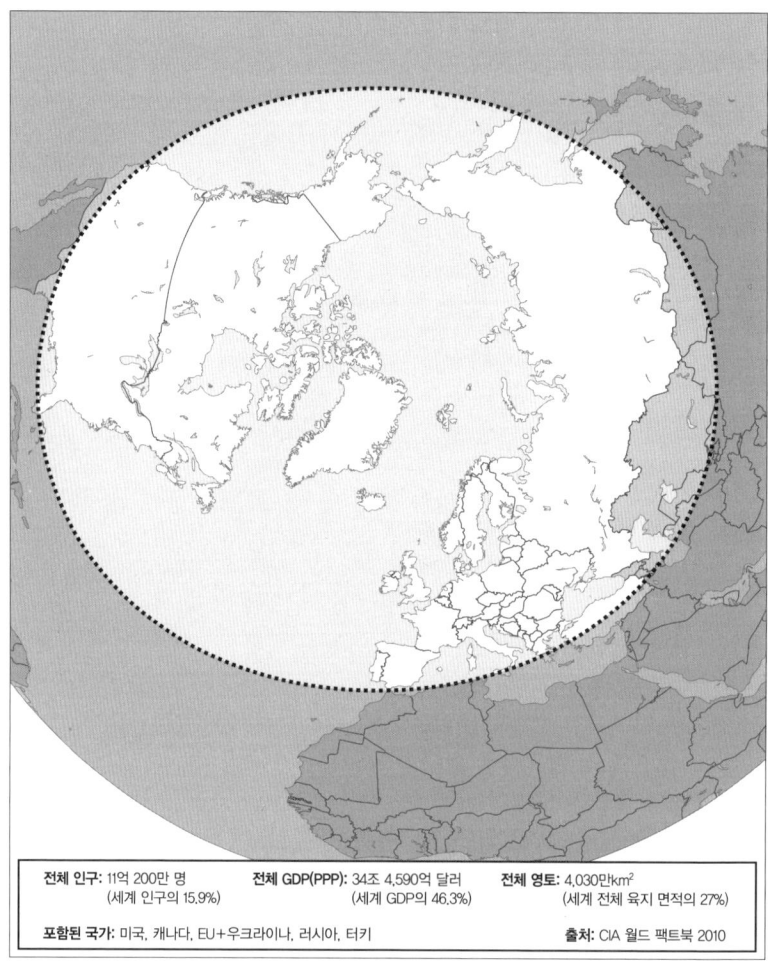

전체 인구: 11억 200만 명 (세계 인구의 15.9%)　　전체 GDP(PPP): 34조 4,590억 달러 (세계 GDP의 46.3%)　　전체 영토: 4,030만km² (세계 전체 육지 면적의 27%)

포함된 국가: 미국, 캐나다, EU+우크라이나, 러시아, 터키　　출처: CIA 월드 팩트북 2010

측은 충분히 가능성 있는 이야기다. 그때쯤 터키는 이미 완전한 EU 회원국이 돼 있을 것이다. EU 가입 요건이 더 까다로워진 점을 생각하면 그렇게 되기까지는 몇 번의 중간 단계를 거쳐야 할 것이다. 하지만 유럽과 미국이 서방의 경계를 지금보다 더 확장시키겠다는 전략적 비전

을 갖고 협력한다면 터키는 유럽에 통합되려는 노력을 꾸준히 지속할 것이다. 향후 20여 년간 서방과 러시아가 진정성 있게 협력하고 결속력 있는 관계를 형성할 것이라 예상하는 것 또한 허무맹랑한 생각이 아니다. 러시아가 EU와 NATO의 기준에 맞춰 법에 기반을 둔 광범한 민주화에 착수한다면 충분히 가능하다. 최적의 환경이 조성된다면 러시아가 EU와 NATO, 양쪽 모두에 가입할 수도 있다.

이는 모든 이해 당사자가 '윈-윈(win-win)'할 수 있는 결과이며, 아울러 사회가 변화하고 현대화됐음을 상징한다. 터키와 러시아가 서방의 일원이 되면 양국은 현대 민주주의 세계에서 자국의 위치를 공고히 할 수 있으며, 우크라이나가 여기에 참여한다면 국가의 독립을 보장받을 수 있을 것이다. 그리고 지금의 유럽에는 새로운 기회와 모험이 될 것이다. 새로운 장소와 사업 기회에 매력을 느낀 유럽 젊은이들은 북동쪽의 시베리아나 동쪽의 아나톨리아(예전의 소아시아, 현재의 터키_옮긴이)로 진출할 것이다. 인구의 자유로운 이동과 새로운 도전 가능성은 사회보장과 같은 내부 문제에 집착하는 현재 유럽의 비전을 한 단계 도약시킬 것이다. 유라시아를 가로지르는 현대화된 도로와 고속철도는 인구의 이동을 촉진할 것이고, 이로인해 서유럽에서 경제 및 인구가 러시아로 활발하게 유입되면 극동에서 러시아의 영향력을 감소시킬 것이다. 갈수록 세계화되는 블라디보스토크는 앞으로 몇 년 안에 러시아 영토로 남아 있으면서도 유럽의 여느 도시처럼 변모할 것이다.

다양한 방법으로 터키와 러시아의 서방 합류를 촉진하는 유럽은 앞으로 미국과 동맹 관계를 유지하면서 국제 무대에서 주역이 될 가능성이 있다. 경계가 더 넓어진 서방은 공동의 원칙을 갖고 보다 매력 있는 경제 및 정치 대안을 제시함으로써, 유라시아 일부 지역에서 보이는 종교상의 비관용이나 정치 광신주의, 민족 간의 적대감을 상쇄하기가 보다 쉬워질 것이다.

그러나 경계가 넓어지고 활력이 넘치는 서방을 만들기 위한 목적이 단순히 서양식 민주주의가 보편타당하다는 자신감을 되찾기 위한 것이어서는 안 된다. 그 목적은 미국과 유럽이 신중한 노력을 통해 터키와 러시아를 보다 큰 협력의 틀 속에 공식적으로 포용하는 것이어야 한다. 물론 이때 협력은 민주주의의 가치를 공유하고 민주주의를 위해 성실히 노력한다는 전제가 있어야 이뤄질 수 있다. 그렇게 되기까지는 시간과 인내심, 그리고 상황이 복잡하고 어려운 러시아의 경우는 특히 냉철한 현실 인식이 절실히 요구된다. 이는 지난 세기에 역사상 최대 규모의 학살과 파괴가 있던 전쟁의 현장이었으며 인류가 얼마나 잔인할 수 있는지를 가장 잘 보여줬던 유럽 대륙으로서는 역사상 큰 진전일 것이다. 지난 40년간 세계 정치가 얼마나 급변했는지를 생각할 때(184쪽 〈표 4-2〉 참조), 그리고 급변하는 상황이 발생하는 주기가 갈수록 빨라지고 있다는 점을 생각할 때, 경계가 더 넓어지고 활력이 넘치는 서방이 21세기 중반에 등장하리라는 예측은 결코 망상이 아니다.

3. 안정되고 협력하는 새로운 아시아

현재 글로벌 강대국의 분포가 서에서 동으로 이동하고 그 현상이 지속되는 점을 감안할 때, 21세기 아시아도 20세기 유럽처럼 국가 간 경쟁에 사로잡혀 결국 자멸하게 될까? 그럴 경우 세계 평화는 대재앙을 맞을 것이다. 이 질문부터 시작하는 이유는 얼핏 봤을 때 오늘날의 아시아는 과거의 유럽과 놀랄 정도로 닮아 있기 때문이다.

20세기 초 국제 무대에서 유럽의 영향력은 절정을 이뤘지만 불과 30년도 못 가 자멸하고 말았다. 갈수록 독선적이고 국력이 커지는 제국주의 독일을 감당하기 어려웠기 때문이다. 오늘날 새롭게 변한 아시아에서 중국의 성장이 몰고 오는 도전도 이와 비슷하다. 1870년 프로이센과의 전쟁에서 패해 분노의 눈물을 삼켜야 했던 프랑스는 독일의 부상에 반대하며 바짝 경계했다. 이런 과거 프랑스의 모습은 지금의 인도와 비슷하다. 대륙에서 떨어졌지만 유럽에서 상당한 영향력이 있던 영국은 유럽 문제에 직접 개입하지는 않으면서 많은 관심을 보였는데, 이런 영국은 지금의 일본에 비유할 수 있다. 마지막으로, (그러나 어느 것 못지않게 중요한) 러시아도 관련됐다. 러시아는 독일이 오스트리아-헝가리 편을 들어 세르비아에 맞서는 데 반대했으며 그 결과 1914년 제1차 세계대전이 일어났다. 그리고 1939년 러시아가 독일과 손잡으면서 유럽은 두 번째이자 마지막 자멸의 길인 제2차 세계대전으로 치달았다. 오늘날 중국의 부상을 우려하는 러시아는 중국에 대한 견제 세력으로 인도의 편을 든다.

이처럼 유럽이 대재앙을 맞은 주된 요인은 [1815년 빈(Wien) 회의에서 제국주의 국가들 간의 협정으로 만들어진] 유럽의 국가 간 시스템이 새로운 제국주의 세력의 동시다발적 부상에 대처하지 못하고, 중부 유럽 전역에 번진 포퓰리즘 민족주의의 열망을 충족시키지 못했기 때문이다. 중부 유럽의 민족주의 열망은 그 후 수십 년간 점점 강해졌다. 유럽이 국제 무대의 중심에서 물러난 오늘날의 세계에서 아시아 지역의 안정은 국제사회 안정과 큰 관련이 있다. 이는 중국이 세계 주요 강대국으로 부상했기 때문만은 아니다. 세계 경제에서 일본, 인도, 인도네시아, 한국이 매우 중요한 것도 주된 요인이며, 동남아 여러 나라 전체의 경제 비중도 빼놓을 수 없다. 이 모든 아시아 국가들이 일치단결한 상태는 아니지만, 아시아 국가 전체의 GNP와 인구는 세계 GNP의 24.7%, 인구의 54%를 차지한다.

더욱이 앞서 1부에서 지적했듯이 세계 인구에서 큰 비중을 차지하는 아시아의 많은 사람들이 정치에 각성했다. 아시아인들의 정치 의식 바탕에는 민족주의나 종교가 깔려 있으며, 이 두 가지 요소에는 (각국이 겪었던 특정한 역사에 따라) 그 정도가 다르긴 하지만, 오래된 반(反)서방 정서가 혼합돼 있다. 아시아 각국이 자국의 역사를 논할 때 등장하는 공통분모는 반제국주의이며, 서방의 특정 세력 때문에 피해를 입었다고 생각한다. 요컨대 아시아는 단일체가 아니며, 정치, 종교, 문화, 민족 측면에서 서방보다 다양하다. 아시아인들은 정치 각성이 늦은 반면 과거의 아픈 기억은 아직도 생생히 갖고 있다. 대중들의 자부심이 강하고, 아시아 각국이 점점 부유해지면서 영향력도 커지고 있다. 그러나 아직도 아시아의 많은 인구가 가난하고 여유를 누리지 못하며, 기본권이 박탈된 채 생활한다. 또한 많은 나라가 서로를 적대시한다. 이들의 포퓰리즘 성격을 띤 열정은 변덕이 심하지만, 민족주의 열정은 150년 전의 유럽만큼이나 뜨겁다.

따라서 아시아의 민족주의는 아시아 지역의 정치 안정을 해치는 주된 요인이며, 거기에 종교 열정까지 더해지면 매우 위험하다. 아울러 민족주의는 안정된 민주 체제가 등장하거나 민주 체제를 공고히 하는 데도 커다란 방해가 될 수 있으며, 다른 나라와 갈등을 빚어 감정 섞인 사건이라도 발생할 경우 특히 위험할 수 있다. 정치적으로 의도된 민족주의 슬로건이 그들의 열정을 분출시키면 거센 소용돌이가 발생할 수 있으며, 이는 독재정권이라 해도 감당하기 어려운 경우가 많다. 그러나 이보다 더 불행한 일은 비교적 민주적인 기존의 체제에서도 정치권이 대중들과 한편임을 증명하기 위해 민족주의자들이 원하는 바를 수용할 수밖에 없다는 점이다.

결국 아시아에서 국가들 간에 충돌이 발생할 가능성은 항상 널려 있다. 우선 지역 강대국들 간의 경쟁 때문에 충돌이 발생할 수 있는데, 중국과 인도의 경쟁 관계가 좋은 예다. 수리권(水利權)이나 국경을 둘러싸고 충돌이 발생할 수도 있고, 파키스탄과 인도처럼 미해결된 영토분쟁 때문에 충돌이 발생할 가능성도 있다. 이 경우 상대 민족과 종교를 증오하는 과격성을 보이며 관련 당사국의 존립을 위협하는 지경에 이를 수도 있다. 일본과 중국처럼 해소되지 않은 역사상의 앙금이 뜻하지 않게 불씨가 될 가능성도 있다. 한국과 북한처럼 내부 불안정과 지도부의 오판 때문에 큰 충돌이 발생할 수도 있다. 또한 해상 영유권도 충돌의 씨앗이 될 수 있다. 중국과 일본, 중국과 남중국해에 인접한 동남아 국가들의 영유권 분쟁이 좋은 사례다. 나아가 현대화에 실패하고 쇠퇴하는 러시아가 몽골과 중앙아시아 국가의 천연자원을 확보하기 위해 애쓰는 중국의 정책에 불만을 품을 수도 있다.

중국과 미국이 상호 관계를 맺는 과정에서 서로 협력하여 정치, 경제 분야에 대한 영향력을 분배하는 데 실패할 경우에도 국제사회에서 매우 심각한 긴장이 발생할 수 있다. 경제 및 금융 분야처럼 분명한 경쟁구도 외에도, 대만이나 중국 영해 인근의 미 해군 배치, 한반도 문제 등도 양국 간의 긴장을 고조시킬 수 있다.

끝으로 아시아 지역 내의 경쟁구도가 핵무기 사용으로 이어질 가능성도 고려해야 한다. 아시아에는 이미 분명하게 밝혀진 핵보유국(중국,

인도, 파키스탄)이 있고, 북한도 불확실하지만 그 그룹에 한 다리를 걸치고 있다. 북한은 핵보유국이라는 주장을 주기적으로 반복하며 엄포를 놓는다. 만약 미국의 지역 안보에 대한 의지가 불투명해진다면, 일본도 재빨리 무시할 수 없을 정도의 핵무장 국가로 변모할 가능성이 있다. 그리고 아시아의 남서쪽 변두리에 위치한 이란은 이미 핵무기를 확보하는 과정에 있을지도 모른다. 현재 아시아에는 큰 집단안보 체계(유럽의 NATO와 같은 체계)가 없고, 어디로 튈지 모르는 민족주의 열정 때문에 많은 충돌 발생 가능성이 있다. 따라서 국가 간 분쟁이 보다 큰 지역 분쟁을 야기할 수 있다는 우려는 결코 지나친 것이 아니며, 특히 핵무기가 사용될 경우 그 피해 규모는 20세기에 유럽이 겪었던 끔찍한 상황을 훨씬 능가할 것이다.

그러나 아시아가 불확실성과 불균형이 심하다고 해도 앞으로 아시아가 파멸로 가는 전쟁을 겪을 수밖에 없다는 주장은 설득력이 떨어진다. 지금의 아시아가 20세기 유럽과 비슷하기 때문에 어쩔 수 없이 그런 전쟁을 치르게 될 것처럼 보일 수도 있지만, 둘의 차이점 역시 그 못지 않게 중요하기 때문이다. 둘의 차이점은 21세기 국제정세의 새로움, 그리고 아시아 국가들이 공유하는 독특한 역사에서 비롯된다.

지금의 아시아가 20세기의 유럽과 다른 첫 번째 요소는 군사력이다. 20세기 초반의 유럽은 세계 군사력의 중심이었지만, 지금의 아시아는 그렇지 못하다. 따라서 아시아의 어떤 지도자라도 대규모 전쟁을 고려한다면, 그 전쟁으로 간접 영향을 받는 외부 강대국이 개입할 가능성을 감안해야 한다. 예를 들어 인도와 중국 간에 단순한 국경분쟁이 아니라 실제로 큰 전쟁이 일어날 경우, 러시아는 어떤 형태로든 인도를 도울 것이 거의 확실하다. 이는 단지 중국을 약화시키기 위해서다. 그리

〈그림 4-2〉 무력 충돌 가능성이 있는 아시아 지역

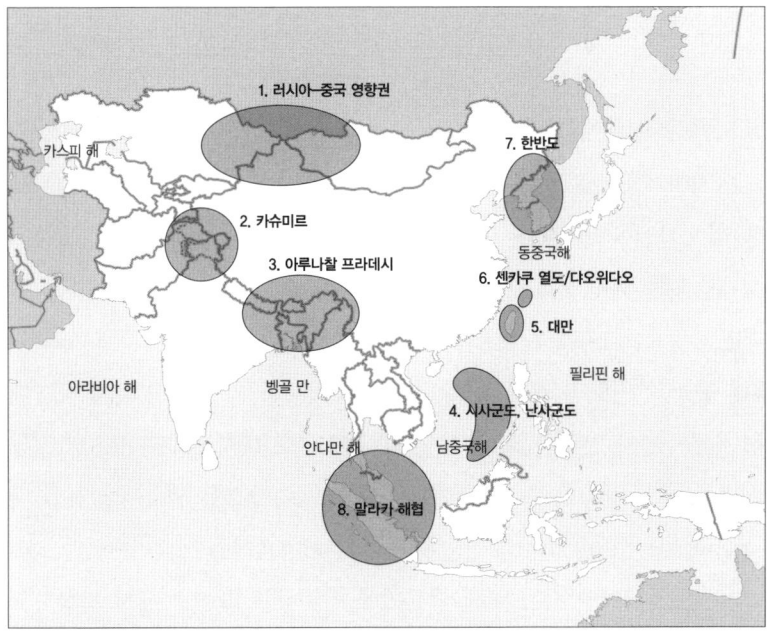

1. 러시아–중국 영향권: 과거에는 확실히 러시아의 영향권이던 중앙아시아와 몽골이 지난 수년간 중국과 협력을 확대하는 움직임을 보이고 있다. 이 지역은 중요한 천연자원이 많으며 야심에 찬 중국과 제국주의 향수에 젖은 러시아의 이해관계가 경쟁하여 충돌이 야기될 수 있다.
2. 카슈미르: 인도와 파키스탄 모두 카슈미르에 대한 주권을 주장하며, 이를 둘러싸고 두 차례 전쟁을 치렀다. 중국도 이 지역 내 일부에 대해 주권을 주장하며, 카슈미르 분쟁지역 내에서 파키스탄과의 협력 프로젝트를 추진하고 있다.
3. 아루나찰 프라데시(Arunachal Pradesh): 중국과 인도는 오래 전부터 이 지역을 둘러싸고 다툼을 벌어 왔으며, 1962년에는 양국 간 국경분쟁이 발생했다. 양국은 또한 이 지역에서 수리권을 주장하기도 한다.
4. 시사군도, 난사군도: 중국, 대만, 베트남이 시사군도의 영유권을 주장하며, 중국, 대만, 베트남, 필리핀, 말레이시아, 브루나이가 모두 난사군도의 영유권을 주장한다. 두 군도 모두 방대한 에너지 자원의 보고로 알려져 있다.
5. 대만: 미국은 대만을 중국의 일부로 인정 하지만, 평화통일만 받아들일 수 있다고 주장한다.
6. 센카쿠열도/댜오위다오: 일본, 중국, 대만이 동중국해에 있는 센카쿠열도/댜오위다오의 영유권을 서로 주장한다. 2010년 가을 중국–일본 간 충돌이 빚어져 서로 강경하게 대립하는 사태가 벌어지기도 했다.
7. 한반도: 휴전선과 그에 따른 한반도의 지위를 둘러싼 남북한 간의 오랜 이견에 특히 북한 핵무기까지 얽히면서 갈등이 심화됐으며 미국, 중국, 일본의 이해 관계가 깊이 개입돼 있다.
8. 말라카 해협: 중국으로서는 세계적으로 중요하고 이동이 많은 항로인 말라카 해협의 자유로운 통행이 허용돼야 본토로 에너지 공급이 원활하게 이뤄진다.

고 미국은 단일국가가 아시아의 확실한 실세로 등장해서는 안 된다는 우려를 갖고 이에 대응할 것이다. 따라서 미국은 어느 한쪽이 승리하는 결과를 피하기 위해 당사국 간 전투의 범위와 강도를 줄이고, 전쟁 목표도 축소하려 애쓸 것이다.

아시아의 지도층들은 자신들보다 군사력이 막강한 강대국이 외부에 있다는 사실을 잘 안다. 아시아 국가들의 GDP 대비 국방예산 비중이 상대적으로 낮은 것도 일부분 그 때문일 수 있다(세계은행에 따르면 GDP 대비 국방예산의 비율은 중국 2%, 인도 3%, 일본 1%인 반면 미국은 4.6%이다). 중국과 인도의 경우 서로 대립각을 세우면서도 GDP 대비 국방예산 비중이 낮고 핵무기도 그리 많지 않다. 이는 어느 쪽도 기존의 갈등이나 앞으로 발생할 수 있는 갈등을 무력으로 해결할 생각이 없음을 나타낸다.

둘째, 지금의 아시아는 세계 무역에 의존하는 환경 속에서 번창하고 있다. 이런 환경은 일방적인 군사 행동을 억제하며, 자기만족과 민족주의 열망을 대신해서 충족시킨다. 예컨대 대외 무역이 경제 성장을 촉진해 민족주의 성향의 극단주의를 억제하는 식이다. 중국은 30년에 걸쳐 사회·경제를 놀랍도록 변화시켰고, 이를 통해 경제-금융 분야와 국제 무대에서 위상이 크게 높아졌다. 중국은 이런 사실을 분명히 잘 알고 있고, 아시아의 다른 나라들도 중국과 같은 경험을 했다. 날이 갈수록 경제가 번창하는 한국과 아세안(ASEAN) 국가들도 국제사회와 교류하고 관계를 맺음으로써 민족주의를 바탕으로 한 불합리한 행동과 사고를 어느 정도 억제하는 효과를 본다. 이처럼 아시아 국가의 21세기 중산층이 세계와 밀접하게 쌍방향으로 연결되어 있는 것과 달리, 20세기 유럽의 중산층은 그러지 못했다. 지금의 아시아 중산층은 해외유학, 잦은 해외여행, 기업 간 연결망, 직업에서 성공하려는 열망, 인터넷을 통한 다른 나라와의 소통에 익숙하다. 이 모든 요인이 분명 민족주의 성향으로부터 완전히 자유롭게 하지는 않더라도, 자신의 이익과 국제사회가 상호 의존하고 있음을 보다 잘 의식하도록 해준다.

셋째, 유럽과 아시아 역사의 차이점도 주목할 만하다. 중국의 부상을 다룬 한 탁월한 연구서는 이렇게 평했다. "이미 몇 세기 전에 일본, 한국, 중국, 베트남, 라오스, 태국, 캄보디아 등 동아시아에서 가장 중요한 국가들은 모두 무역과 외교를 통해 직접, 또는 중국을 중심으로 간접 연결돼 있었다. 이들 국가들은 상호교류를 조정하는 원칙, 규범, 규칙을 공유함으로써 결속을 다졌다. …… 과거 유럽 강국들이 오랜 평화를 유지하는 경우는 많지 않았다. 그러나 동아시아 국가들은 거의 300년간이나 평화를 유지했다."[6]

넷째, 21세기 아시아의 평화를 위협하는 요인도 20세기 유럽과는 다르다. 20세기 유럽의 경우 전쟁의 원인은 상당 부분 민족주의에서 비롯된 영토 확장 야망 때문이었다. 땅이 넓어야 힘이 세고 위상이 높아진다는 사고방식 때문이었다. 가장 심한 경우 그런 야망은 국가의 생존을 위해 '자생공간(lebensraum, 생활 또는 생존에 필요한 절대적 공간_옮긴이)'이 필요하다는 그럴싸한 이론으로 정당화됐다. 지금의 아시아에서 지역 불안정의 주된 원인은 영토 확장 야심보다는 민족 다양성과 민족국가 이전 단계인 종족 충성심(tribal loyalty)에서 비롯된 내부갈등일 가능성이 높다. 실제로 인도를 두려워하는 파키스탄을 제외하고 동남아와 서남아 국가의 대다수 군 지휘부가 현재 가장 신경 쓰는 것은 주변국의 영토 확장 야욕이 아니라 자국의 안정 유지일지 모른다.

인구 대국인 인도가 좋은 사례다. 인도는 매우 중대한 두 가지 모순 때문에 내부적으로 혼란을 겪을 가능성이 있다. 극심한 빈부 격차와 민족, 언어, 종교의 다양성이 현재 인도의 가장 큰 문제다. 인도의 빈부 격차는 중국보다 심하며, 한족(漢族)이 인구의 91.5%를 차지하는 중국과 달리 인도 최대 민족의 비중은 70% 안팎이다. 이는 3억 명이나 되는 인구가 사실상 소수민족이라는 뜻이다. 게다가 종교도 문제다. 힌두교도가 약 9억 5,000만 명, 무슬림이 약 1억 6,000만 명, 시크교도는 약 2,200만 명이며, 이 외에는 매우 많은 소수 종파가 있다. 공용어인 힌두어를 사용하는 인구는 절반에도 못 미치며, 문자해독 수준이 매우 낮아서 여성 대다수가 사실상 문맹이다. 또한 농촌 지역의 불안이 확대되고 있으며, 10여 년간이나 폭력이 횡행했는데도 아직도 제대로 된 제재가 없는 상황이다.

더욱이 인도의 정치 시스템은 '세계 최대 민주주의 국가'로서 충분한 역할을 할 수 있는지 아직 입증되지 못했다. 인도 국민이 진정으로 정치에 각성하고 정치에 참여할 수 있어야 진정한 검증이 이뤄질 것이다. 정치계의 정경유착과 상당히 높은 문맹률을 감안할 때 인도의 현재 '민주화' 과정은 19세기에 노조가 등장하기 전 영국의 '귀족 민주주의'를 연상시킨다. 다양한 민족으로 이뤄진 인도 국민 대부분이 정치 의식을 갖고 자기 목소리를 낼 때 기존 시스템이 계속 유지될지 진정한 시험을 받을 것이다. 그때가 되면 민족, 종교, 언어의 다양성이 인도의 내부 결속을 위협할 수 있다. 다양성에서 오는 이질감이 통제 불능 상태로 확대되면 부족 간 갈등의 시련을 겪는 파키스탄 또한 이 지역에서 보다 광범위한 폭력사태를 유발하는 발화점이 될 수 있다.

이처럼 갈등과 충돌이 발생할 가능성이 충분히 있는 환경에서, 아시아의 안정은 중국을 중심으로 한 2개의 삼각구도(triangle)에 미국이 어떻게 대응하느냐에 일부분 좌우된다. 첫 번째 삼각구도는 중국-인도-파키스탄으로 이뤄진 구도이며, 두 번째 삼각구도는 중국-일본-한국을 축으로 하여 동남아 국가들이 포함되는 구도이다. 첫 번째 경우 파키스탄이 주요 분쟁 지점이자 불안정의 근원이 될 수 있고, 두 번째 경우에는 한반도(남북한)와 대만이 태풍의 눈이 될 가능성이 있다.

두 경우 모두 미국이 열쇠를 쥐고 있다. 미국이 균형을 바꾸고 결과에 영향을 미칠 만한 역량을 갖고 있기 때문이다. 따라서 미국은 아시아 강대국들 간의 충돌에 미국이 직접 군사 개입을 하지는 않을 것이라는 원칙을 처음부터 선언해야 한다. 파키스탄-인도 전쟁이나 여기에 중국이 끼어드는 상황, 또는 중국-인도 간 직접 전쟁이 발생하더라도 아시아 본토에 미국이 군사 개입을 하는 것만큼 미국의 이익에 피해를 주지는 않을 것이다. 그리고 미국의 군사개입은 연쇄반응을 일으켜 아시아 지역에서 보다 광범위한 민족 간, 종교 간 갈등을 촉발할 수도 있다.

물론 미군이 배치돼 있는 한국과 일본의 경우는 예외다. 그리고 아시아 국가들 간의 충돌 상황에 미국이 군사 개입을 하지 않는다고 해서 그로 인한 잠재 결과에 무관심해서도 안 된다. 미국은 전쟁 발발 자체를 막거나, 전쟁이 일어났다면 이를 억제해야 한다. 또한 어느 한쪽이 일방적으로 승리하는 결과를 막기 위해 영향력을 동원해야 한다. 그러나 그런 노력에는 다른 강대국들도 반드시 동참해야 한다. 강대국들 중 일부는 구경꾼처럼 팔짱을 끼고 지켜보며 미국이 개입하기를 바라면서 잇속을 챙기려 할지도 모른다. 따라서 전쟁을 예방하거나 억제해야 할 때, 또는 전쟁 당사국 중 더 과격한 쪽에 어떤 제재를 가해야 할 때는 미국만 그 책임을 떠맡아서는 안 된다.

앞에서 언급한 첫 번째 삼각구도(중국-인도-파키스탄)는 아시아의 패

〈표 4-3〉 중국과 인도의 글로벌 성과 순위 및 중국과 인도의 발달지표

● 중국과 인도의 글로벌 성과 순위

분야	중국의 순위	중국 앞뒤 순위 국가	인도의 순위	인도 앞뒤 순위 국가
국제 무역 물류[1]	27위	체코 26위, 남아공 28위	47위	키프로스 46위, 아르헨티나 48위
인간개발[2]	89위	도미니카 공화국 88위, 엘살바도르 90위	119위	카보베르데 118위, 동티모르 120위
교육[3]	97위	말레이시아 96위, 수리남 98위	145위	코모로 144위, 카메룬 146위
환경 성과[4]	121위	마다가스카르 120위, 카타르 122위	123위	카타르 122위, 예멘 124위
경제 분야 경쟁력[5]	27위	말레이시아 26위, 브루나이 28위	51위	몰타 50위, 헝가리 52위
정부 부패 인식도[6]	78위	불가리아 73위, 모로코 85위 (그리스를 포함한 5개국이 중국과 같은 순위)	87위	모로코 85위, 보스니아- 헤르체고비나 91위 (알바니아, 자메이카, 라이 베리아가 인도와 같은 순위)
기업가 정신[7]	40위	페루 39위, 콜롬비아 41위	53위	파나마 52위, 브라질 54위

주: 1) 세계은행의 '물류 성과 지표' 2010.
2) UN개발계획의 '인간 개발 지수' 2009.
3) UN개발계획의 '교육 지수' 2009.
4) '환경 성과 지수' 2010.
5) 세계경제포럼의 '글로벌 경쟁력 지수' 2010~2011.
6) 국제투명성기구의 '부패 인식 지수' 2010.
7) Acs-Szerb 글로벌 기업가정신 및 개발 지수(GEDI) 2010.

권을 둘러싼 경쟁과 관련이 있다. 중국과 인도는 이미 국제 무대에서 주요 주자이다. 인도는 세계 최대의 인구 대국이며 경제도 도약 중이다. 인도의 민주주의 체제와 그것이 지속될 가능성은 중국의 권위주의 모델에 대한 대안으로서 미국의 특별한 관심사다. 중국은 이미 세계 2위의

● 중국과 인도의 발달 지표[8]

지표	중국의 순위	수치	인도의 순위	수치
기대수명	94위	74.51년	160위	66.46년
남성 식자율	–	95.7%	–	73.4%
여성 식자율	–	87.6%(2007년)	–	47.8%(2001년)
PPP 기준 하루 1.25달러 이하 생활 인구[9]	–	15.9%(2008년)	–	41.6%(2008년)
산업생산 증가율	4위	9.9%	8위	9.3%
투자(총 고정투자)	1위	GDP의 46.3%	13위	GDP의 32.4%
연구개발 투자(2010년)[10]	–	GDP의 1.4% (총지출액 1,414억 달러)	–	GDP의 0.9% (총지출액 333억 달러)
고속도로 총연장 길이	–	6만 5,000km	–	200km

주: 8) CIA 월드 팩트북 2009년과 2010년 추정치.
    9) UN개발계획의 '인간개발보고서' 2010. '표 5' 다차원 빈곤지수(MPI).
    10) '2011 글로벌 R&D자금조달예측'. 〈바텔 앤 R&D 매거진〉 2010년 12월호.

경제 대국이며 머지않아 군사력에서도 그에 상응하는 지위에 오를 가능성이 크다(어쩌면 이미 그럴지도 모른다). 그리고 글로벌 강대국으로 빠르게 성장 중이다. 따라서 중국-인도 관계는 본질상 서로 경쟁하는 관계이며 적대시하는 관계이고, 거기에 파키스탄이 지역 분쟁의 핵이다.

인도의 경우 전략을 논하는 자리와 매체를 통해 중국에 대한 적의가 검열되지 않고 표출되며, 이것이 지금의 긴장과 국가 간 적대감을 부채질한다. 인도는 항상 중국을 위협으로, 특히 영토를 위협하는 세력으로 간주한다. 인도 언론들은 1962년 분쟁 중이던 국경 영토를 중국이 무력으로 차지한 일을 자주 언급한다. 인도는 미얀마와 파키스탄의 인도양 항구에 정치 및 경제상으로 입지를 구축하려는 중국의 노력을 인도를 포위하려는 전략으로 여긴다. 정부의 통제를 받는 중국 언론들은 인도 언론들보다 절제된 논조를 보이지만, 일부러 인도를 대수롭지 않은 라이벌로 깎아내려 인도의 반감을 더욱 부채질한다.

이렇게 인도를 무시하는 중국의 태도는 상당 부분 우월한 사회 성과에서 비롯된다. 중국의 GNP는 인도보다 훨씬 높으며, 도시 현대화와 기반시설 혁신 측면에서도 훨씬 앞서 있다. 또한 중국은 민족 구성이나 언어 측면에서도 인도보다 동질성이 크며, 문자해독률도 훨씬 높다(〈표 4-3〉 참조).

어쨌든 양국 모두 상대국에 대한 주관적 감정에 빠져 있고, 서로가 상대방의 지정학상의 약점을 잡고 있다. 인도는 중국의 경제와 크게 향상된 기반시설을 부러워한다. 중국은 인도의 후진성, 특히 사회 수준(문자해독률에서 가장 잘 드러난다)이 너무나 떨어져 있다고 깔본다. 인도는 중국과 파키스탄의 결탁을 두려워한다. 중국은 중동과 아프리카로 진출할 때 인도양을 이용하지 못하도록 인도가 방해할 수 있다는 점을 우려한다. 양국이 평화를 위해 노력하겠다는 공식 외교 성명을 제외하고는, 비공식 석상에서 영향력 있는 인물이 상호 간에 폭넓은 합의가 있어야 한다고 주장하는 경우는 거의 없다. 그에 따라 양국이 서로를 백안시하는 태도는 점점 강도를 더해간다.

중국과 인도의 이런 경쟁 구도에서 미국은 일정한 거리를 유지하며 신중하게 처신해야 한다. 그러나 미국의 신중한 정책, 특히 인도와의 동맹에 미국이 신중한 입장을 보인다고 해서, 그것이 인도의 가능성을 무시하는 것으로 보여선 안 된다. 인도는 중국의 권위주의 모델을 대체할 수 있으며, 지속해서 발전하고 민주주의가 지금보다 더 확산된다면 그 가능성은 더 높아진다. 따라서 인도와의 관계 강화는 마땅하지만 그것이 카슈미르와 같은 분쟁 현안에서 인도를 지지하는 것으로 보여선 안 된다. 카슈미르 문제에서 인도의 과거 행동이 비난 받을 여지가 있다는 점을 감안할 때 더욱 그렇다. 또한 인도와의 협력 관계가 중국을 견제하는 것처럼 보여서도 안 된다.

미국의 일부 정책 전문가들이 미국과 인도의 공식 동맹을 주장하기 시작했다. 아마도 중국과 파키스탄을 견제하려는 의도인 듯하다. 그러나 미국과 인도의 동맹은 미국의 안보 이익에 배치된다. 장기화되고 악화될 가능성이 높은 아시아 지역 갈등에 미국이 개입될 수 있기 때문이다. 중국에 대한 무기판매 금지가 유지되는 상황과 대조적으로, 2011년에 미국이 인도에 첨단무기를 판매키로 한 일은 현명하지 못한 결정이었다. 이 와중에 인도가 핵 프로그램까지 강화하면서, 중국은 미국에 반감을 갖게 됐다. 중국이 아직 미국의 적이 될 생각을 하지도 않는데 미국이 중국을 적으로 본다는 인상을 줬기 때문이다.

게다가 미국-인도 동맹 때문에 러시아가 어부지리를 얻을 수도 있다. 사실 미국-인도 동맹은 긴 안목으로 봤을 때 유라시아 대륙에서 미국의 이익에 해를 끼치는데, 이는 두 가지 이유 때문에 그렇다. 첫째, 미국-인도 동맹 덕분에 러시아가 중국에 대한 두려움을 덜게 되면 러시아는 서방과 보다 긴밀한 유대를 맺는 데 적극 나서지 않을 것이다. 만약 미국이 아시아 지역에서 갈등에 휘말려 여기에 정신이 팔리면 러시아는 이를 이용하여 중앙아시아와 중부 유럽에서 제국주의를 부활시키려 할지 모른다. 그렇게 되면 경계가 더 넓어지고 활력 있는 서방은 실현 가능성이 낮아질 것이다.

둘째, 미국-인도 동맹은 이슬람권에서 반미 테러를 부추길 수도 있다. 미국-인도 동맹이 사실은 파키스탄을 겨냥한 것이라고 추측할 가능성이 있기 때문이다. 미국과 인도가 동맹을 맺은 상태에서 인도 어디에선가 힌두교도와 이슬람교도 간에 폭력이 발생할 경우 그럴 가능성은 훨씬 더 크다. 인도 인근의 서남아시아나 중앙아시아, 아니면 중동 등 많은 이슬람권에서 반미에 동조하는 분위기가 확산돼 미국을 겨냥한 테러를 지지할 가능성이 있다. 요컨대 중국-인도-파키스탄 삼각구도와 관련해서는 미국이 어떤 동맹관계든 맺지 않음으로써 군사력을 개입해야 할 책임을 지지 않는 것이 현명하다.

그러나 중국-일본-한국을 축으로 동남아까지 포함하는 두 번째 삼각구도에서는 미국이 어떻게 대응해야 하는가는 그리 간단하지 않다. 개괄적으로 말하자면, 이 삼각구도는 아시아 본토에서 중국이 지배 세력으로서 어떤 역할을 할 것인가와 관련이 있고, 또한 태평양에서 미국의 지위와도 관련 있다. 일본은 극동지역에서 미국의 핵심 정치·군사 동맹국이며, 현재 일본은 자체적으로 군사력을 억제하고 있다. 그러나 중국의 영향력 확대에 대한 우려가 커지면 그런 상황이 바뀔 수 있다. 또 일본은 경제 규모에서 최근 중국에 추월당하긴 했지만, 여전히 세계 3위의 경제 강국이다. 한국은 급성장하는 경제 강국이며, 미국의 오랜 우방으로서 북한과 발생할 수 있는 충돌을 미국에 의존해 억지한다. 동남아는 미국과 공식적인 유대 관계가 많지 않으며 강력한 지역 동반자 관계(아세안)를 구축하고 있지만, 중국의 세력 확대를 두려워한다. 무엇보다 중요한 것은 중국이 경제·정치 분야의 영향력을 키우면 앞으로 국제 무대에서 미국의 지위를 위협할 수 있지만, 이미 미국과 중국의 경제 관계는 상호 적대 행위를 할 경우 양국이 모두 타격을 입는 구조로 굳어졌다는 점이다.

역사에 남을 만한 중국의 최근 성과를 감안할 때 중국 경제가 느닷없이 멈춰설 것이라 가정하기는 어렵다. 지난 30년간 중국의 경제는 크게 도약했다. 그 반환점이던 1995년에 미국의 일부 저명한 경제학자들은 중국이 2010년이 되면 구소련처럼 심각한 곤경에 처할 수도 있다고 예견했다. 1960년대에 소련은 공개석상에서 1980년이 되면 자국의 경제가 미국을 추월할 것이라고 주장했지만, 막상 그 시점이 되자 소련 경제는 수렁에 빠졌기 때문이다. 그러나 중국 경제가 아무리 회의적이라 해도 지금 시점에서 보면 중국 경제가 실제로 성장했으며, 그 성장세가 한동안 계속될 가능성이 분명해 보인다. 비록 연간 성장률은 둔화되겠지만 말이다.

그렇다고 중국산 공산품의 수요 감소나 세계 금융위기의 역풍 가능성을 완전히 배제할 수는 없다. 또 중국 사회에서 여러 가지 격차가 확대되어 중국 내부의 긴장이 고조될 가능성도 있다. 긴장이 고조되면 정치 불안이 야기될 수도 있는데, 어쩌면 1989년의 톈안먼 사태가 그 예고편이었을지도 모른다. 약 3억 명에 이르는 중국의 새로운 중산층이 보다 많은 정치 권리를 요구할 수도 있다. 그러나 이 중 어느 것도 구소련처럼 체제가 완전히 무너지는 상황을 초래하지는 않을 것이다. 미국은 중국을 사악한 세력으로 몰아붙이거나 은근히 중국의 실패를 바라는 대신 국제 무대에서 점점 커지는 중국의 역할과 영향력을 직시하고 거기에 적응해야 할 것이다.

보다 심각한 위험은 경제보다는 사회·정치 성격이 더 짙은 전혀 엉

뚱한 곳에서 초래될 수 있으며, 중국 지도부의 질적 수준이 떨어지거나 민족주의가 고조될 때 나타날 수 있다. 둘 중 어느 것이든 그것이 실제 상황으로 벌어지면 국제사회에서 중국의 지위를 약화시키는 정책을 초래하거나 차분한 국내 변혁에 방해가 될 것이다.

중국 지도부는 문화혁명 이후 지금까지 대체로 신중한 경향을 보였다. 덩샤오핑은 실용주의와 현실주의를 바탕으로 비전과 결단력을 가진 인물이었다. 덩샤오핑 이후 중국은 세 차례에 걸쳐 안정된 권력 교체를 거쳤다. 확실하게 예정된 권력 승계를 위한 표준화된 절차가 있었던 덕택이다. 덩샤오핑의 후계자들은 가끔씩 견해차를 드러냈다. 예를 들어 잠시나마 덩샤오핑의 후계자로 지목됐던 후야오방(胡耀邦)은 동지들이 허용할 만한 수준 이상으로 정치 다원주의를 옹호했다. 그러나 대체로 중국 지도부는 여러 문제를 미리 대비하기 위해 애쓰며, 국내 정책의 성공으로 발생하는 부작용을 다른 나라들은 어떻게 극복했는지 연구하는 데도 노력을 기울인다. 실제로 중국 공산당 정치국은 정례 모임을 갖고 주요 국내외 현안을 하루 종일 연구하며 해외 사례나 과거 사건과 비교 분석한다. 그 첫 모임에서는 해외 제국의 흥망에서 얻는 교훈을 다뤘는데, 미국을 가장 최근의 제국으로 다뤘다.

현재의 중국 지도부 세대는 더 이상 혁명가나 혁신가가 아니다. 이들은 국가 정책의 주요 현안들을 다루기 위한 장기 계획이 이미 세워진 안정된 정치 환경에서 성장했다. 이들은 효율성 있는 정부를 위한 유일한 토대는 오로지 안정된 관료체제(사실상 중앙집중식 통제체제)라고 여기는 듯하다. 그러나 고도로 관료화된 정치 환경에서는 개인의 용기와 독창성보다 관료체제에 순응하는 보신주의와 윗사람에게 비위를 맞추는 것이 정치적 지위가 올라가는 데 더 유리할 때가 많다. 그리고 긴 안목으로 봤을 때 관료화된 체제 속에서 인사 정책이 대단히 경직돼 인재를 적대시하고 혁신을 가로막게 된다면 어떤 지도부라도 권력을 오래 유지하기가 어려워진다. 게다가 지도부가 부패하는 한편 공식적으로 내세우는 이념과 정치에 각성한 대중들의 열망 사이에 깊은 골이 생길 경우 정치 체제 안정이 위험해질 수 있다.

그러나 중국의 경우 대중의 불만이 대규모 민주화 운동 형태로 표출될 가능성은 낮다. 그보다는 사회 불만이나 민족주의 열정으로 나타날 가능성이 크다. 그중에서도 중국 정부는 사회 불만의 가능성을 더 의식해 그에 대비해 왔다. 중국 당국은 대규모 사태를 유발하여 사회 안정을 위협할 수 있는 5대 주요 위협요인을 다음과 같이 지목했다. (1) 빈부 격차, (2) 도시 지역의 불만과 소요, (3) 만연한 부패 문화, (4) 실업, (5) 사회에 대한 불신이 그것이다.[7]

그러나 지도부 문제보다 민족주의 고조가 대처하기에는 더 어려울지도 모른다. 중국의 민족주의가 고조되고 있다는 것은 정부의 통제를 받는 출판물과 언론보도에서도 뚜렷하게 보인다. 중국 지도부는 중국의 국제사회 지위와 목표를 규정할 때 여전히 신중한 태도를 보인다. 하지만 2009년에 이르자 중국의 주류 언론들은 높아지는 중국의 위상과 경제력에 고무되어 독선과 교만에 찬 주장들을 하기 시작했다. 게다가 중국이 세계 1위 국가를 향해 계속 성장하고 있다는 보도까지 흘러나왔다. 포퓰리즘 성향을 띤 민족주의가 크게 고조될 수 있다는 것은 댜오위다오 인근에서 발생한 일본과의 사소한 해상 마찰을 두고 중국 대중들이 크게 분노하는 모습에서도 뚜렷이 드러났다. 마찬가지로 대만 문제도 언젠가는 미국을 향한 중국 대중들의 적대감을 불러일으킬 가능성이 있다.

사회의 압력(social pressure)을 모두 수용하는 나약한 지도부보다는, 그 압력을 보다 많은 참여로 이끌 수 있는 현명하지만 독단적인 지도부가 있어야 중국은 앞으로 일부 측면이라도 민주주의로 발전할 가능성이 있다. 나약하고 무능한 지도부는 정치권의 단결과 권력 유지를 위해 성급하고 극단적인 민족주의로 중국을 이끌 수 있는 정책을 추진하려 할 수 있다. 중국은 지금까지 대중들의 열망과 국제 무대에서의 이익이 균형을 이루도록 매우 신중하게 전략을 추진했다. 그러나 지도부가 권력상실과 미래에 대한 불안 때문에 민족주의 확산을 지지한다면, 그 균형이 깨질 수 있다.

이런 상황이 발생하면 중국의 정치권력 구조에 근본적인 변화가 발생할 수도 있다. 중국 인민해방군은 국가 장악력을 가진 유일한 전국 조직이며, 주요 경제 자산을 관리하는 데도 깊이 개입한다. 따라서 중국 지도부가 약해지고 민족주의가 고조될 경우 군부가 사실상 국정을 장악할 가능성이 매우 높다. 중국 군관단(軍官團, 장교들)이 정치와 매우 밀접한 관련을 맺고 있는 것도 이런 가능성을 높인다. 군 고위층은 100% 공산당 당원이며, 이들은 중앙공산당과 마찬가지로 자신들이 국가 위에 군림한다고 생각한다. 따라서 체제 위기가 발생할 경우 군부의 공산당원들은 자신들의 권력 장악을 당연시할 것이다. 그러면 중국 지도부는 민족주의 성향이 강하고 잘 조직화됐지만 국제 경험이 없는 이들로 채워질 것이다.

중국이 민족주의 성향이 강해지고 군부에 장악되면 고립을 자초하게 될 것이다. 그리고 중국의 현대화에 대한 국제사회의 기대가 무너질 것이다. 미국에서는 기존의 반(反)중국 정서가 다시 고개를 들 수도 있고, 어쩌면 인종차별 성향까지 나타날지 모른다. 또한 중국의 야망을 두려워하는 아시아 국가들 사이에서는 상대를 가리지 않고 반중국 연합전선을 구축해야 한다는 압박에 시달릴 수 있다. 그럴 경우 지금은 경제 측면에서 성공한 중국과 손을 잡고 싶어하는 이웃나라들이 민족주의와 공격 성향이 강한 중국에 맞서기 위해 외부의 억지 세력(아마도 미국)을 적극 원할 가능성이 있다.

미국은 방위공약에 따라 수십 년 전부터 일본과 한국에 미군을 주둔시키고 있다. 따라서 중국이 이 지역에서 어떤 태도를 취하느냐가 미국과 중국의 관계 전반에 직접 영향을 끼칠 것이다. 대체로 볼 때 강대국으로 부상하면서도 여전히 신중한 정책을 취하는 중국은 현재 다음과 같은 6대 전략 목표를 추진하고 있는 듯하다.

1. 중국이 지리상 봉쇄될 가능성을 줄인다. 중국은 미국과 일본, 한국, 필리핀의 안보 조약 / 말라카 해협을 통해 인도양, 나아가 중동, 아프리카, 유럽 등지로 진출하기 위한 중국의 해상로가 차단될 위험성 / 러시아와 중앙아시아를 통해 유럽과 교역하기 위한 경제 타당성이 있는 육로의 부재 등으로 봉쇄될 위험이 있다.
2. (중국-일본-한국 간 자유무역지대가 포함될 가능성이 있는) 새로운 동아시아 공동체와 기존의 아세안에서 유리한 입지를 구축하고, 그곳에서 (아직 미국을 제외시키지는 않더라도) 미국의 영향력을 억제한다.
3. 파키스탄을 인도에 대한 견제 세력으로 굳게 자리매김하고, 이를 통해 아라비아 해와 페르시아 만으로 갈 수 있도록 보다 가깝고 안전한 접근로를 확보한다.
4. 중앙아시아와 몽골의 경제 분야에서 러시아보다 월등히 우월한

영향력을 확보하고, 이를 통해 아프리카나 라틴아메리카보다 가까운 지역에서 중국의 천연자원 수요를 일부 충족시킨다.
5. 중국 내전 이후 미해결 상태인 대만 문제를 덩샤오핑의 '일국양제(一國兩制, 한 국가 두 체제)' 지침에 따라 중국에 유리한 방향으로 해결한다(일국양제 지침은 저자가 과거 덩샤오핑과 협상을 하는 과정에서 중국 언론에 처음 공표됐다).
6. 중동, 아프리카, 라틴아메리카 여러 국가와 경제 분야에서 우호관계를 구축하고, 이후 정치 분야로 확대한다. 이를 통해 안정된 원자재, 광물, 농산물, 에너지 공급원을 확보하고, 동시에 현지 시장에서 가격 경쟁력을 갖춘 중국 공산품의 우월한 입지를 구축한다. 그리고 그 과정을 통해 국제 정치무대에서 중국에 대한 지지를 확보한다.

이상의 6대 전략 목표는 일부 중국 전략가들이 중국의 '대주변국가(大周邊國家)' 전략이라 칭하는 것이며, 지정학상의 이익과 경제상의 이익이 모두 포함돼 있다. 또한 그와 동시에 중국이 아시아 지역에서, 그리고 결국에는 세계에서 주도적인 역할을 할 정당한 자격이 있다는 역사관도 반영돼 있다. 중국의 전략에는 과거 소련의 경우와는 달리 이념을 세계에 보편화시키려는 열망은 없지만, 세계 으뜸 강대국이 되고자 하는 욕망과 중국의 자부심이 분명히 반영되어 있다. 물론 중국은 세계를 주도하는 강대국이 되고, 심지어 미국의 지위를 차지하려는 야심을 지금 당장은 드러내지 않고 있다. 실제로 중국은 '화해세계(조화로운 세계)'라는 슬로건을 중심으로 영리하게 계산된 대외정책을 수립했다. 그리고 이미 도처에서 이 정책이 저개발 국가 사람들을 매혹시키고 있다.

매력을 잃은 '아메리칸 드림'에 미래를 걸 수 없는 사람들에게 중국은 '차이니즈 드림(Chinese Dream)'을 제시하기 시작했다.

아시아에서 미국의 위상을 약화하기 위해 중국은 이 6대 전략 목표를 탄력 있고 끈기 있게 추진할 수도 있고, 공격적으로 추진할 수도 있다. 예컨대 지금 상태로 한국, 일본과 손잡고 동아시아 공동체를 구축한 뒤 미국을 참여시킬 수도 있고, 또는 중국의 주도하에 통일된 한국과 미국에서 떨어져 중립국이 된 일본이 참여하는 공동체를 구성할 수도 있다. 중국이 6대 전략 목표를 (주로 미국과의) 타협과 합의를 통해 추진할지, 아니면 민족주의가 팽배한 채 미국을 적대시하면서 독단적이고 독선적으로 추진할지는 중국의 민족주의 정서가 얼마나 강한가에 좌우될 것이다.

이 둘 중 어느 쪽이 더 가능성이 있을지는 두 가지 근본 변수에 달려 있다. 즉, 중국의 부상에 미국이 어떻게 대응할 것인가, 그리고 중국이 어떻게 변화해 나갈 것인가가 그것이다. 그 과정에서 양국의 통찰력과 성숙도가 엄격한 시험을 받을 것이며, 그 결과는 양국 모두에 막대한 영향을 미칠 것이다. 따라서 미국으로서는 중국의 대외 야망 중 어떤 부분을 용납할 수 없는지, 그리고 미국의 사활이 걸린 이익(vital interest)에 위협을 가하는지 판단해야 한다. 아울러 내키지 않더라도 미국의 중대한 이익에 해가 되지 않는 선에서 용납할 수 있는 부분은 무엇인지도 생각해야 한다. 이는 미국이 중국과 충돌할 가치가 없는 문제가 무엇인지, 어디서 선을 그어야 하는지를 차분하게 구분하여, 중국이 도를 넘으면 그것이 중국에 오히려 해가 됨을 스스로 깨닫도록 하는 것이다. 어떤 일이 있어도 중국이 국제문제에 도움이 되고 중요한 동반자가 되도록 만드는 것이 미국의 궁극적 목표가 돼야 한다.

따라서 미국이 중국과의 동반자 관계 구축 가능성을 높이려면 현실을 받아들여야 한다. 다시 말해서 중국이 경제만이 아니라 지정학 측면에서도 아시아의 최고 강대국임을 인정하고 받아들이는 것이다. 이와 동시에 미국이 (중국의 용납 여부에 관계 없이) 일본, 한국, 필리핀, 싱가포르, 인도네시아와의 지속적인 유대관계를 바탕으로 극동 지역에서 지정학상으로 중요한 역할을 계속 유지한다면, 포괄적인 미중 간의 글로벌 동반자 관계는 더욱 강화될 것이다. 이처럼 미국이 극동 지역에서 그 존재감을 계속 유지할 경우 중국 주변국들은 이를 활용하여 강대국 중국의 그늘 속에서도 안심하고 평화롭게 자국의 독립과 이익을 추구할 수 있을 것이다.

안정된 미중 동반자 관계를 구축하는 데 있어 일본은 미국의 핵심 동맹국이다. 미국과 영국의 긴밀한 관계가 미국이 대서양의 강국임을 보여주듯이, 미국과 일본의 유대 관계는 미국이 태평양의 강대국임을 상징한다. 이처럼 영국, 일본과의 관계 덕분에 미국은 유럽과 아시아에서 각각 다양한 동반자 관계를 구축할 수 있다. 이런 맥락에서 중국과 일본이 미래를 위해 진실로 화해한다면 미국에 큰 이익이 된다. 미군의 일본 주둔, 그리고 특히 양국 간의 안보 유대가 중국과 일본 간의 화해를 촉진할 수 있다. 미국과 중국이 상호 협력 범위를 확대하고 협력 수준을 높이기 위해 진지하게 노력한다면 일본과 중국의 관계는 한층 더 돈독해질 것이다.

이와 동시에 일본이 국제 무대에서 보다 적극적으로 활동하고 군사력을 키운다면 국제사회의 안정에 큰 도움이 될 것이다. 일본의 몇몇 저명인사들은 최근 출범한 환태평양경제동반자협정(Trans-Pacific Partnership, TPP)에 일본이 가입할 것을 촉구하고 있다(2016년 현재 참여국은 일본을 포함 12개국이다). 미국이 선호하는 TPP는 태평양 연안 국가들 간의 자유무역을 목표로 한다(중국의 전문가들은 TPP가 동아시아 지역의 공동체 정신을 저해하려는 음모라고 비난한다). 일본이 TPP 회원국이 되더라도 여전히 중국을 위협할 만한 강대국은 되지 않겠지만, 세계 평화에 더 많이 기여 하고 경제 위상에 보다 걸맞은 행동을 할 수 있을 것이다. 한편 중국과 일본은 석유 매장량이 풍부할 것으로 짐작되는 섬을 두고 영유권을 주장하고 있는데, 이 문제도 국제 중재를 위한 절차를 따른다면 쉽게 풀릴 것이다.

한국은 한반도가 분단된 상태에서 북한의 위협이 계속되는 한 미국의 방위 공약에 의존할 수밖에 없다. 그러나 이런 상황이 계속 유지되는 것은 미군의 일본 주둔에 달려 있다. 한일 양국은 폭넓은 통상 관계를 맺고 있지만, 과거사 때문에 긴밀한 군사협력은 이루어지지 않고 있다. 협력이 양국 안보에 분명 도움이 되는데도 말이다. 한국의 안보가 확실할수록 북한의 예기치 않은 도발 가능성이 줄어든다. 언젠가 평화 통일의 시기가 무르익으면 그때 가서 단계적인 통일에 어쩌면 중국이 중요한 역할을 할지도 모른다. 그럴 경우 한국은 중국이 통일을 지원하는 대가로 미국, 그리고 특히 일본과의 방위협력 관계를 어느 정도 줄일 수 있는지 다시금 돌아봐야 할지도 모른다.

미국이 인도네시아, 싱가포르, 말레이시아, 베트남과 정치 및 통상 관계를 강화하고 필리핀과의 기존 관계를 유지하면, 아시아 각국이 동남아 지역 협력 기구에 미국의 참여를 지지할 가능성이 높다. 이들 아시아 국가가 미국과의 그런 관계에 관심을 보인다면 중국은 미국의 태평양 전략이 중국을 봉쇄하려는 게 아니며, 미중 동반자 관계 형성에 도움이 되도록 중국을 보다 넓은 협력 네트워크에 참여시키기 위한 것임을 이해하게 될 것이다.

　이처럼 아시아 지역의 보다 폭넓은 경제 및 정치 협력의 틀 속에서 미국과 중국의 관계가 좋은 방향으로 발전이 지속되려면 양국 간의 민감한 현안 세 가지가 반드시 해결돼야 한다. 첫째 현안은 가까운 장래에, 둘째는 향후 몇 년 안에, 셋째는 10여 년 이내에 평화적으로 해결돼야 한다.

　먼저 첫 번째 현안은 중국 영해(해안으로부터 9.6km) 주변에서 미군의 정찰, 그리고 중국의 경제수역 일부와 겹치는 공해상에서 미 해군 함정의 순찰과 관련된 것이다. 미군의 이런 활동을 중국으로서는 충분히 도발로 여길 만하다. 만약 중국이 미국 영해 근처에서 같은 식으로 활동을 한다면 미국의 대중들은 분명 중국을 비판하는 데 한목소리를 낼 것이다. 게다가 공중정찰은 의도치 않게 충돌로 이어질 위험이 다분하다. 미군 비행기가 공중정찰을 하면 중국은 전투기를 출동시켜 근접 감시하고, 때로는 시비를 거는 경우도 흔하기 때문이다.

　두 번째 현안은 점점 논란이 가열되는 것으로, 양국의 군사력 증강 문제다. 그런데 이것을 체계적으로 다룬다면 첫 번째 현안도 보다 잘 해결될 수 있다. 미국의 국방예산과 무기 프로그램 규모는 중국보다 훨씬 크다. 그것은 미국이 현재 전쟁을 수행 중이기 때문이기도 하고, 또 세계 각지의 문제에 개입하기 때문이기도 하다. 중국도 이에 대응해 군비를 증강하고 있다. 현재로서는 중국의 군비 증강의 영향은 아시아 지역에만 국한되긴 하지만, 미국의 아시아 동맹국들에 대한 안보 공약과 미국의 안보에도 직접 영향을 미친다. 따라서 장기적인 군비 계획 및 상호 안전보장 장치와 관련해 양국이 일종의 합의를 이뤄야 한다. 이를 위한 양국의 체계화된 노력은 한국과 일본의 안전을 보장해 주고 보다 장기적인 미중 동반자 관계에 반드시 필요한 요소다. 그런 합의를 거치지 않으면 앞으로 극복하기 어려운 문제가 반드시 발생하며, 기존의 협력관계가 약화되면서 심각한 군비경쟁이 야기될 것이다.

세 번째 현안은 세 가지 현안 중 가장 풀기 어렵지만 앞의 두 현안이 진척되는 상황에 따라 쉽게 풀릴 수도 있는 것으로, 대만과 관련된 문제다. 미국은 대만을 더 이상 독립국가로 여기지 않으며, 중국과 대만이 '하나의 국가'라는 중국의 입장을 인정하고 있다. 어느 시점이 되면 미국과 중국은 긴 시간을 두고 다음의 두 가지를 합의해야 할 것이다. 하나는 대만에 대한 미국의 무기 판매는 중국의 적대감을 초래하기 때문에 이를 중단해야 한다는 것이다. 다른 하나는 덩샤오핑의 '일국양제' 노선에 따라 중국과 대만이 한 국가로 통합된 후에도 대만의 체제를 보장하되, 이 노선을 탄력 있게 적용하여 대만이 정치 및 사회 체제는 물론 심지어 군대도 별도로 보유할 수 있도록 보장해야 한다는 것이다. 따라서 중국의 방침은 일국양제가 아닌 '일국다제(一國多制)'로 재정의돼야 한다.

영국 식민지였다가 중국으로 반환된 홍콩에서 '일국양제' 형식은 실제로 시험을 거친 바 있다. 홍콩에 인민해방군이 배치됐음에도 민주주의 체제를 포함한 내부 자치가 가능하다는 것이 증명됐다. 그리고 중국의 커지는 영향력을 감안할 때 대만이 '일국다제' 형식을 탄력 있게 해석하여 인민해방군이 대만에 주둔하지 않는데도 중국과 통합하는 것을 무한정 거부할 수 있을지 의문이다. 이처럼 정치적으로나 도덕적으로 민감한 문제에 미국과 중국이 기꺼이 합의할 것인지는 전반적으로 양국 관계가 어떤가에 좌우될 것이다. 앞의 두 문제가 해결되면 양국 간에 적대행위가 발생할 가능성이 가장 큰 요인이 제거되는 셈이다. 하지만 긴 안목으로 보자면 세 번째 현안을 해결하지 못하면 양국 관계에 매우 심각한 균열이 생길 수 있다. 특히 미국이 닉슨 대통령 시절 이미 중국은 하나뿐이라는, 중국과 대만이 공유하는 원칙을 인정했기 때문이다.

앞서 언급했듯이 미국과 중국의 국내 상황도 양국 관계에 큰 영향을 끼친다. 미국이 기반기설을 쇄신하고 기술 혁신에 시동을 걸며, 정치상의 교착상태를 극복하면, 낙관주의를 회복한 미국은 성장하는 중국에 보다 자신감 있게 적응하고 대처할 수 있다. 그렇게 되면 미국은 보다 명확하고 흑백 논리에 얽매이지 않는 세계관을 가질 것이며, 따라서 전 세계에 영향력을 행사하여 균형을 이뤄야 하는 역할을 더 잘 수행할 수 있을 것이다.

마찬가지로 중국이 어떤 식으로 변화해 나갈 것인지도 매우 중요하다. 중국의 지난 200년은 격동과 분열의 시대였으며, 지금과 같은 안정과 발전의 시대는 30년밖에 되지 않았다. 중국에 19세기는 외국에 대한 치욕스런 '양보', 혼란, 부패, 외국의 군사 개입이 난무하던 시기였다. 중국의 20세기는 민족 자각(national awakening)을 위해 끊임없이 투쟁하는 시기였다. 터키의 케말 아타튀르크가 성공한 지도자라면 쑨원과 그의 뒤를 이은 장제스(蔣介石)는 실패한 지도자였다. 러시아의 스탈린이 난폭한 지도자였다면 마오쩌둥은 스스로 파멸한 지도자였다. 덩샤오핑만이 소련의 고르바초프가 실패한 일을 중국에서 해냈다. 그는 중국을 국가 변혁의 궤도에 올려놓았고, 중국인들의 민족주의 집단 열망과 개인의 열망을 동시에 활용함으로써 지금까지 성공적인 결과를 낳았다.

그러나 중국이 계속 발전한다고 해도 가까운 장래(가령 2030년)에 서방이 기대하는 것처럼 미국과 유럽식으로 중산층에 기초한 입헌 민주주의 체제가 될 가능성은 희박하다. 실제로 미국이 강력하게 권유했음에도 대만이 권위주의 체제에서 입헌 민주주의로 변화하는 데 어림잡아 60년이 걸렸다. 따라서 외부 세계에 대한 접근성 증가, 인터넷을 통한 외부와의 교류 확대, 생활 수준 향상과 동시에 격차 확대라는 현대화의 맥락에서 중국이 국민 단합을 유지하는 데는 두 가지 기본 선택안이 있을 수 있다. 그러나 둘 다 서방의 다당제 민주주의 방식은 아니다. 그중 한 가지 위험한 선택안(과격한 민족주의 중국)은 이미 살펴봤다. 독선과 교만에 차고 성급하며 민족주의 성향이 강한데다가 인민해방군이 권력을 차지한 중국이 그것이었다. 그런 중국은 외부 세계뿐 아니라 중국 자신도 위험에 빠뜨릴 것이다.

두 번째 선택안은 유교 성향의 중국(Confucian China)이다. 20세기 유럽식 쇼비니즘(chauvinism, 맹목적·광신적·호전적 애국주의)의 영향을 받은 민족주의 중국과 달리, 현대화된 특성을 지닌 유교 성향의 중국은 국제사회에 덜 위협적일 것이다. 중국의 정치문화는 뿌리가 깊으며 삶, 위계질서, 권위에 관한 나름의 독특한 철학 사상으로 가득하다. 그중의 하나가 '화해(和諧, 조화)'라는 개념이며, 오랜 역사를 갖고 있다. 중국의 권위주의 집권층은 누구나 받아들일 수 있는 이성적 합의를 통해 사회 단결을 '화해롭게(조화롭게)' 이룰 수 있다고 주장한다. 또한 공개 경쟁 체제 없이 실력자의 선택으로 지도부를 뽑는 것도 '화해' 속에서 이뤄지며, 독단적인 주장 없이 '사실'에 근거해 정책을 세우는 것도 '화해' 속에서 이뤄진다고 말한다. 덩샤오핑이 '실사구시(實事求是)'를 거듭 인용하며 유교적 색깔을 분명하게 드러낸 점도 주목할 필요가 있다.

아울러 중국 지도부는 갈수록 고령화되는 엄청난 인구가 사회 단결에 큰 부담을 주며 따라서 이것이 '화해론'을 위협한다는 사실도 잘 알고 있다[과거 저자가 장쩌민(江澤民) 주석에게 가장 큰 국내 문제가 무엇이냐고 물었을 때 그는 곧바로 "너무 많은 인구입니다."라고 대답했다]. 또 중국 관료들은 갈수록 분명히 드러나는 사회 격차, 그리 아직도 수억 명이나 되는 인구가 진행 중인 개혁으로부터 소외되는 현실에 대해 우려하며 이것이 갖는 위험성을 공개석상에서 인정하기도 했다. 따라서 내부의 '화해'를 위협하는 이런 위험에 대한 대처가 보편 원칙(화해론)을 말로만 내세우는 것보다 더 중요하다.

어쨌든 '화해'라는 개념을 보면 중국이 국제사회에 자신을 알리려 치밀하게 노력하고 있음을 알 수 있다. 공산당 관료체제가 지배하는 중국은 외교에서 (구소련식의) 계급투쟁이나 세계 혁명을 내세우지 않고, 대신 자신들의 유교와 불교 역사를 더 강조한다. 중국이 외부에 자신을 알리는 주요 수단으로는 세계 각지에 속속 들어서는 수백 개의 공자학원(Confucius Institute)을 꼽을 수 있다. 공자학원은 프랑스의 알리앙스 프랑세즈(Alliance Francaise)와 영국 문화원을 본 따 만든 기관이며, 외국인들에게 공자의 가르침과 중국의 불교 유산을 전파한다. 국제사회에 중국을 알린다고 해서 중국의 글로벌 야심이나 전략에 큰 도움이 된다고 보기는 어렵다. 그러나 '화평굴기'와 '화해세계'를 강조함으로써 적어도 중국은 국제사회와 대화를 나눌 수 있고, 국제사회와 하나가 되는 것이 보다 수월해진다.

이런 환경에서 앞으로 중국이 상호의존성과 상호교류가 점점 강화되는 국제사회의 압력을 언제까지 버텨낼 수 있을지는 의문이며, 중국이 고립을 자초하면 큰 대가를 치를 것이다. 국제 감각을 갖춘 중산층의 등장과 셀 수 없을 만큼 많은 해외 유학파들, 개인의 존엄성을 표현하는 수단이면서 삶의 방식으로써 민주주의가 갖는 매력, 이 매력에 빠져들 수밖에 없는 수많은 대학생들, 단호한 정치 엘리트집단이라도 사회를 이념적으로 고립시킬 수 없는 쌍방향 커뮤니케이션 시대의 도래 등이 현재 중국이 처한 현실이다. 따라서 이런 현실을 볼 때 결국 중국이 현대화되고 보다 번영해야만 민주주의라는 주류에 합류할 가능성이 높다는 주장이 설득력 있다.

2050년이 되면 중국은 지금의 일본과 비슷하게 '중년' 사회가 될 것이다. 현재 일본은 65세 이상이 전체 인구의 22%를 차지하며 금세기 중반에는 중국도 그 비율이 25%에 달할 것으로 추정된다. 따라서 젊은층 인구가 급격히 팽창하는 국가들과 달리 중국의 변화는 갑작스럽게 찾아오지 않을 것이다. 앞으로 중산층과 중년층이 늘어나서 인구 구성상에 변화가 생기면 중국은 빛나는 전통에 걸맞은 향상된 정치 문화를 위해 정치 다원주의를 채택할 가능성이 높다. 이것이 정상적인 발전 과정이다.

중국이 이처럼 정상적인 발전 과정을 거친다면, 미국은 새롭게 변한 아시아에서 과거 서방을 개조하는 데 직접 개입했던 것과는 근본부터 다른 역할을 해야 할 것이다. 현재 서방에서 미국은 지정학상의 변화, 심지어 서방의 경계를 확장하는 데도 없어서는 안 되는 존재다. 그러나 지금의 아시아에서는 미국이 다자간 기구에 참여하여 여러 나라와 협력하고, 인도의 발전을 조심스럽게 지원해야 한다. 또한 한국, 일본과는 확고한 유대관계를 유지하고, 중국과는 상호 협력과 국제 무대에서의 협력을 끈기 있게 확대해야 한다. 이것이 미국이 국제 무대에서 성장하는 아시아의 안정을 유지하는 데 필요한 균형자로서 할 수 있는 최선의 역할이다.

결론

미국의 두 가지 역할

 1,500년도 더 전에 로마 제국은 유럽에서 비교적 문명화된 곳이었다. 당시 유럽 정치는 대체로 동로마 제국과 서로마 제국이 공존하면서 지배했다. 제국이 존속했던 대부분의 기간에 수도를 로마에 두었던 서로마 제국은 야만족의 약탈에 줄곧 시달리면서 넓은 영토의 곳곳에 요새를 짓고 군대를 주둔시키느라 재정 지출이 심했고, 결국 5세기 중반에는 거의 파산할 지경에 이르렀다. 아울러 기독교도와 이교도 간의 갈등이 사회 결속을 약화시켰고, 과중한 세금과 부패는 경제를 망쳤다. 기울어 가던 서로마 제국은 서기 476년 로물루스 아우구스투스(Romulus Augustus) 황제가 게르만족에 패망함으로써 완전히 붕괴했다. 같은 시기에 동로마 제국[훗날 비잔티움(Byzantium) 제국으로 알려졌다]은 서로마 제국에 비해 외교와 안보 정책에서 성공을 거두면서 도시화와 경제 성장을 통해 역동성을 과시했다. 서로마 제국이 멸망한 후 비잔티움 제국이 된 동로마 제국은 이후 수 세기 동안 번영을 지속했다. 과거 서로마 제국의 영토를 회복했고, 비록 그 후 많은 분쟁을 거치

긴 했지만 15세기 오스만 제국이 등장할 때까지 명맥을 이어갔다.

이처럼 역사를 돌아보는 일이 중요한 까닭은 과거의 상황이 21세기에 펼쳐지는 지구촌 역학관계를 이해하는 데 도움이 되기 때문이다. 5세기 중반 서로마 제국의 비참한 상황은 비잔티움 제국으로까지 확산되지 않았다. 이는 당시의 세계가 지리상으로 서로 고립되고, 정치경제가 서로 단절된 별개의 권역으로 분리돼 있었기 때문이다. 즉, 한 지역의 운명이 다른 지역의 미래에 즉시 영향을 주지 않았다. 반면 오늘날의 세계는 실시간 통신과 금융 거래 덕분에 거리의 개념이 무의미해졌고, 정치, 금융, 군사 분야에서 가장 앞선 지역의 안정은 다른 지역의 상황과 영향을 주고받는 환경으로 점점 변하고 있다. 따라서 1,500여 년 전과는 달리 오늘날의 세계에서는 서방과 아시아의 밀접한 관계가 서로에게 이익이 될 수도 있고 손해도 될 수 있다.

그렇다면 향후 수십 년간 미국이 직면할 중대한 도전과 지정학상의 과제는 무엇일까? 그것은 미국이 자력 회생을 통하여 서방을 더 넓고 활력 있게 만드는 일이다. 또한 이와 동시에 아시아 지역의 복잡한 세력들을 균형있게 유지함으로써, 떠오르는 중국의 위상을 건설적으로 받아들여 국제사회가 혼란에 빠지는 것을 방지해야 한다. 미국이 활력을 회복하여 이를 토대로 유라시아를 안정시키지 못한다면 사회 안녕과 인류 생존에 반드시 필요한 여러 현안들을 해결할 수 없을 것이다. 미국이 유라시아 대륙 전체를 아우르는 야심 찬 비전을 추구하지 못한다면, 서방의 쇠퇴는 가속화되고 아시아는 더욱 불안정해질 것이다. 아시아에서 국가 간의 경쟁이 심해지면(특히 인도-중국-일본 사이의 경쟁이 가장 심하다) 긴장이 고조되고, 결국에는 중국과 미국 사이에 잠재된 적대감이 격화되면서 양국 모두에 해로운 결과가 초래될 것이다.

이와 달리 미국이 서방을 세계에서 가장 안정되고 민주화된 지역으로 만듦으로써 서방의 경계를 넓히고자 노력한다면 서방의 영향력과 원칙은 전 세계로 확산될 수 있을 것이다. 경계가 더 넓어지고 서로가 협력하는 서방의 개념에는 북미와 유럽, 터키와 러시아, 아시아에서 최초로 민주주의를 수용하는 데 성공한 일본과 한국까지 포함된다. 이러한 서방의 확장은 다른 문화권이 서방의 핵심 원칙에 더욱 호감을 갖게 하고, 마침내 수십 년 뒤에는 전 세계에 보편화된 민주정치 문화가 다양한 형태로 등장하도록 자극할 것이다.

동시에 미국은 아시아를 끌어안는 노력도 계속 해야 한다. 아시아는 활력 있고 경제 분야에서 영향력이 크지만 다른 한편으로 숱한 갈등이 잠복하고 있는 곳이다. 미국과 중국이 광범위한 여러 현안을 두고 서로 협력할 수 있다면 아시아의 안정 전망은 크게 밝아질 것이다. 아울러 미국이 아태지역에서 미국의 맹방인 일본과 중국 사이의 진정한 화해를 유도하고, 중국과 인도 간의 경쟁의식을 완화하도록 독려할 수 있다면 아시아의 지역 안정은 보다 확고해질 것이다. 미국은 중국이 아시아의 전부가 아니라는 사실을 명심해야 한다. 미국과 중국 간의 특별한 동반자 관계에만 초점을 맞춘 중국 중심의 정책만으로는 아시아를 안정시키려는 미국의 정책이 성공하기 어렵다.

따라서 유라시아 대륙의 서쪽과 동쪽 모두에서 미국이 제대로 대응하려면 반드시 두 가지 역할을 함께 해야 한다. 서쪽에서는 더 크고 더 넓은 서방을 만들기 위한 촉진자(promoter)와 보증자(guarantor)의 역할을 맡아야 하고, 동쪽에서는 주요 강대국 사이에서 균형자(balancer) 이자 중재자(conciliator)가 돼야 한다. 두 역할 모두 똑같이 중요하며, 이 둘은 서로가 상승 효과를 갖는다. 그러나 두 가지 역할을 추구하기 위한 신뢰성과 역량을 갖추려면 미국은 먼저 국내 상황을 쇄신할 의지가 있는지부터 국제사회에 보여줘야 한다. 현재 미국의 성장률이 향후 수십 년간 그대로 유지될 것이라는 믿기 어려운 통계학 추정에 현혹될 필요 없이 미국은 혁신, 교육, 군사력과 외교력의 균형, 양질의 정치 리더십, 민주주의 생활 방식이 갖는 매력 등 여러 분야에서 국력을 배양하는 데 노력해야 한다.

미국이 새로워진 서방의 촉진자 겸 보증자로서 성공하려면 미국과 유럽의 긴밀한 유대가 필요하며, NATO에 대한 의무도 충실히 이행해야 한다. 아울러 터키와 러시아(러시아가 진정으로 민주화 과정을 밟기 시작했을 경우)를 서방으로 끌어들이는 다양한 방식과 단계적인 절차를 유럽과 함께 세심하게 신경 쓰는 것도 반드시 필요하다. 미국은 EU의 보다 깊이 있는 통합을 촉진하고, 유럽 안보에 적극 참여하는 자세를 견지함으로써 지정학상의 영향력을 확보해야 한다. 이와 동시에 유럽이 스스로 정치와 군사 활동을 증대하도록 유도해야 한다. 한편 유럽으로서는 정치, 경제, 군사 분야에서 핵심축인 영국-프랑스-독일이 긴밀한 협력을 지속하고 확대해야 하며, EU가 유럽 동부 지역을 받아들여 확장하는 데 중대한 영향을 주는 독일-프랑스-폴란드 간의 협력도 확대돼야 한다. 미국은 과거부터 유럽이 통합되도록 촉진하는 데 중요한 역할을 해왔다. 만약 미국이 적극 개입하지 않는다면 아직은 확고하지 않은 유럽의 통합이 깨질 수도 있기 때문이다.

서방의 통합을 수호하면서 러시아를 일원으로 끌어들이는 전략에서는 프랑스-독일-폴란드의 이른바 '바이마르 트라이앵글(Weimar Triangle)'이 폴란드와 러시아 사이의 상호 화해를 진전시키고 공고히 하는 데 중요한 역할을 할 수 있다. 폴란드와 러시아는 서로 화해하는 과정이 진행 중이긴 하지만 아직 미약한 수준이다. 프랑스와 독일이 폴란드-러시아의 화해를 지원하면 폴란드의 안보 위기의식을 덜어 주고, 러시아에는 폴란드와의 화해 과정이 단순히 양국 차원이 아니라 전 유럽 차원에서 중요하다는 점을 알릴 수 있다. 그래야만 보다 바람직한 러시아와 폴란드의 화해가 진정으로 의미를 가질 수 있다. 이미 화해를 이룬 독일과 폴란드가 좋은 사례이며, 폴란드와 러시아, 폴란드와 독일의 화해는 유럽의 안정을 확대하는 데 큰 도움이 될 것이다. 그러나 폴란드와 러시아의 화해가 의미 있고 지속되기 위해서는, 화해가 정부 차원에서 폭넓은 인적 교류와 다양한 교육 교류를 통해 사회 차원으로 확대돼야 한다. 대중의 태도 변화에 바탕을 두지 않는 정부 간의 정략적 화해는 결코 오래가지 않을 것이다. 1939년 독일 히틀러의 나치 정권과 소련의 스탈린 정권이 그런 식으로 대대적인 화해를 했지만, 바로 2년 뒤 두 나라는 서로를 상대로 전쟁을 벌였다.

그와 비교하여 제2차 세계대전 후 프랑스와 독일의 우호관계는 최고 위층[드골(de Gaulle) 장군과 아데나워(Adenauer) 총리가 역사에 남을 만한 역할을 했다]에서 시작됐지만 곧바로 사회 및 문화 차원으로 널리 확산됐다. 심지어 프랑스와 독일은 역사를 서술하는 기본 내용까지 서로 일치시킬 정도가 되면서 진정한 우호 선린관계와 평화 동맹의 군건한 토대를 마련했다. 폴란드와 러시아의 경우에도 바로 그런 과정이 필요하다. 일단 계기가 마련되면 폴란드와 러시아의 화해 과정은 국제사회에서 매우 바람직한 효과를 불러일으킬 것이다. 더 나아가 폴란드는 러시아에 유럽의 문호를 열어 주는 중요한 역할을 할 수 있을 뿐 아니라, 우크라이나와 벨라루스도 같은 방향으로 움직이도록 유도할 수 있을 것이다. 서방을 확대하는 바람직한 과정은 이처럼 군건한 전략 기반 위에서 이뤄져야 한다. 아울러 더 넓은 대서양 동맹의 지지 확보가 필요하다. 그 동맹을 통해 폴란드는 진정으로 독일과 동반자가 되고, 이어 프랑스와도 밀접한 우호관계로 연결돼야 한다.

이런 과정에는 미국과 유럽 양쪽의 인내심과 철저한 전략 검토가 반드시 필요하다. 아울러 러시아 스스로도 EU의 기준에 부합하기 위해 변화를 꾀해야만 할 것이다. 그러나 결국에는 러시아가 이 기회를 놓치려 하지는 않을 것이다. 특히 터키의 EU 가입을 가로막는 현재의 장애물들이 제거된다면 러시아는 EU에 가입하길 바랄 가능성이 크다. 더욱이 러시아 대중의 상당수는 정부보다 EU 가입에 더 열성을 보인다. 2011년에 독일 방송 〈도이체벨레 Deutsche Welle〉는 러시아인을 대상으로, 러시아가 언제 EU에 가입해야 한다고 생각하는지 물었다. 이 여론조사에서 '향후 2년 안에'가 23%, '2~5년 안에'가 16%, '5~10년 안에'가 9%, '10년 이후에'가 6%였다. '잘 모르겠다'고 응답한 러시아인은 28%였고, '가입에 적극 반대한다'는 비율은 18%에 불과했다. 그러나 러시아 대중들은 EU 가입을 원하면서도 대개는 어떤 자격을 갖춰야 EU 회원국이 될 수 있는지 제대로 알지 못한다. 잘하면 터키처럼 여러 단계를 거치고 과도기의 준비 과정을 통과하면서 가입 과정이 진전되다가 멈춰서고 다시 진전될 가능성이 크다. 아무튼 현재로서는 확대된 서방의 정확한 정치 구조를 자세한 청사진으로 그려내는 일이 시기상조일지 모른다.

그러나 만약 미국이 서방이 보다 통합되도록 촉구하지 않는다면 끔찍한 결과가 초래될 수 있다. 즉, 유럽 각국의 과거사에 얽힌 원한이 다시 고개를 들고, 새로운 이해관계의 충돌이 일어나며, 눈앞의 이익을 추구하기 위해 동맹을 맺는 경쟁이 치열하게 펼쳐질 수 있다. 러시아는 에너지 자원을 이용해 분열을 꾀하고, 서방의 분열에 고무되어 우크라이나를 합병하려고 나설 수도 있다. 그렇게 되면 러시아는 제국주의 야심이 부활하여 세계를 매우 혼란스럽게 할지 모른다. 유럽이 보다 완전한 통합에 적극성을 띠지 않으면서 유럽 각국은 더 나은 경제 이익을 위해 러시아와의 관계 조정을 모색할지 모른다. 예를 들어 경제 이기주의 때문에 러시아와 독일 또는 러시아와 이탈리아 간에 특별 관계가 형성될 가능성이 있다. 그럴 경우 영국은 정치상으로 분열되면서 무너져가는 EU를 멀리하고 미국과 더욱 밀착할 것이다. 프랑스와 영국은 독일을 의심의 눈초리로 곁눈질하면서 더욱 가깝게 되고, 폴란드와 발트(Balt) 해 국가들은 미국에 추가로 안보를 보장해 달라고 아우성을 칠 것이다. 그 결과는 활력 있는 새로운 서방이 아니라, 비전이 사라지고 갈수록 분열되는 서방이 될 것이다.

게다가 이처럼 서방이 분열되면, 서방의 시스템과 중국의 시스템 중 어느 것이 더 우월한지를 두고 자신 있게 경쟁할 수 없을 것이다. 중국은 최근에 매우 큰 성과를 거뒀지만, 아직까지는 이를 근거로 자신들의 이념 원칙이 세계 전체에 적용 가능하다고 주장하지는 않고 있다. 미국도 핵심 국가들과의 관계에서 이념에 초점을 맞추지 않으려 신중을 기한다. 이념을 내세울 경우 때로는 여타 현안에서 불가피하게 어려움이 따른다는 사실을 알기 때문이다(러시아와의 군축 문제가 대표적인 예다). 현명하게도 미국과 중국은 국제문제에서 '건설적인 동반자 관계'를 명시적으로 채택하고 있다. 미국은 중국의 인권 문제를 비판하면서도 중국의 사회·경제 시스템 전체를 싸잡아 비난하지 않는 신중함을 보였다. 하지만 이처럼 비교적 적대적이지 않은 상황에서도 서방이 더욱 확대되고 활력을 찾으면 훨씬 유리한 입장에서 중국과 평화롭게 경쟁할 수 있다. 이제 막 정치에 각성한 대중의 요구에 부응하려는 개도국들이 서방의 시스템과 중국의 시스템 중 어느 것이 더 나을지 선택할 때 이념을 내세우지 않고서도 중국과 평화롭게 경쟁할 수 있을 것이다.

그러나 만약 초조해하는 미국과 자만하는 중국 사이에 적대감이 증폭된다면 양국은 서로에게 피해를 주는 이념 갈등으로 치달을 가능성이 크다. 미국은 중국의 성공이 독재 정치의 산물이라고 비판하고, 미국의 경제 안정을 해친다고 주장할 것이다. 반면 중국은 미국의 그런 주장이 중국 시스템을 위협하고 파괴하려는 시도라고 해석할 것이다. 동시에 중국은 스스로를 서방 우위 국제질서에 대항하는 존재로 부각시키면서, 이것을 제국주의 국가들이 약자를 탐욕스럽게 수탈하던 과거와 연계시킬 것이다. 그런 전술은 과거 역사 때문에 서방 전체, 특히 최근에는 미국에 대해 적대감을 가진 제3세계에 호소력을 가질 수 있다. 따라서 미중 양국은 이념 측면에서는 자제력을 발휘하는 것이 서로에게 이익이 될 것이다. 양국은 각자의 사회·경제 시스템이 전 세계에 적용할 수 있다고 보편화함으로써 상대방의 시스템을 폄하하려는 유혹을 뿌리쳐야 한다.

아시아의 안정을 위해서는 미국이 보다 긴 안목을 갖고 균형자 겸 중재자의 역할을 해야 한다. 따라서 아시아에서 직접 군사를 개입하는 행동을 피하고, 동아시아 핵심 국가들, 특히 중국과 일본 사이의 오랜 적대감을 해소하도록 중재해야 한다. 상호 방위 조약에 근거해 미군이 주둔하는 국가가 적대 행위에 직접 영향을 받는 경우에만 미군이 아시아 본토에 개입한다는 기본 원칙을 바탕으로 정책을 세워야 한다.

요컨대 지역 안정의 균형자로서 미국의 아시아 개입은 19세기와 20세기 초 범유럽 정치에서 영국이 맡았던 역할과 비슷해야 한다. 미국은 잠재 경쟁국 사이에서 힘의 불균형을 없애고 갈등을 중재함으로써 아시아에서 지역 패권의 각축전이 벌어지지 않도록 해야 하고 또 그럴 능력도 있다. 그 과정에서 미국은 동아시아 본토의 안정 유지에서 중국이 맡아온 특별한 역사상, 지정학상의 역할을 존중해야 한다. 지역 안정을 위해 중국을 진지한 대화로 끌어들이면 미국과 중국 간 충돌의 가능성이 줄어들고, 중국과 일본, 혹은 중국과 인도, 심지어 중앙아시아 국가들의 자원과 위상을 둘러싼 중국과 러시아 사이에 벌어질 수 있는 오판의 가능성도 줄어들 수 있다. 따라서 아시아에서 미국의 균형자 역할은 결국 중국에도 이익이 된다.

동시에 미국은 비(非)아시아 국가의 힘으로는 더 이상 아시아의 안정이 불가능하다는 점을 인식해야 하며, 그중에서도 미국의 직접 군사개입으로는 더더욱 불가능하다는 것을 알아야 한다. 특히 휴전 상태로 끝난 한국전쟁, 실패한 베트남전쟁, 2003년의 일방적인 이라크 공격, 오래 끌고 있는 아프가니스탄전쟁 후에는 더더욱 그렇다. 실제로 아시아의 안정을 확보하려는 미국의 직접 개입은 골치 아픈 문제를 자초할 수 있다. 근래의 여러 전쟁처럼 미국이 큰 대가를 치르게 된다는 뜻이다. 심지어 20세기에 유럽에서 일어난 피비린내 나는 전쟁이 재연될 수도 있다. 만약 미국이 인도나 여타 아시아 국가와 함께 반중국 동맹을 구축하거나, 일본의 반중국 무장을 적극 도모한다면 미국과 중국 간에 위험한 적개심을 부추길 수 있다. 21세기 아시아의 지정학상의 균형은 지역 분열을 조장하는 비아시아 국가와의 군사 동맹보다는 아시아 국가들 간의 관계가 아시아 지역 안에서 스스로 유지되는 바람직한 접근법에 의존해야 한다.

따라서 아시아의 균형자 겸 중재자로서 미국의 정책은 일본과 한국에 대한 안보 의무는 예외로 하되, 아시아 국가들 간의 전쟁에 미군이 개입해선 안 된다는 원칙을 따라야 한다. 현실적으로 볼 때 그런 전쟁은 전쟁 당사국들을 약화시키긴 하겠지만, 실제로 미국의 이익을 위협하지는 않을 것이다. 그러나 한국과 일본의 경우는 다르다. 제2차 세계대전 이후 이 두 나라에는 50년 이상 미군이 주둔해 왔다. 만약 조약에 근거해 오랫동안 지속돼 온 미국의 방위 공약이 계속될 수 있을지 의심을 받는다면, 한국과 일본의 독립성과 자신감은 크게 축소될 것이고 태평양에서 미국의 역할도 그럴 것이다. 게다가 일본은 섬나라이면서 미국의 주된 동맹국이라는 점에서 영국과의 관계, 특히 제2차 세계대전과 냉전의 불확실한 시대 동안 맺었던 미국과 영국의 긴밀한 관계와 어느 정도 닮아 있다. 현재 분단국인 한국도 그런 관계의 연장선상에 놓여 있다. 따라서 만약 이 두 나라에 대한 방위 공약의 진정성이 의심 받는다면, 극동 지역에서 미국의 이익이 위험해질 것이다. 그러나 미국은 아시아 지역에서 힘의 균형에 도움이 되는 정치, 경제, 외교 지원을 통해 아시아 핵심 국가들을 자제시킬 수 있는 역량을 갖고 있다. 또 이를 통해 미국은 한국과 일본을 보호하기 위한 전쟁을 치러야 하는 상황도 피할 수 있다. 그렇게 하면 미국의 정치 영향력도 커지고 동시에 더 확고한 아시아 안정에 기여할 수 있다.

아시아에서는 중재자로서 미국의 역할이 무엇보다 중요하다. 특히 일본과 중국의 관계에서 그렇다. 미국은 일본과의 관계, 그리고 이를 통한 중국과 일본의 화해를 통해 미국-일본-중국의 협력 삼각구도를 구축해야 한다. 이 삼각구도는 증가되는 중국의 지역 내 영향력에서 비롯되는 우려를 바람직하게 다룰 수 있는 틀을 제공해 줄 것이다. 유럽의 경우 프랑스와 독일의 화해가 독일과 폴란드의 화해로 이어졌고, 그 덕분에 암묵적인 독일-프랑스-폴란드 안보 협력 체제가 등장했다. 마찬가지로 중국과 일본의 관계를 신중하게 한층 심화시켜 사회와 문화 영역까지 확장한다면 동아시아의 안정을 도모하는 시발점이 될 수 있다.

이처럼 삼각구도가 형성되면 중국과 일본이 화해를 하고, 이는 광범위한 미국과 중국 간의 협력을 증진하고 강화하는 데 도움이 될 것이다. 중국은 일본에 대한 미국의 방위 공약이 확고하고, 미국과 일본의 유대가 깊고 진정성이 있으며, 일본의 안보가 미국에 직접 의존한다는 점을 잘 안다. 일본 역시 중국과의 갈등은 서로에게 큰 피해를 주며, 따라서 미국이 중국을 포용하면 일본의 안보와 안정에 어느 정도 도움이 된다는 사실을 충분히 인식한다. 이런 역학 관계를 감안하면 중국은 미국이 일본의 안보를 지원해도 그것을 중국에 대한 위협으로 보지 않을 것이다. 일본 역시 미국과 중국이 더욱 가까워지고 국제사회 차원에서 보다 광범위한 동반자 관계를 구축함으로써 사실상 G2 체제라는 비공식 국제질서가 형성돼도, 그것을 일본의 이익에 위협이 된다고 보지 않을 것이다. 아울러 중국-미국-일본 삼각관계가 더욱 발전하면 일본은 중국의 위안화가 세계 3대 통화로 등극해도 이를 크게 우려하지 않을 것이다(2015년 말, 중국의 위안화는 기축통화로 정식 인정을 받았고, 2016년 10월에 편입될 예정이다. 위안화의 특별인출권 편입 비율은 달러, 유로화에 이어 3번째로 높다_편집자). 그에 따라 기존의 국제질서 체제를 유지하는 것이 중국에 더 큰 이익이 되고, 마침내 중국의 미래 역할에 대한 미국의 우려도 완화될 것이다.

요약하자면, 아시아에서 미국의 적극적인 역할은 지역 안정에 반드시 필요하며, 나아가 미국과 중국의 관계를 평화로운 협력 형태로 발전시켜 결국에는 광범위한 정치·경제상의 동반자 관계를 구축하는 데도 반드시 필요하다. 실제로 미국과 중국의 관계는, 세계에서 가장 인구가 많고 경제면에서 가장 활력 있는 유라시아 대륙이 내부 성공과 지역 안정을 얼마나 잘 융합할 수 있는지 그 능력을 시험받는 무대가 될 것이다.

과거 역사를 볼 때 미국은 도전을 받을 때마다 그 도전을 극복하는 수완을 발휘했다. 그러나 21세기에 미국은 과거와는 전혀 다른 도전에 직면해 있다. 지금은 세계 거의 모든 지역에서 대중들이 정치에 각성했고, 수많은 사람들이 더 나은 미래를 찾으려고 애쓴다. 아울러 아시아에서 원대한 야망을 가진 몇몇 국가가 급부상하면서 글로벌 강대국의 분포도 변하고 있다. 결국 오늘날의 세계는 단일 강대국이 지배할 가능성이 크게 줄었다. 비록 미국처럼 군사력이 막강하고, 정치 영향력이 큰 나라라고 해도 단독으로 세계를 지배하기는 거의 불가능하다. 그러나 미국은 서로마 제국이 아니고 중국은 비잔티움 제국이 아니다. 따라서 안정된 국제사회 질서는 결국 미국의 능력에 좌우될 수밖에 없다. 미국은 먼저 스스로를 변화시켜야 한다. 동시에 활력을 회복한 서방에서는 촉진자 겸 보증자로서, 새롭게 떠오르는 아시아에서는 균형자 겸 중재자로서 지혜롭게 행동해야 한다.

감사의 말

책을 쓰는 일은 고독한 작업이다. 그러나 지적인 자극이 있고 마음에 드는 주제라면 그 일이 훨씬 쉬워진다. 마찬가지로 전문 기술이 뛰어난 스태프가 도와주면 꼭 필요한 조사 작업이 보강되고 유익한 제안을 얻을 수 있으며 저자가 다른 곳에 신경을 빼앗기지 않는다. 출판사의 편집자는 저자의 메시지가 명확하고 의미가 있는지 외부의 시각으로 가장 먼저 평가하는 위치에 있다. 따라서 저자의 원고를 실제 책으로 정제하는 데 많은 도움을 준다. 마지막으로 매우 중요한 도움이 있다. 비판적인 시각을 가졌으면서도 저자에게 공감하는 배우자가 직접 비판도 하고 가끔씩 절대로 필요한 격려를 해줄 수 있다. 나는 이 모든 면에서 행운아였다. 그들 모두에게 감사의 뜻을 전한다.

존 햄리(John Hamre) 소장이 10년 넘게 잘 이끌고 있는 미국 국제전략문제연구소(Center for Strategic and International Studies, CSIS)는 국제문제와 그 속에서 미국의 역할에 대한 나의 지정학상의 관점을 세련되게 하는 데 많은 도움을 주었다. 존스홉킨스(Johns Hopkins) 대학 국제관계대학원(SAIS) 역시 지적이고 열의에 찬 제시카 아인혼(Jessica Einhorn) 학장이 이끄는 교수진과 내가 중요한 대화를 나누도록 자리를 마련해 주었다. 이 대화에 참가한 교수진은 나무랄 데 없는 인물들로 꾸려졌다. 다이앤 리드(Diane Reed)가 매우 잘 운영하고 있는 CSIS의 내 연구실은 내가 시간 낭비 없이 꼭 필요한 것에만 집중할 수 있도록 해주었다.

나의 자료 조사 작업을 도와준 테드 번젤(Ted Bunzel)과 매트 킹(Matt King)은 이 책을 만드는 데 없어서는 안 될 도움을 줬다. 테드 번젤은 이 책의 구상 단계부터 참여해 내가 가진 구상을 체계 있게 발전시키고 특히 이 책 전반부 내용을 뒷받침할 자료를 취합하는 데 큰 도움을 주었다. 또한 제2부에서 미국의 전망에 관한 사회·경제 분야를 체계적으로 분석하는 데도 도움을 주었다. 그 뒤를 이어 매트 킹은 3부에서 멕시코와 글로벌 공유재 부분과 관련한 나의 구상을 실제 초안으로 옮겨 내가 검토할 수 있도록 해주었다. 그는 이 책에서 지도와 도표를 만드는 데도 창의력을 발휘했다. 마지막 단계에서는 전체 원고를 압축하고 핵심 논지를 정제하는 데 도움을 주었고, 출판사 편집자가 제기한 많은 질문에도 답을 해주었다. 그는 이 책의 제목을 정하는 자리에도 적극 참여했다.

이 책을 출판한 베이직 북스(Basic Books)의 편집자 팀 바틀릿(Tim Bartlett)은 날카로운 비판을 해주었다. 그는 내 논리와 추론에서 약점을 들춰냈고, 내가 중언부언한 부분을 가차없이 지적함으로써 이 책이 보다 잘 정리되고 일관된 논리를 유지하도록 해주었다. 그는 이 책이 주장하는 논지를 담고 있는 폭넓은 역사적 배경과 관련하여 예리한 질문을 던졌고, 책 제목을 정하는 과정에도 참여했다. 베이직 북스의 다른 직원들도 많은 도움을 주었다. 특히 미셸 제이컵(Michele Jacob) 홍보부장, 케이 마리어(Kay Mariea) 편집부장, 그리고 교열 담당 폴라 쿠퍼(Paula Cooper) 등은 이 책을 훌륭하게 만들어 보다 널리 읽히게 하기 위해 무척 애썼다.

내가 쓴 다른 모든 책과 마찬가지로 아내 무스카(Muska)는 이번에도 격려와 지원을 아끼지 않았다. 우선 내가 이 책을 쓰도록 부추겼고, 도중에 포기하지 않도록 격려했다. 아내는 내가 쓴 초안을 가차없이 비판했고, 내가 단지 현재 상황을 유지하자고 주장하도록 놔두지 않았다. 아내는 내가 보다 희망 찬 내일에 대한 전략적 비전을 대담하게 주창하도록 계속 북돋아 주었다.

주석

1부 | 서방의 쇠퇴

1 Peter Nolan, 《Crossroads》 (London, 2009), 220; Daniel Yergin, 《The Prize》 (New York, 1993), 401.
2 세계은행: 세계개발지표(WDI), 2011년 4월 26일.
3 여론조사기관 퓨 리서치(Pew Research)의 2010년 조사에서 미국에 호감을 갖는다는 응답자의 비율은 터키 17%, 이집트 17%, 요르단 21%, 레바논 52%, 파키스탄 17%였다. 같은 조사에서 미국이 대외정책을 세울 때 미국의 이익을 '아주 많이' 또는 '상당히' 고려한다고 믿는 응답자는 터키 9%, 이집트 15%, 요르단 26%, 레바논 19%, 파키스탄 22%였다. 퓨 리서치의 2008년 조사에서 서방 사람들이 이기적이라고 생각하는 응답자의 비율은 인도네시아 81%, 요르단 73%, 터키 69%, 영국인 무슬림 중 67%, 이집트 63%, 독일 무슬림 중 57%, 나이지리아 56%, 파키스탄 54%, 프랑스 무슬림 중 51%, 스페인 무슬림 중 50%로 나타났다. 같은 조사에서 서방 사람들이 오만하다고 생각하는 응답자의 비율은 나이지리아 74%, 인도네시아 72%, 터키 67%, 영국 무슬림 중 64%, 파키스탄 53%, 이집트 49%, 요르단 48%, 독일 무슬림 중 48%, 프랑스 무슬림 중 45%, 스페인 무슬림 중 43%였다.
4 Donald J. Puchala, "The History of the Future of International Relations", 〈Ethics and International Relations〉 8 (1994): 197.

2부 | 매력을 잃어 가는 아메리칸 드림

1 로저 로웬스타인(Roger Lowenstein)의 통찰력 있는 저서 《월스트리트의 종말 The End of Wall Street》(New York: Penguin Press, 2010)은 금융계가 스스로 초래한 2008~2009년 위기가 사회와 경제에 미친 파급을 잘 알 수 있는 다음과 같은 데이터를 제시했다.

G20 국가들의 평균 경상수지 적자가 1%에서 8%로 늘었다. (294쪽)

2009년 기준 미국인 1인당 국가 부채는 2만 4,000달러였다. 그중 2,500달러가 중국에 진 빚이었다. (294쪽)

미국의 전체 국가 부는 64조 달러에서 51조 달러로 줄었다. (284쪽)

미국의 실업률이 10.2%에 이르렀다. (284쪽)

미국의 일자리 800만 개가 줄었다. (284쪽)

2005년 월 7만 4,000건이던 주택담보 대출 관련 주택 압류가 2008년 여름에는 월 28만 건으로 늘었고, 2009년 7월에는 36만 건으로 최고치를 기록했다. (147쪽, 283쪽)

2009년 한 주에 3건의 비율로 은행들이 파산했다. (282쪽)

2009년 봄 미국의 1,500만 가정이 주택 담보로 빚진 돈이 그들이 소유한 주택의 실세보다 높았다. (282쪽)

미국의 GDP가 3.8% 줄었다. 이는 제2차 세계대전 후 동원체제가 해제된 이래 최대 하락폭이다. (282쪽)

미국은 1930년대 이래 가장 긴 경기 침체를 겪었다. (282쪽)

주가가 57% 하락했다. 대공황 이래 최대 하락폭이다. (281쪽)

2 James Thomson, 《A House Divided》 (Arlington, VA, 2010), 17.

3부 | 포스트 아메리카: 2025년, 중국의 패권이 아닌 혼돈의 세계

1 "China's Future Global Position", 〈瞭望〉, 2008년 10월 19일.
2 "Competition and Cooperation Between China and the United States Are Intermingled", 〈瞭望〉, 2010년 2월 7일.
3 "China's Expanding War Game", 〈Hindustan Times〉, 2010년 8월 25일.
4 힐러리 클린턴 국무장관, 트빌리시(Tbilisi) 공동기자회견, 2010년 7월 6일.
5 저자의 기고문 "A Plan for Europe", 〈Foreign Affairs〉, 1995년 1월.
6 "Mexican Immigrants: How Many Come? How Many Leave?" 〈Pew Hispanic Center Reporter〉, 2009년 7월 22일.

7 "Estimates of Unauthorized Immigrant Population Residing in the United States: January 2009", 미국 국토안보부 이민통계국, 2010년 1월(www.dhs.gov/xlibrary/assets/statistics/publications/ois_ill_pe_2009.pdf).
8 Clare Ribando Seelke, Mark P. Sullivan, and June S Beittel, "Mexico-US Relations: Issues for Congress," 미 의회조사국, 2010년 2월 3일.
9 "The Global Water Crisis", USAID, 2007년 1월 18일.
10 Vladimir Radyuhin, "The Arctic's Strategic Value for Russia", 〈The Hindu〉, 2010년 10월 30일(www.thehindu.com/opinion/lead/article857542.ece).
11 G. P. Glasby and Yu L. Voytekhovsky, "Arctic Russia: Minerals and Mineral Resources", 〈Geochemical News〉, no.140 (2009년 7월).
12 Radyuhin, "Arctic's Strategic Value."

4부 | 2015년 이후의 세계: 지정학상의 새로운 균형

1 저자의 1997년 저서 《거대한 체스판》 31쪽에서 이 문제를 논한 내용은 지금도 대부분 유효하다. "유라시아는 세계에서 가장 거대한 대륙이며 지정학상으로 중심축의 역할을 한다. 유라시아를 지배하면 세계에서 가장 발전하고 생산성 있는 경제력을 갖춘 3개 지역 중 2개를 장악하는 셈이다. 지도만 봐도 유라시아를 장악하면 거의 자동으로 아프리카까지 세력권에 들어온다. …… 세계 전체 인구의 약 75%가 유라시아에 살며, 기업과 지하자원 양 측면에서 전 세계 대부분의 부(富)도 유라시아에 있다. …… 미국 다음의 6개 경제 대국, 미국 다음의 6대 국방비 지출국이 유라시아에 있다. 전 세계 핵무장 국가 중 하나를 제외한 모두가 유라시아 대륙에 있고, 핵무장 국가로 추정되는 국가 중 하나를 제외한 전부가 유라시아에 있다. 지역 패권과 글로벌 영향력을 꿈꾸는 세계 최대의 인구 대국 2개가 유라시아에 위치한다."
2 "Europe's Last Chance," 〈Korea Times〉, 2010년 10월 13일.
3 이 개념에 대한 보다 자세한 설명은 저자의 2004년 책 《The Choice》, 59쪽과 79쪽을 참조하라.
4 유럽과 아시아의 지리 경계선에 관한 이런 견해는 1700년대 초반 러시아를 여행한 스웨덴 지리학자 필립 요한 반 스트랄베르크(Philip Johan van Strahlberg)의 저서 《유럽과 아시아 북동부의 역사-지리학 기술An Historico-Geographical Description of the North and Eastern Parts of Europe and Asia》, (London, 1738)을 통해 널리 퍼졌다.
5 2007년 늦은 봄 에스토니아는 소련군을 기리는 동상을 해체한 뒤 미확인 세력으로부터 대규모 사이버 공격을 받았다. 또 2009년 러시아는 서쪽 국경 지역에서 '자파드(Zapad, 서방

이라는 뜻)'로 이름 붙인 대규모 군사훈련을 실시해 '서방의 어떤 침략자(어느 나라인지는 명시하지 않았다)'에 대해 반격을 가했으며, '한 서방 국가(역시 이렇게만 명시됐다)'의 수도에 대한 가상 핵공격으로 훈련을 마무리했다. 러시아는 때로 중국과 경제 협력을 하는 등 우호적인 제스처를 보이기도 하지만, 2010년 동부 시베리아에서 '보스토크(Vostok, 동양이라는 뜻)'라고 이름 붙인 대규모 군사훈련을 실시해, 러시아의 극동 지역을 위협하는 익명의 적을 대상으로 대규모 가상 전투도 벌였다.

6 Giovanni Arrighi, 《Adam Smith in Beijing: Lineages of the 21st Century》(London, 2007), 314~315.

7 "Over the Next 10 Years, Mass Incidents Will Be the Greatest Challenge to Governance", 〈瞭望東方週刊〉, 2010년 4월 21일.

찾아보기

ㄱ

교토 의정서(1997년)	147
국제인구행동연구소	43
글로벌 공유재	12, 99, 138, 149
글로벌 발칸	162
금융위기	10~11, 24, 60~61, 64, 82, 91~92, 107~108, 184, 203

ㄴ

난사군도	139, 193
남중국해	108, 139, 191, 193

ㄷ

댜오위다오(센카쿠열도)	139, 193, 205
대륙붕한계위원회(CLCS)	146
대만	27~28, 116~117, 139, 142, 191, 193, 197, 205, 208, 213~215
대서양 헌장	57

대약진운동	29, 105
대주변국가 전략	208
덩샤오핑	29, 41~42, 103, 184, 204, 208, 213~215
도광양회	103

ㄹ

러일전쟁	27
록펠러 센터	28

ㅁ

마르크스주의	21, 41, 58, 128
마오쩌둥	29, 42, 105, 214
먼로 독트린	55~56, 132
메드베데프	146, 178, 180~181, 183
멕시코	55, 68~69, 85, 130~137, 174
몽골	19~20, 26, 37, 110, 162, 191, 193, 207
무슬림	88, 162, 178, 196
문화혁명	29, 105, 184, 204

ㅂ

바이마르 트라이앵글	222
베르사유 회의	35
베트남전쟁	10, 24, 85, 87, 227
벨라루스	118~121, 158, 164, 176~177, 223
볼셰비키 혁명	40, 58, 166
북극	138, 144~148
북대서양조약기구(NATO)	21~22, 33, 68, 89, 115, 119~120, 129, 145, 158, 160~161, 163, 168, 171, 179, 183~185, 187, 192, 222
북미개발은행(NADB)	133
북한	117~118, 130, 143, 191~193, 202, 211
브레턴우즈 회의	35

빈 회의　　　　　　　　　　　35

ㅅ

세계도　　　　　　　　　　　162~163
센카쿠열도　　　　　　　　　139, 193
스탈린　　　　　　　　　　　163, 171~172, 177, 223
스푸트니크　　　　　　　　　10, 101
슬라브 연합　　　　　　　　　176~177
시사군도　　　　　　　　　　139, 193
시크교도　　　　　　　　　　196
실크로드　　　　　　　　　　26

ㅇ

아메리칸 드림　　　　　　　　52, 54, 57, 61~62, 65, 164, 209
아세안(ASEAN)　　　　　　　27, 194, 202, 207
아타튀르크　　　　　　　　　160, 166~168, 170, 214
아프가니스탄　　　　　　　　31, 43, 68, 83~91, 102, 121~123, 125, 129,
　　　　　　　　　　　　　　154~156, 162, 184, 227
알카에다　　　　　　　　　　84, 87~89
연방준비제도이사회(FRB)　　　65
우크라이나　　　　　　　　　120~121, 158, 165, 176, 183, 185~187, 225
유라시아　　　　　　　　　　20~21, 26, 57, 100, 143, 152, 154, 156~157,
　　　　　　　　　　　　　　161~164, 176, 187, 201, 220~221, 230
유럽경제공동체(EEC)　　　　　21, 33
이라크전쟁　　　　　　　　　84~89
이란　　　　　　　　　　　　23, 42, 44, 68, 84, 86, 90~91, 93, 109,
　　　　　　　　　　　　　　122~126, 141~143, 154~156, 162, 170, 184,
　　　　　　　　　　　　　　192
이스라엘　　　　　　　　　　24, 45, 83~85, 90~91, 124~128, 135, 142,
　　　　　　　　　　　　　　154~156, 170

인디언 강제이주법	54
인종청소	55
인종 프로파일링	88
일국다제	213
일국양제	208, 213
잃어버린 10년	28

ㅈ

제1차 세계대전	36, 56, 85, 133, 172, 189
제2차 세계대전	9, 21, 23, 26~27, 32, 36, 48, 55, 57, 64, 68, 78, 82, 85~86, 171, 189, 223, 228
조지아	114~116, 119, 121, 169
중국 인민해방군	206, 213, 215
지구의 야경	17~18
지구정치	16
지니 계수	65~66
진주목걸이 전략	112

ㅊ

차이니즈 드림	209
청년 투르크당	160
칭기즈칸	26, 162

ㅋ

카슈미르	123, 145, 193, 201
코펜하겐 기후변화협약	148

ㅌ

탈레반	84, 88, 121, 123, 184
톈안먼	29, 106, 184, 203

ㅍ

팔레스타인	24, 43, 83~84, 90~91, 124~126, 155~156, 170
팔레스타인해방기구(PLO)	84
팽창주의	42, 45, 55
평화헌법	27
프랑스 혁명	39~40

ㅎ

한국	27~28, 75, 117~118, 142, 159, 191, 194, 197, 202, 207, 209~212, 217, 221, 227~228
한국전쟁	85, 87, 227
한족	196
화평굴기	107, 109, 216
화해세계	107, 208, 216
환태평양경제동반자협정(TPP)	210~211
후아레즈	135
히틀러	41, 101, 162~163, 172, 177, 223
힌두교	196, 202

6자회담	143
9·11 사태	60, 82, 84, 87~89, 128, 134, 153, 184
G20	24, 28, 35, 63, 99

옮긴이 황성돈

제주 출생. 건국대학교 독어독문학과 졸업.
정신세계사/정신세계원, 물병자리 등의 출판사에서 번역서 기획, 인터넷 팀장, 강좌 기획 등을 담당했다. 현재는 전문 번역가로 활동하고 있다.
옮긴 책으로는 《심리유형별 게으름 탈출하기: 인지행동치료 전문가의 명쾌한 방법》, 《알리바바닷컴은 어떻게 이베이를 이겼을까》, 《PBSC 균형성과표》, 《브랜드 매니지먼트》, 《고객옹호 마케팅》, 《Rulling your world》, 《옥루몽》, 《오바마와 중국의 부상》 등이 있으며, 이외에도 여러 권의 번역서를 출간하는 데 공동으로 참여하였다.

전략적 비전

초판 1쇄 발행 2016년 7월 8일
4쇄 발행 2022년 11월 14일

지은이 즈비그뉴 브레진스키
옮긴이 황성돈

펴낸곳 아산정책연구원
주소 서울시 종로구 경희궁1가길 11
등록 2010년 9월 27일 제 300-2010-122호
전화 02-730-5842
팩스 02-730-5849
이메일 info@asaninst.org
홈페이지 www.asaninst.org
표지 · 본문 디자인 All Design Group

책임편집 박현아

ISBN 979-11-5570-175-1 03340
값 15,000원

※ 이 책은 아산정책연구원이 저작권자와의 계약에 따라 발행한 것이므로
   본원의 허락 없이는 어떠한 형태나 수단으로도 이 책의 내용을 이용할 수 없습니다.

※ 이 도서의 국립중앙도서관 출판예정도서목록(CIP)은 서지정보유통지원시스템 홈페이지
   (http://seoji.nl.go.kr)와 국가자료공동목록시스템(http://www.nl.go.kr/kolisnet)에서
   이용하실 수 있습니다.(CIP제어번호: CIP2016015784)